编委成员
（按姓氏拼音排序）

程　玉　黄庆委　刘晓雪
孙　巍　杨国琼　郑　聪

散财有道

南都公益基金会
公益风险投资的理念与实践探索

刘晓雪 主编

SEEDING CHANGE

THE NARADA FOUNDATION APPROACH TO
VENTURE PHILANTHROPY

社会科学文献出版社
SOCIAL SCIENCES ACADEMIC PRESS (CHINA)

序言一
为了"人人怀有希望"的社会

看到刘晓雪任执行主编的《散财有道——南都公益基金会公益风险投资的理念与实践探索》书稿，喜出望外。晓雪在南都基金会工作5年多，主要承担支持NGO领军机构的项目——景行计划，从规划、立项、起步、实施到项目实现阶段性目标后的升级，她个人从一般项目官员做到副总监，其间还生了两个孩子。生第一个孩子之后她提出辞职，为了留住人才，"南都"给她保留了兼职岗位。在2016年年底她正式辞职去创业的时候，又交出了一部研究书稿，岂不令人欣喜！附带说一句，晓雪原来是在袁岳的"零点调查"工作的，在银杏计划实施前，南都基金会与"零点"等机构合作开展公益人力资源调查，晓雪代表"零点"，项目完成后，被我们挖来了。2016年，南都基金会与猎聘公司合作的"心动力"公益职业人全国联合招聘项目，也是晓雪负责的。这次，她更加清楚地看到了公益人力资源市场的发展潜力，被市场"勾引"，决定"下海"办公司，专门服务于公益人才市场。尽管南都基金会自己在人力资源上也是捉襟见肘，但秘书处领导还是忍痛割爱给予放行；我则一向尊重个人职业选择的自由，晓雪要去做的，是突破公益人才瓶颈的商业服务机构——社会企业，自然应该鼓励。晓雪与南都基金会的职业关系，以公益人才调查始，以公益人才推动终，也算画了一个圆满的句号。

晓雪请我作一个序，我答应了。我平时讲话、写文章，几乎不说南都基金会的事情，形成了"徐永光只为推动公益行业发声，不为南都基金会发声"的定规。还有，南都理事会特别是主要出资人周庆治主张低调——2017年是南都基金会成立的第10个年头，他还未接受过媒体采访；秘书处计划10周年花点钱请第三方做一个南都基金会10年评估，庆治和南都前任理事长何伟都说：不必花这钱，自己总结就行了。而10年二三亿捐款支出，他们既把得很严，又不像对自己那么抠门。故借作序之机，回溯点南都的事，算是顺理成章了。

南都基金会于 2006 年年初开始筹建，一年后获批。在筹备的一年里，我和庆治频繁沟通，除了面谈，光往来邮件就有 57 封。关于基金会定位，我说公司背景的基金会有急功近利型、市场发展战略型、公共利益型三种，庆治明确定位于"公共利益型"，甚至不想用南都公司的名，是我坚持："福特基金会用公司名，并不影响公共利益的定位啊！"我们还讨论定下南都基金会的运行模式为资助型，关注点是转型期中国的社会问题，使命表述为"支持民间公益"，机构愿景"人人怀有希望"则是庆治提出来的。

在南都基金会筹备期间，正值麦肯锡公司陈宇廷先生和程玉女士联合多家大公司发起成立公益伙伴基金（NPP）。NPP 的使命是建设与发展中国公益产业，途径是为非营利组织提供专业技术支持。我是 NPP 的发起理事，近水楼台先得月，邀请了程玉担纲解决农民工子女教育问题的新公民学校的项目研究。结果，程玉被"绑架"至今，做了两任南都基金会的秘书长。

南都基金会是以"实施新公民计划、资助建设一百所新公民学校"为目标宣布成立的。这个目标带有理想主义色彩，实施起来困难重重。一是北京等地政府并不支持建立民办学校来解决问题或吸引农民工子弟进城读书，尽管这是纯粹公益性的；二是资助 NGO 办学，然而 NGO 几乎都不具备办学能力。结果，出现了我自嘲为"炒股炒成股东"的尴尬局面，南都基金会被几所学校套牢，耗钱费力，有时还要出面调解老师与校长的矛盾、学校与政府的纠纷。理事会内部也产生了很大的分歧，我经常有很强的挫败感。某次理事会开后第二天，基金会顾问叶祖禹给我打来电话，问：是否需要过来陪伴一下？我说：不用。我的挫败感是小事，南都基金会理事会的决策力才是机构的核心价值。

南都基金会成立一周年的第二天，发生了汶川大地震。我通宵未眠，第二天联络了几十家基金会和草根 NGO，共同起草了《民间组织抗震救灾、灾后重建联合声明》。南都理事会随即决定紧急安排 1000 万人民币，用于资助草根组织参与紧急救援和灾后重建。这笔钱资助了六七十家 NGO 进入灾区服务，主要用作他们的行政经费，发挥了比较好的资助杠杆作用。汶川地震让公益组织第一次联合起来参与灾害救援和灾后重建，中国公益行业的概念也由此开始形成。

汶川地震激发南都基金会更多关注公益行业的发展，推动行业合作与平台建设。在 2009 年 11 月南都公益基金会第一届理事会第八次会议上，经康晓光理事提议，理事会决定进行南都基金会新的战略规划研究。战略规划小组由我和康晓光、程玉组成。这次战略规划研究得益于晓光和程玉的手笔，做得非常漂亮。晓光带着他的学生和程玉一起访谈了所有理事、监事，请各类有代表性的基金会和NGO开了多场焦点会议，走访了政府、学界、传媒界人士以听取意见。学数学出身的康晓光和麦肯锡战略专家程玉两人凝聚心血的新战略规划文本堪称完美，在理事会上顺利通过。窃以为，这么好的基金会战略规划，在南都基金会乃至公益行业内，再无可超越者。

南都公益基金会第一届理事会第九次会议上通过的战略规划被程玉画成一座房子。房顶上是"支持民间公益"的使命及"人人怀有希望"的愿景。房子的三根柱子分别为：①发起、参与/支持行业发展的宏观性项目；②资助战略性杠杆性项目；③继续资助/实施专业领域的项目（农民工子女教育及救灾）。房子的基础是通过战略性、政策性研究来支撑推动公益行业发展。

实施新的战略规划需要有好的工作团队，尤其需要构建优秀的机构文化。程玉带领团队讨论、碰撞，形成可以清晰表达、大家内心向往的南都基金会机构文化共识。

我们的价值观：

公共利益为上——以公共利益为至上追求，不谋求任何公司或个人直接或潜在的利益；

行业发展为先——积极回应行业的关键问题和紧迫需求，机构服务于行业发展；

民间立场为本——立足民间立场，支持民间公益组织的社会创新；

杠杆作用为佳——追求资助资金的社会效益最大化。

我们的风格：

目标导向——目标清晰使我们不拘泥于方法和形式或在过程中迷失，目标清晰有利于我们务实和创新；

服务精神——资助型基金会是面向受益人服务链条中的一个起点，实现自身使命也有赖于服务好民间组织及行业；

尊重他人——包括信任合作方、设计人性化的资助服务、有同理心、珍惜他人的时间与努力等；

允许犯错，不掩盖问题——在机构内部如是，对被资助机构亦然，这是有助于成长和创新的必备精神；

终身学习——不满足于现成的、现有的答案，永远用崭新的眼光去发现、发问，去探索更深刻的理解和更根源的解决方案；

与社会创新者共同承担风险——是创始人精神，也是南都的文化财富与特征之一，是正义感与赤子心在我们工作中的具体体现。

根据新的规划，南都基金会在战略性杠杆性资助部分，相继实施了资助个人的银杏计划和资助机构的景行计划。银杏伙伴计划先行启动，计划投资1亿元人民币，资助青年公益创业人才突破成长瓶颈，帮助其成为公益领域的领导型人才。银杏伙伴已经成为公益行业中一个有影响力的青年群体，为了让其在平等、尊重、包容、开放的气氛中学习自治管理和发展，两年前，南都理事会决定"放飞银杏伙伴"，让银杏伙伴走向独立，自己管理自己，自己去解决自己的问题，自己去独立整合更多的社会资源。

北京银杏公益基金会已于2015年注册成立，发起人有南都、敦和、心平三个基金会，以及中国人民大学非营利组织研究所和银杏伙伴群体。有业内人士评论，南都基金会是真正按照投资理念，让好的项目从机构独立到"分拆上市"。此言甚是，分拆上市后，"股票"行情看涨看跌，就看他们自己的治理、管理水平了。迄今，98名新老银杏伙伴有了自己的理事会，看到他们在自治管理中激发出来的归属感、凝聚力和进一步坚定的脚踏实地、胸怀天下、以行业发展为己任的自觉意识，令人欣慰。"放飞银杏"，首先是庆治提出动议的，这的确是公益投资家的成功大手笔。

《散财有道——南都公益基金会公益风险投资的理念与实践探索》是对景行计划——机构资助的投资逻辑、发展历程和方法论的总结，景行伙伴均为某一专业领域有影响力的领军型NGO。与银杏计划相比，景行计划推进难度比较大，其间也在不断调整讨论，每次南都理事会都有关于景行计划的讨论和争论，这也正是景行计划不断发展进步，直至升级换代，引爆15家机构联合共建"中国好公益平台"，打造公益产业链、推动规模化的逻辑力量所在。

景行计划的命名过程有一段精彩的故事，不妨摘取时任项目官员李玉生《机构伙伴景行计划名称出台并征联赋诗记》的记叙以再现，这是机构真性情的表达，也可借此诠释景行计划机构投资的理念。

2011年11月30日,南都基金会秘书处团圆会上,秘书处提出机构支持项目定名为"机构伙伴支持计划",与"银杏伙伴成长计划"相对应,但还需要一个更响亮的名称,请永光和大家一起商量。

当晚,永光给大家发邮件称:回家一瓶俄罗斯波罗的海6号烈性啤酒下肚,来了灵感。《诗经》中的"高山仰止,景行行止"映入脑海。这两句的意思是,"仰望高山,行大道"。成语有"高山景行"。"景行"即"大道","景行行止"即"大道之行"。"在伙伴之后加上'景行'——同行大道,就增加了项目的目标感和理想色彩。继'银杏伙伴成长计划'之后推出'机构伙伴景行计划'。解释是:'银杏伙伴共同成长,机构伙伴大道之行'。有点对联的味道了,要加横批就是:'筚路蓝缕'。出自《左传》:'筚路蓝缕,以启山林'——驾着简陋的车,穿着破烂的衣服去开辟山林,和伙伴们携手共建理想社会,任重道远,何其艰难!"

永光给大家打开了思路,带来了惊喜。南都基金会几乎全员参加,个个兴致勃勃,文思泉涌,反复推敲修改,追求用最简洁的语言表达项目理想境界。最终形成(细节略)一联:

银杏伙伴胸怀天下脚踏实地共同成长携手创未来
机构伙伴德仰高山道择景行筚路蓝缕戮力启山林
横批:心向往之①

"机构伙伴景行计划"之名由此酝酿产生并经理事会通过定名。

景行计划是南都战略性资助的重要组成部分,它力求通过突破行业发展瓶颈、发挥资金的杠杆作用和资金的引导作用来有效地促进行业的良性、可持续发展。机构伙伴景行计划资助满足草根NGO发展瓶颈性需求的支持性服务,促进行业产业链的提升完善;资助对转型期社会问题有深层次解析及系统性、结构性解决方案的机构,发挥机构深远影响力,对同行有导向、示范作用;根据机构关键需求,量身定制支持方式,资金使用完全从景行伙伴实际出发,具有很大的灵活性。从2011年研发、试点期,2012~

---

① 司马迁在《史记·孔子世家》中,引《诗经》中"高山仰止,景行行止"来赞美孔子,又在后面加了一句"虽不能至,然心向往之"。用"心向往之"做横批,暗喻我们的社会理想也许非我辈所能至,但NGO同仁仍将戮力同心、奋斗不止。

2014年实验期，到2015～2016年升级突破期，南都基金会投入2000多万资金，与20家机构一起在"景行"风景大道上同行。

"银杏"已经放飞，"景行"如何深化？南都基金会业务模式需要有新的发展突破。从大背景看，人类历史正从第三次工业革命跨入第四次工业革命的门槛，科技创新带动市场创新进而引发的社会创新，将给世界带来万年未有之大变局。公益市场的有效性与互联网经济的共享性，公益与商业的融合，公益慈善的思想变革、模式创新、传播手段与公众参与方式"苟日新，日日新，又日新"，令公益组织不得不思考：今天我在哪里——是不是还停留在昨天的记忆中？明天我将去何方——是在互联时空的星移斗转中向死而生，还是在电光石火中灰飞烟灭？面对纷繁复杂的社会问题，公益组织如何寻求与政府和市场部门的跨界合作？如何借助供给侧结构性改革的契机，恶补公益GDP的短板，增加经济份额？如何依据慈善法释放的空间，提升民间公益的主体地位，发挥第三部门不可替代的社会功能？

于是，理事会决定南都基金会进行第三次战略规划。与经济社会、公益部门发展的复杂度成正比，这次战略规划历时一年，在"二进宫"秘书长程玉艰苦主导下经过三次理事会审议才完成。

与新战略规划研究同步，景行计划的第三方评估也已完成，由此，我们对于社会组织服务供给与社会需求之间存在的巨大差异有了更为清晰的认识：一则，部分组织已经具有相对高质量的公益产品和社会问题解决方案的研发能力，具有规模化的潜力；二则，随着政府购买服务的兴起，基层民间公益力量发展迅速，但缺乏以上知识能力和项目的储备，政府有钱找不到好项目和初创公益组织不懂得有效开展服务是十分普遍的问题。打通公益供求之间的桥梁、构建公益市场的全产业链，是实现规模化社会创新的途径。

成功商业模式的规模化是市场发展的必然，而社会创新的规模化为何障碍重重？首先是前者有利益驱动，后者缺乏这个动力；同样，前者愿意承担风险，而后者不愿意。公益"小而美"值得称道，无数的"小而美"构成了公益市场美丽的风景线。但因为缺乏竞争和退出机制，"小而美"的公益获得资源后，如不积极进取很容易小富即安，成为自我陶醉、消耗资源的花拳绣腿。

让"小而美"的好公益项目规模化，第一需要有更多的公益创新者以社会创业家的精神勇于担当社会责任；第二需要创造市场竞争压力和激励机制；第三需要构建跨界合作、开放共享、服务门类齐全的公益市场规模化发展环境，以减少规模化的成本与风险。依据新的战略规划，景行计划需要适时升级迭代，进入中国好公益平台。

10年来，南都基金会始终以民间公益生态环境构建为念，坚持在两条主线上推动发展：一条是公益风险投资的不断升级迭代，一条是支持公益创新合作平台的建设。

公益风险投资的目的是实现投资的战略价值和资金杠杆作用。从投资项目的新公民计划和灾害救援开始，到投资于个人的银杏计划，到投资于机构的景行计划，到投资于公益创新品牌的规模化扩展，即由单个产品到人、到机构、到公益市场环境的构建，我们在这个过程中寻找有效提升公益行业发展的新方法、新途径。

平台建设的目的是通过跨界合作和社会创新，从宏观层面提升公益组织解决社会问题的效能，发挥影响力。南都基金会支持推动的平台包括：NPI公益孵化器、联劝基金会、非公募基金会论坛、基金会中心网、基金会救灾联盟、公益筹款人联盟、社企论坛暨联盟、互联网公益大会、好公益平台等，同时参与乐平基金会、银杏伙伴基金会、病痛挑战基金会发起的行动。

未来，南都基金会将投入很大力量与行业同道一起致力于几个重要平台的建设和发展。等到一些平台发展了、独立了，还会如"放飞银杏"一样分流一批南都基金会的精英骨干。但南都基金会有强大、稳定的理事会，有大道无形、传承不断的机构文化，还有预期更加强大的资金支撑，作为中国第一家资助型基金会的南都基金会，依然会继续走在引领公益创新的道路上，用我们的赤子之心，"祝福这片繁荣和灾难交织的土地。期待国土之上，阳光之下，成长出一个人人怀有希望的美好社会"。[1]

南都公益基金会理事长

徐永光

2017年1月3日

---

[1] 引自《南都观察》2017新年献词。

序言二

2011年是公益慈善行业会一直铭记的年份。这一年，郭美美事件、红十字会"万元餐"等一系列官办慈善丑闻被披露，引发公众对公益慈善的信任危机。这一年，壹基金作为民间发起的基金会逆袭红十字会成为当年公众捐款的宠儿，邓飞发起的"免费午餐"几乎一夜之间名噪天下，显示出民间慈善的巨大能量。也是在这一年，国际资助陆续撤离，"洋奶"断了，"母乳"在哪里？长期扎根一线的民间NGO陷入青黄不接的"资本"寒冬。

而我，在这一年的4月1日，愚人节那天，成为南都公益基金会的一名资助官员，开始了全职公益人的生涯，误打误撞做起了民间公益组织的"投资人"。非常有幸，我几乎完整经历了南都基金会的五年战略规划（2010~2015年），并在2016年开始见证南都下一期战略的起程。

作为国内率先开展资助，并一直倡导资助的本土基金会，南都公益基金会过去的五年规划期间，共实施了两个战略性项目——资助人的"银杏计划"和资助机构的"景行计划"；同时，还有资助行业生态系统完善和行业能力建设的"宏观项目"，以及资助特定领域的"救灾"和"新公民计划"（流动儿童）。在南都成立10周年之际，以这本《散财有道——南都公益基金会公益风险投资的理念与实践探索》作为南都过往资助历程的回望、总结，以及对新起点的企盼、祝福，是一件美好的事。

还记得在美国基金会中心网参观、交流时，曾被他们共享书架上陈列的N多关于grantmaking（资助）的书震撼到，虽不能说汗牛充栋，但美国资助者着实有大量的知识和信息资源加速他们的学习和成长，提高资助的社会效益。而在中国，关于资助的论述还是屈指可数。中国基金会中心网经过授权已经翻译了若干国外基金会和资助的图书、资料，但由于国外与中国本土环境的巨大差异，还不能完全解渴。这本书是基于南都公益基金会本土资助实践进行的行动研究总结，希望能够将南都基金会在资助探索道路上无论是成功的经验，还是失败的教训，都总结、分享出来，成为行业的财富。囿于视野和实践的局限、撰写时间的局促，本书肯定会有诸多不足之处，权当抛砖引玉，以期未来看到更多关于中国本土资助的著述，形成中国本土的资助真经。

这本书的内容主要来源于对"景行计划"开展"机构资助"的经验总结、反思和提炼。同时，也尽量囊括了南都基金会其他方面的思考。如永光、程玉在不同场合的发言和报告等，景行计划是一个经历了很多波折的资助计划，这种波折既折射出"机构资助"这种高难度资助本身的复杂性，也折射出一项资助计划从概念到探索经历的诸多挑战，而南都基金会的理事会和秘书处执行团队在此过程中的各种碰撞、反思、学习，促成了在此基础上的经验提取，可能对同样做资助或打算做资助的人有所裨益。为此，本书分为正文和附录两个部分，正文部分是对实践加以总结、提炼后具有一定规律性和普遍适用性的内容，附录部分是对实践的鲜活还原，以便读者各取所需。

正文的第一章分别从宏观社会发展视角和资助者视角，对民间公益慈善行业的变迁及阶段性特点进行解析，指出社会和行业大环境变迁对资助的影响；第二章主要对核心的资助理念和资助标准，如创新、可持续、杠杆作用、退出机制等进行辨析；第三章重点介绍机构资助核心概念、兴起的社会及行业背景以及公益"投资者"角色特点和价值定位，并通过国际比较说明机构资助与公益风险投资的异同；第四章和第五章介绍景行实践中总结出的机构资助的关键tips、发展出的"以生命周期为横轴，以核心能力为纵轴"的"机构发展动态模型"PPOF模型，以及如何通过此模型找到"资助杠杆"；第六章、第七章和第八章分别进行机构资助的标准解析、"选、投、帮、退"的操作指引以及机构资助的评估。

附录中我们立体呈现了景行的各类实录供大家参考。"附录一"呈现景行的发展历程、各关键发展阶段及其反思和启示，以及以景行为案例对如何设计和发展一项资助计划提出建议。"附录二"完整呈现由北京师范大学社会发展与公共政策学院的陶传进教授主导实施的景行计划第三方评估报告，既是对景行计划过去五年的绩效、影响、经验、后续发展建议的全面呈现，也是对如何开展机构资助评估的一种示范。"附录三"摘取自第三方评估报告中的机构子报告，以"绿色潇湘"为例，阐述公益组织的组织变革过程、成果以及资助起到的作用，由北师大第三方评估团队的张丛丛撰写。"附录四"是景行与Aha社会创新学院、景行伙伴"歌路营"进行深度陪伴（辅导）式咨询的案例，可以看到如何通过辅导式咨询来加速公益机构的能力生成和提高。"附录五"收录了景行计划资助中国农业大学董强教授开展的"高成长性社会组织案例研究"的一个代表案例，通过案例研究加速资助者对组织成长规律的认识。这些附录可以体现景行在践行机构资助、邀请第三方评估、引入辅导式咨询、支持基础性研究方面的集合作用力。

本书是集体智慧的结晶，以下人士对于本书的内容以不同形式做出了诸多贡献，诚挚感谢这些共同的建设者。

感谢徐永光先生，不仅因为书中收录了永光近五年来的诸多发言和思考，也因为他对社会和行业发展的远见、洞察及推动的魄力，为秘书处的工作指明了方向、奠定了高起点。

感谢程玉女士，不仅因为书中摘录和引用了她对《草根组织功能与价值研究》的学习笔记以及她与秘书处的讨论，还因为她缜密的思维和钻研精神，她对南都的价值观、文化、工作风格的塑造，使秘书处得以有序、有力地推进工作。程玉也对本书提出了非常具体的修改意见。

感谢康晓光老师，不仅因为书中摘录了他与秘书处的讨论，更因为他对民间公益组织独立于政府和商业、独立于权和钱，创造另一套价值的坚守，以及他洞见本质、预见未来又犀利生猛的风格让我们在批评中不敢懈怠，努力前行。

感谢何进博士，他提出十五字资助箴言"创新、可持续、宜推广、参与式、实事求是"，并对我们提出诸多挑战，一直在敲打我们去思索如何做好资助，对他的影随也让我们有机会近距离学习最资深的资助者一生积累的资助经验，少走弯路。

感谢何伟理事，他多次参与景行计划的尽职调查、评审、交流会，是理事会中参与最多的理事，我们感谢他贡献了企业家视角的洞见和智慧，更感谢他给秘书处带来的信任和温暖。

感谢前项目总监孙巍，由她于2011年主导调研并执笔完成的《机构支持战略实施框架草案》为机构资助奠定了重要的根基。

感谢项目成员黄庆委，他在资助实践中与各方面的伙伴打成一片，有丰富的一手经验和洞见，是扎扎实实的实践派，是本书很多内容的重要提供者。

感谢原社会资源研究所（SRI）[现更名为中国资助者圆桌论坛（CDR）]的郑聪、张帆、李志艳，2015年在他们协助下完成的《景行计划机构资助手册·指引篇/工具篇》是景行经验总结的一个里程碑，并且引入了很多国际经验。

感谢杨国琼、冯元，在景行资助手册的总结中，他们有大量的参与和经验提供。

感谢方昕，在加入景行团队后，她提供了多元的视角和中肯的反馈，使景行的经验更加完整。

感谢林红，她指导和参与了景行从2012年到2014年的设计和实施，投入了很多心力。

感谢杨懿梅，她曾对景行计划进行梳理，提供基于商业投资人的意见和建议。

感谢所有的景行伙伴，这是所有经验的来源，没有景行伙伴便没有这本书的诞生，更感谢伙伴们对我们的充分信任和包容。

感谢以陶传进、卢玮静为代表的北师大团队对景行计划开展的独立、客观的第三方评估，帮助我们更好地认识自己。

感谢顾远、周贤、杜爽贡献了极具代表性的咨询案例，并开放地将之在行业内分享。

感谢董强开展的研究，提供了理论启发和改进建议。

感谢黄传会将军调动8位报告文学作家为8家景行伙伴撰写的报告文学。

感谢赖佐夫敦促书稿的整理与写作，积极与出版社联系，保证了书稿的及时交付和出版。

感谢彭艳妮、宋波、刘洲鸿对景行计划的探索以及对景行开展本书的写作提供的大力支持。

最后，感谢周庆治及以周庆治为代表的南都出资人和理事会监事会，允许秘书处大胆探索和尝试。

站在新起点上，真心地祝福南都公益基金会、祝福中国的资助者的道路越走越开阔，使公益"投资人"能为社会创造更大的价值。支持民间公益，人人怀有希望。

南都公益基金会前项目副总监、景行计划亲历者
刘晓雪
2016年12月18日

目 录

第一章 时代背景下的资助型基金会及其价值 ·············· 001
   第一节 我国民间公益慈善事业发展的三大阶段 ············· 001
   第二节 公益慈善事业发展中基金会的类型及角色 ··········· 006
   第三节 资助型基金会的独特价值和使命 ··················· 010

第二章 高频词背后的资助理念 ·························· 015
   第一节 "三个魔咒"引发的资助大讨论 ··················· 015
   第二节 资助理念的概括性解读 ··························· 029

第三章 机构资助及其必要性 ···························· 035
   第一节 机构资助的兴起与背景 ··························· 035
   第二节 什么是机构资助 ································· 037
   第三节 机构资助的价值定位 ····························· 039
   第四节 机构资助、一般性运营资助与公益风险投资的异同 ··· 043

第四章 机构资助的关键提醒 tips ······················ 047

第五章 机构资助的 PPOF 模型 ·························· 052
   第一节 用 PPOF 模型诊断机构的核心能力 ················· 052
   第二节 不同能力转化阶段所需的杠杆资助 ················· 057

第六章 解读 PPOF 模型下的资助标准 ···················· 061
   第一节 具备引领性的成熟产品/项目/服务 ················· 062
   第二节 领导力:雄心和胸怀兼具的领导人和骨干团队 ········ 066
   第三节 变革准备:处于组织突破关键期 ··················· 070
   第四节 财务:有力的财务管理和可行的筹款策略 ············ 072

第七章　机构资助中"选、投、帮、退" …………………… 075
第一节　选——成功的基点 …………………………………… 075
第二节　投——杠杆的支点 …………………………………… 080
第三节　帮——资金外的亮点 ………………………………… 084
第四节　退——下一站起点 …………………………………… 088

第八章　机构资助的评估 …………………………………… 091
第一节　指导原则 ……………………………………………… 092
第二节　开展机构资助评估方法举例 ………………………… 093
第三节　国际视野中的机构评估 ……………………………… 094

附录一　景行计划的演进历程 …………………………………… 100

附录二　关于景行计划的第三方评估报告
　　　　　　　　　　　　　　北京师范大学社会发展与公共
　　　　　………………………………政策学院社会公益服务中心 / 115

附录三　第三方评估视角下的组织变革
　　　　——以景行伙伴绿色潇湘为例 ……………………… 张丛丛 / 134

附录四　揭开机构成长的"黑箱"
　　　　——以歌路营为例探讨社会创业机构在发展阶段的
　　　　主要挑战和所需支持 ………………………………… 顾　远 / 146

附录五　中国的公益组织快速成长的密码：从项目导向
　　　　转变为业务导向
　　　　——以新途为例 ………………………………………… 董　强 / 177

第一章 时代背景下的资助型基金会及其价值[*]

第一节 我国民间公益慈善事业发展的三大阶段

民间公益慈善事业的发展与其所处的社会环境息息相关、密不可分，伴随着政策法规、经济水平、社会文化以及科技水平的发展，我国民间公益慈善事业在经济领域改革开放之后，经历了一个从无到有的过程，并且在短短30多年的时间内实现了多个阶段的质变和跨越，出现了不同公益慈善形态同时存在、多元发展的景象。尤其是近些年，在国家政治体制和社会管理体制改革、互联网科技创新、新经济发展、千禧一代成为社会主力等因素的推动和影响下，民间公益慈善领域更是日新月异，呈现出使人无尽遐想的未来。了解这一发展变迁历程能更好地帮助我们理解民间公益慈善领域发展的逻辑和趋势，并明了在这一背景下如何更有效地资助或曰投资于公益慈善事业，创造更大的社会价值和社会影响。

本章将呈现两个不同角度的阶段划分，一个是徐永光站在经济、社会、政治发展的大时代变迁角度对民间公益行业发展做出的划分；一个是站在资助者支持民间公益发展角度做出的划分。前一个划分有助于理解公益行业在社会中的发展脉络，后一个划分有助于资助者寻找和确定自己的角色和价值定位。

一 时代变迁视角下公益发展的三阶段

2016年，徐永光在中国人民大学"当代中国文化变迁研讨会"上做了

---

[*] 本章的诸多内容根据徐永光的几篇文章整合、提炼而成，包括《关于民间慈善研究的几个真问题》《公益要去行政化、去道德化，不可去市场化》《八种形态基金会在中国》《做社会创新发动机——基金会的价值风向标》等。

题为"公益要去行政化、去道德化,不可去市场化"的发言,根据他的亲历和观察,将我国民间公益慈善事业的发展划分为三个阶段。他认为从20世纪80年代中后期算起,改革开放后的中国民间公益历时30余年,经历了"国让民进萌发期"、"行政管控回潮期"和"创新突破转型期"三个阶段。

第一阶段:国让民进萌发期

从20世纪80年代中后期到2004年《基金会管理条例》颁发,近20年。这一阶段中,伴随政府改革放权,一批有改革理想的人士冲出体制、进入社会领域,创办了各具特色的公益基金会及社团。这些自上而下的社会组织利用政府释放的空间,动员民间力量参与公共事务,也在一定程度上弥补了公共财政投入的不足。这一时期出现的以"希望工程"为代表的一批优秀公益品牌,基本上是按照需求导向和市场化的模式来设计运行的,建立了不错的管理规范,公开透明,平等竞争,在公益启蒙和激发公众参与热情方面可圈可点。

第二阶段:行政管控回潮期

这一阶段是从2005年到2012年,前后是七八年时间。2005年,全国人大政府工作报告首次提出"支持慈善事业发展"。学界往往把它解读为"政府更加重视慈善事业";康晓光则说是"行政吸纳社会"。实际情况是,各级政府直接把"支持慈善事业发展"改编为"支持慈善事业,发展第二税源"。从2006年开始,许多地方政府以支持慈善为号令,大刮"慈善风暴",强行摊派,以权谋捐,一些县级市,动辄派捐十几亿、数十亿。中华慈善总会创会会长崔乃夫痛斥"这是对慈善事业的破坏"。2008年汶川地震,760亿捐款八成进了政府账户;2010年玉树地震,五部委下文收缴基金会的救灾捐款。到了2011年,中国红十字会、中华慈善总会和多个基金会沦陷,有的是信任危机,有的是管理混乱,有的是躺着中枪。社会对慈善的信任度陷入低谷。其背后,是一些地方政府把慈善当"肥肉"来吃,不尊重私人财产权,让社会爱心受伤,招致公众不满情绪的反弹。

第三阶段:创新突破转型期

这一阶段从2012年党的十八大召开到慈善法出台以及未来若干年。中央提出社会治理体制创新,官民协同合作平台涌现,官办慈善与草根NGO优势互补、资源共享。互联网公益兴起,商业与公益融合,社会企业运动方兴未艾。这个阶段,公益创新模式频出,旧的慈善体制根基松动,公益文化领域去行政化已经成为共识,在日趋多元的公益文化思潮中,公益市场化与道德化两种观念的对峙与影响，对中国公益行业的价值导向及其发展不可小觑。

徐永光对于公益行业发展的"三阶段论"，充分体现了有改革理想和社会理想的老一辈公益人冲破樊篱、"下海"公益弄潮，并始终坚持在公益行业耕耘，见证公益螺旋式发展的过程，是对行业 30 余年发展的浓缩。

二 资助者视角下民间公益发展的三阶段

所谓资助者是指不依靠自己直接操作，而是通过为其他主体提供资金支持，实现社会问题解决的机构。改革开放初期，资助者主要是国际基金会和国际机构，而资助的需求者或资助对象主要是具有政府背景的 NGO，或者由体制内人士创办的 NGO。这些 NGO 往往具有自己发挥影响的渠道，比如青基会有在各地的青基会，妇联、残联、扶贫基金会、红十字会等在各地也都有分支机构。它们的运作和影响通过对自身体系或政府体制的调动可以有效地传递出去。

但是，在 2008 年，尤其是汶川大地震后，"草莽"的、纯民间的公益组织大量涌现并越来越活跃，不带有任何体制色彩的、真正的民间公益开始入场，民间公益的资源需求方和供给方开始真正走上舞台，基于民间逻辑（而非体制或行政逻辑）的公益价值链和行业分工开始产生，并越来越体现出市场化导向以及注重专业和效率的格局。可以说在过去不到 10 年的时间里，我国民间公益发展的供需双方发生了质的变化，出现了新的浪潮。南都公益基金会于 2007 年成立，正是伴随着民间公益潮流的兴起，成为资助方。它的成立是顺时顺势而为，同时它也充当了一个弄潮儿。作为最早一批明确以资助型为自身定位的基金会，成立 10 年来，南都公益基金会资助了数以百计民间草根公益组织的发展，并不断创新资助理念和手法，以在日新月异的行业变化中不断提高作为资助者的专业能力和引领能力。

从资助者视角按照行业价值链的特点来划分公益的发展阶段，可以帮助我们理解资助者的角色定位、资助理念和工作手法产生的缘由，对于理解本书主题所阐述的投资式的资助，尤其是为什么要进行机构资助，或在资助中带入机构发展的视角有重要意义。下面就具体介绍一下从资助者视角对民间公益发展阶段的划分，分别是理想色彩下的官办为主阶段、民起官落阶段、多元开放和市场化阶段。

第一阶段：理想色彩下的官办为主

从 20 世纪 80 年代开始到 2008 年汶川大地震前，这一阶段包括了徐永光所称的"国让民进萌发期"和"行政管控回潮期"的早期，其主要的特点是从事公益慈善事业的大部分主体都或多或少具有政府背景或国际背景。正如徐永光所言，一些有改革理想和社会理想的人"下海"投身公益，创造了很多公益和社会发展的繁荣和传奇。比如，徐永光带领的青基会、何道峰带领的中国扶贫基金会是官办基金会的典型代表；高小贤带领的"陕西妇源汇"、于晓刚带领的"绿色流域"、杨团带领的"农禾之家"、杨东平带领的 21 世纪教育研究院，这些更具民间属性的草根 NGO 的带领人和创办人均拥有体制内（事业单位、高校院所）的身份和保障，他们所开展的民间公益和社会发展事业也有很多是依靠其体制内的身份和积累来实现的。同时，在这个阶段，这些民间公益组织的资金来源以境外基金会或类似世界银行的国际非营利组织为主，其资金的获得、工作场域的进入也有赖于体制内的身份。因此，这个阶段民间公益虽然已萌芽，但是其发展对政府、体制仍有很多依赖。创始人也因为有体制内身份、收入和福利、未来养老保证，相较今日的公益人后顾之忧少一些，也因而更具有理想主义和英雄主义的色彩。

第二阶段：民起官落阶段

此阶段为自 2008 年汶川大地震始到 2012 年十八大政府提出社会管理体制创新。2008 年可以说是中国民间公益的元年，先是汶川大地震，10 万人的生命顷刻消逝，举国震动，一时间民众自发捐款、捐物、献血，大批志愿者直接赶赴灾区开展救援，在悲痛的冲击下爆发出极大的公益热潮。历经汶川大地震，大批优秀青年和社会精英开始投身公益，在我们所接触过的诸多公益人中，有很多是受汶川大地震影响而选择了以公益为自己的人生志业的。随后的奥运会，又是对志愿精神的一次宣扬，也是对实质参与的促进。自此，有别于体制内"下海"的社会改良者，真正了无羁绊的民间公益力量开始蓬勃兴起。政府也由此看到了民间公益的正向价值，更为开放地支持民间公益组织的发展。

这个阶段出现了"行政管控回潮"，包括 2008 年汶川地震、玉树地震中，很多捐款进入政府账户，官办慈善依然是主流。一些地方还刮起派捐的"慈善风暴"，如某县级市的慈善总会在政府授意下按照企业的销售额给企业下达捐款指标，这种用行政手段向企业强行摊派捐款的做法不尊重公民自愿参与慈善的权利，违反了慈善的本质，绑架了民意，伤害了爱心，引发了社会反感。也正因如此，尤其2011年郭美美等系列事件的发酵，使官办慈善的信誉降到了冰点，为民间公益的崛起创造了良机，如很多捐款人用脚投票，明确表示不会捐款给红十字会类的官办机构，而李连杰和企业家们从民间发起的壹基金开始成为公众捐款的宠儿。这个阶段中纯粹的民间草根公益组织开始登场，吸引了大众的视线并获得青睐，公益有了新的选择，也向纯粹的民间迈出了一大步。

第三阶段：多元开放和市场化阶段

2012年，从中共十八大开始，党中央提出了社会体制改革的目标，要求政社分离，去行政化，去垄断化，政府开始将民间公益作为社会治理的重要主体之一，提出社会管理体制创新，最大限度激发社会活力。随着社会治理创新、职能转移，社会组织发展开始获得大量支持，这为民间公益发展提供了空间。同年，中央财政首次安排2亿元专项资金用于支持社会组织参与社会服务。① 十八大之后党中央、国务院提出社会治理体制改革和建立惠而不费的公共服务发展新机制，政府加大购买民间机构的服务的力度，使民间公益组织开始具有社会服务产业的色彩。同时富人慈善旺盛期到来了，先富人群正开始把他们的财产投入公益慈善事业，伴随这些财产而来的是商业领域的价值观和方法，诸如结果导向、效率导向、有效经营开始成为公益行业热议的话语。而互联网的兴起和新媒体的出现，给公众参与捐赠提供了选择性、便捷性和透明性的条件。腾讯99公益引爆的捐款狂潮充分体现了，在这个阶段民间公益组织面对多元和充沛的资源环境，需要使出自身的解数通过独特的价值创造来生存和发展。在此阶段，民间公益组织进入了多元并存又彼此竞争的状态。

因此，过去30多年民间公益的供需双方发生了显著的变化，从最初的"国际资源-体制色彩浓厚的公益"发展为"多元化的本土资源-民间公益组织"，并将由于供需主体的变化而产生新的基于民间公益逻辑的价值链和分工。另外，基金会资助也从过去几乎是公益组织的唯一财源，变成与政府购买、个人捐赠、企业购买和捐赠、服务收费等并列的多种财源之一，而且其所占比例不高。中国的公益基金会将开始面临美国基金会所面临的

---

① 《2012年社会组织十件大事出炉》，经济观察网，2013年1月9日，http://www.eeo.com.cn/2013/0109/238453.shtml。

问题，"当基金会的资金只占到社会捐赠总额 2% 的情况下，如何用好这 2%，发挥杠杆作用，产生更大的社会价值和社会影响"，[①] 也因此对基金会开展资助的专业能力提出了更高要求。

第二节　公益慈善事业发展中基金会的类型及角色[*]

在我国民间公益慈善事业的谱系中有几类不同的主体，按照注册性质分为基金会、社团、民办非企业单位、志愿团体等，此外还有大量以工商注册或尚未以注册形式存在的组织以及挂靠在基金会的专项基金。本节将重点介绍一下基金会，尤其是中国本土基金会的情况。之所以特别关注基金会，一个重要原因是基金会相对占据了较多的公益慈善资源，据民政部《2012 年社会服务统计报告》，在全部 49.9 万家社会组织中，公募、非公募基金会一共只有 3029 家；但在当年全国 578.8 亿元的社会捐赠总额中，基金会接受捐款 305.7 亿，占 53%。另外，基金会的资金多数来自企业或高净值个人的捐赠，资金具有较大独立性，如何使用这些量大且独立的资金，对整个公益慈善事业有更大的影响，基金会也因此肩负更大的责任。

以下是徐永光对基金会的八种形态的划分，他指出因为成立背景不同，基金会带有不同的禀赋和创造独特价值的可能，每家基金会应该将自己的禀赋充分发挥出来。

一　独立基金会

独立基金会是社会创新的发动机和民间社会的培育人。它可以由私人联合建立，或者由家族基金会变形，或者由企业基金会变形，其存在的首要条件是自己有钱、有资源、有独立的理事会和治理结构。正因为具备这种独立性，这类基金会只服务于高远的社会理想和目标，不需要为出资的公司或个人做品牌或者成为其市场战略的组成部分，虽然有一些还冠了企业或个人的名字，但从治理角度来看仍属于独立基金会。独立基金会非常注重社会创新，并且愿意为这些创新承担风险，在推动社会创新、推动社

---

① 福特基金会纽约办公室首席代表在与正荣美国公益游学的拜访者们的交流中提及。

* 本节内容改编自 2014 年 11 月徐永光的发言《八种形态基金会在中国》，原文可点击 http://www.naradafoundation.org/content/4038。

会问题痼疾的长远解决方面愿意提供风险资本和耐心资本，在关注社会问题的长远解决方面发挥着非常重要的作用。国际上久负盛名的福特基金会就是独立基金会的代表。在国内，这样的基金会数量还不多，南都公益基金会、敦和基金会等应该属于这一类。

二 家族基金会

家族基金会是家族精神和财富创新的发动机。改革开放后中国大陆诞生了大量的富豪，数量已经全世界排名第二，但俗话说"富不过三代"，财富的传承是很难的。然而家族精神是可以传承的，特别是通过家族慈善可以传二代、传十代甚至传百代。洛克菲勒家族就是一个典型的代表，办了几十家慈善机构，因为做慈善，对人类做出的贡献也非常突出，与其资助有关的诺贝尔奖就有112个，创造了家族精神和财富传承的奇迹，家族也因为这一贡献彪炳青史。中国的富豪也会产生同样的趋势，在中国，第一家家族基金会是老牛基金会，后来又有曹德旺以父亲的名字命名的河仁基金会；2013年中国首富王健林说，万达公司上市后他要捐出个人资产的90%建立王健林基金会；马云在阿里巴巴美国上市之后也捐了很多钱做慈善，并且于2014年年底成立了马云基金会。未来家族基金会的数量会非常大。这些基金会的发起者都是善于聚集财富的人，但是富人将来要把财富转向做慈善，在散财方面应该怎么做也需要做准备、需要学习，让中国富人的慈善资产能够通过战略性的、专业化的、有效率的使用，真正为中国的慈善生态环境的改善做出根本性的贡献。

三 企业基金会

企业基金会是企业战略公益的探索者。在公益慈善领域一直存在着跨国企业的身影，很多跨国企业有专门的CSR部门以及预算来战略性地开展公益事务，这些事务有的会与企业拥有的核心资源和资产有关，通过企业核心资产在公益领域的应用为公益服务，比如微软365软件、SAP的"设计思维"等都基于公司的核心业务和核心能力向NGO提供服务。也有的企业开展志愿者计划，为公益组织提供专业志愿者。还有的企业如摩根大通会针对某些想要履行社会责任的领域开展资助。这些企业带来商业思维和产品服务，通过跨界合作为公益带来创新的思维和专业的力量。中国本土企业在崛起过程中也开始注重公益慈善方面的投入，并借助自身的优势开展战略公益，同时实现企业价值的回流。比如，腾讯99公益日基于其强大的用户基础为公益组织打开了个人捐赠的平台和渠道，也促进了腾讯的用户增长和客户粘性的增加，实现了社会价值和企业利益的双赢。这种企业拿出自身资源与公益结合创造出新的社会价值的方式应该得到鼓励。

四 宗教背景基金会

宗教背景的基金会是公益与信仰的侍奉者。在国外，宗教背景的基金会非常发达，由于大部分国人不具有宗教信仰，有宗教信仰的人在普通观念里也主要是拜佛烧香、讲经说法，求得个人的解脱和来世的幸福，行动非常个人化。但台湾的慈济基金会开始践行"人间佛教"，将公益慈善作为一项事业。国内发展出来的仁爱基金会也是以佛教为依托，使公益成为惠及众生的福祉。此外还有基督教背景的爱德基金会等。宗教背景的基金会在慈善项目的管理、运作方面做得都比较好。2012年，中央五部委也发文支持宗教慈善的发展。由于宗教背景的基金会中许多工作人员是带着信仰做公益，使命感、对慈善的理解非常端正，且由于信众规模大、较易募捐，现在寺庙里的供奉非常多，因此需要通过设立基金会把这些钱管理好，使财务更加透明，运行更加专业、更加规范。

五 政府背景基金会

政府背景的基金会可以定位为政府与民间公益的桥梁。这类公募基金会有政府背景，过去只是帮助政府做事，很多正在经历改革、转型。这类基金会在短时间内还会与政府有紧密的关系，得到政府的支持，与政府有合作项目。但是其方向是要把根扎在民间，和民间草根公益组织合作，实现优势互补、合作共赢。中国扶贫基金会、中国社会福利基金会、中华社会救助基金会、中华儿慈会等在公募权尚未放开的时代都是与民间草根公益组织共享公募权、提供资源和支持的典范。

六 社区基金会

社区基金会是可持续社区的构建者。社区是社会的基本单元，对于社会非常重要。在全国4000多家基金会中，带"社区"字样的有19家，其中有10家在深圳。在基金会的业务表述上，提到"社区发展"的基金会有89家。但实际上，业务和社区相关的基金会数量是巨大的。无论是教育、医疗、卫生、文化、体育、妇女、儿童、老人、残疾人、环保还是扶贫救灾，在这些领域，所有基金会都不可能脱离社区去做事情，甚至很难找出与社区发展无关的基金会。中国的社区基金会应该很好地发展，借鉴美国的经验，特别是硅谷社区基金会、纽约社区信托管理的模式，构建整合社区公益资源、推动社会创新、改善社区公益生态发展的一种的创新模式。

七　专业运作型基金会

专业运作型基金会实际上是资源动员能力强的NGO。2004年国家出台《非公募基金会管理条例》、对基金会注册放开后，很多NGO借这样的机会登记注册。中国基金会中运作型多，资助型少，也即NGO型基金会多。像"阿拉善""真爱梦想""爱佑""西部阳光"等都是非常优秀的运作型基金会。因为他们做得好，有些地方政府还主动帮助一些机构从非公募基金会转型为公募基金会。此外，这些运作型基金会也逐渐发现仅靠自己的运作很难大规模地解决社会问题，也开始在业务中发展出资助，成为混合型基金会，比如SEE基金会就对民间环境公益组织和公益人提供资助，"西部阳光"2011年开始推出桥畔计划资助教育领域的草根NGO，"爱佑"在2013年也推出"爱佑益+"资助民间公益组织的发展。专业运作型基金会由于具备自己运作项目的经验并在某些议题里长期深入，在开展资助时也具备独特的优势。

八　大学基金会

大学基金会应该定位为科学探索与文化精神的守望者。大学基金会在中国是比较强势的，共有437家，占基金会总数的10%多一点；资产211亿，占全国所有基金会的22%。大学基金会在美国不被看成基金会。因为，大学基金会是自己筹钱自己花，而基金会是要为别人花钱。目前我国的大学基金会还没有多大的声色，但应该办好并成为大学创新和大学精神的坚强支持者。

表1-1　八种类型基金会及其特点

	类型	价值定位	特点	代表
1	独立基金会	社会创新的发动机	有钱，有资源，有独立的理事会和治理结构，有高远的社会目标和理想	南都公益基金会、敦和基金会

续表

	类型	价值定位	特点	代表
2	家族基金会	家族精神和财富创新的发动机	有富人家族成员的深度参与	老牛基金会、河仁基金会
3	企业基金会	企业战略公益的探索者	与公司的市场战略相联系、互相促进	腾讯基金会、万通基金会
4	宗教背景基金会	公益与信仰的侍奉者	有信仰和信众支撑	仁爱基金会、爱德基金会
5	政府背景基金会	政府与民间公益的桥梁	有政府背景，帮助政府实现某些职能	中国扶贫基金会、中国社会福利基金会、中华社会救助基金会、中华儿慈会
6	社区基金会	可持续社区的构建者	整合社区公益资源、推动社会创新、改善社区公益生态发展	千禾基金会
7	专业运作型基金会	社会问题的直接解决者	资源动员能力强的NGO	真爱梦想基金会、西部阳光农村教育发展基金会
8	大学基金会	科学探索与文化精神的守望者	筹集的钱用于大学自身，不对外	清华大学基金会

第三节 资助型基金会的独特价值和使命[*]

前文按照基金会的背景和价值特点对其进行了分类和介绍，事实上还有一种重要的分类维度，即在民间公益价值链中的位置和角色，按此维度公益组织可以笼统地分为资助型、专业运作型、支持型三种，有的组织会兼具某两种特质。其中，资助型类似于商业领域的投资公司，将资金"投"给其他组织，借他人之手解决社会问题、创造社会价值；专业运作型则类似于商业领域的公司，它们直接面向受益人群或针对社会问题开展工作，是社会问题的直接解决者和社会服务与社会价值的直接创造者；支持型有时也称作中介型，是以前两类组织为客户，通过为其提供专业服务，诸如咨询、评估、财务、人力资源、品牌等，增强前两者解决社会问题、创造

---

[*] 部分内容整合自《徐永光：基金会不是沙漠中的胡杨林》，《中国慈善家》2013年9月刊，原文可点击 http://www.naradafoundation.org/content/754。

社会价值的能力和效益。

由于资助型基金会处于资金链的上游，所以其资助的价值观、标准对民间公益组织尤其是专业运作型公益组织有独特的影响和导向作用。

这里对"资助"的定义是：不依靠自己实操项目来直接解决社会问题、提供社会服务，而是通过为其他主体提供资金，支持对方基于本组织的使命和价值观、业务和项目模式进行社会问题的解决。南都基金会一直是资助型基金会的践行者和推动者。

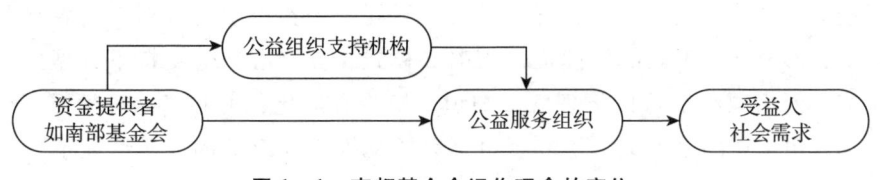

图 1-1 南都基金会运作理念的定位

一 民间资助型基金会的重要性

中国本土的民间资助是伴随着民间公益的入场而产生的。在 2008 年之前，即第二个发展阶段"民起官落阶段"之前，公益主体主要是有政府背景的 NGO，公益资源主要来自企业捐款，并通过捐给有政府背景的慈善机构，最终投向了政府的公共服务设施和项目，为政府拾遗补阙，形成政府、政府背景基金会和企业捐赠人之间的价值链循环。在 2008 年后，民间公益开始蓬勃发展，基于民间公益逻辑的价值链开始产生，并出现新的角色和新的分工。因此，中国本土的资助型基金会在中国还属于"新生事物"，处于初级阶段，同时也存在着巨大的创新空间。2012 年，在中国 3000 多家基金会中，资助型基金会仅以个位计，对民间草根公益组织投入的资源不超过 1%，多数基金会是自己筹款、自己做事。[①] 2015 年基金会评价榜对 200 家 NGO 进行的调查显示有 98 家国内资助方为其提供了资助，有更多专业运作型的基金会开始增加资助型的业务，资助者数量得到一定程度的增长。而这种增长首要的意义，就是其作为民间公益价值链上的一个重要组成部分促进了真正的、多样化的民间公益的入场和发育，撬动了跨界资源整合中产生创新和社会效益的增加。

[①] 《徐永光：基金会不是沙漠中的胡杨林》，《中国慈善家》2013 年 9 月刊，原文可点击 http://www.naradafoundation.org/content/754。

从几家典型的资助型基金会的案例也可以看到，定位为资助型对民间公益的投入产出效率高，其发挥的资金杠杆作用可谓"一本万利"。如南都公益基金会、敦和基金会、心平基金会，成立时就定位为资助型基金会；SEE 企业家环保基金会、爱佑公益慈善基金会则从专业运作型向资助型转变。以心平基金会为例，2008 年成立之初，心平基金会就将儿童阅读作为核心推动的领域之一，几年下来，只有 4 个全职工作人员的"心平"所支持的乡村阅读领域的 NGO 逐步蔓延，深入乡村学校和乡村社区，通过优质阅读促进乡村儿童、乡村教育的发展，不同的公益组织也根据自身背景和优势，形成几类不同的阅读推广策略和模式，并在心平的支持下开展经验交流，使不同组织可以将理念、知识、经验有形化，可共享，可学习，可迁移。更重要的是发现、培养了更多以阅读推广为事业的人，形成了"种子"队伍，这些"种子"是衍生更多可能的基础。此外，心平基金会还为农村地区的教育局和学校购买民间公益组织的阅读推广服务提供配比资金，逐步引导政府资金的使用；推荐专业能力强的阅读推广企业的阅读推广理念、方法、服务，促进民间公益组织阅读推广专业性上的交流和提升；资助 REAP[①] 开展阅读推广效果的科学影响评估等，系统性地以阅读为抓手促进我国农村地区的儿童阅读和乡村教育。这 4 个全职人员通过资助撬动的社会效益和社会价值非常显著，效率极高。

同时，一些政府背景的公募基金会也在外部环境的呼应下进行了资助的创新、转型，体现出巨大的资源整合优势，为民间公益发展做出举足轻重的贡献，而且对机构发展非常有利。例如，中华儿慈会成立于 2009 年，作为民政部主管的全国性公募基金会，其"民间性、资助型、合作办、全透明"的亮相和运作理念令人耳目一新。它用筹来的 2000 多万元捐款，设立了"童缘"项目，已资助全国 200 多家草根儿童慈善组织的项目，同时为一批儿童慈善组织设立了专项基金，形成全国儿童慈善组织合作联盟。中华儿慈会的资源开放，对于那些缺少资源的草根 NGO 来说是雪中送炭；反过来，数百家草根 NGO 对儿慈会的支持，则赋予儿慈会可持续发展的强大生命力。此类基金会还有很多，如社会福利基金会、中国扶贫基金会等。民间公益慈善行业，是一个利益共同体，也是一个互相依存的生态系统，

[①] REAP 中文为"农村教育行动计划"，是一个从事项目影响评估的组织，由美国斯坦福大学、西北大学和中国科学院等机构联合发起，它的目标是为中国教育、健康和营养政策的制定提供决策依据。

杨澜将其比喻为"热带雨林"。如果把基金会比作大树的话，它应该是热带雨林中的参天大树，有利于其他与之共生的动植物的生存和繁衍，而不是沙漠中的胡杨。

二 资助型基金会的多重社会效益

为什么做资助型会"一本万利"？这体现在以下三个方面。

第一，分工带来的专业性和效率的提高。资助型基金会工作者，比如心平基金会的4个人的核心价值在于他们具备眼力发现有志于干事和能干事的人，给予其恰当的支持帮助把事情干好，因为有专人负责，更加专业和有效率，包括资金的运作、选、投、评估等。

第二，保证了多样性。世界需要多样性，因为世界是复杂的，问题是复杂的。资助型基金会在共同使命的指引下，可以支持多种多样的拥有不同特质、不同优势的公益组织，去创造性地解决社会问题，产生更多可能性。而且众多的可能性之间相互碰撞、发酵，产生更多"化学反应"。

第三，导向性，引导资金向更有效率和效益的方向流动。基金会所形成的专业性以及广泛的多样性，使基金会在进行资助时带有"促进创新"的价值和诉求。当一件事情还未产生效果、效益时由基金会来支持其探索，一旦显现出效果，形成模式，其他社会资源就可以跟上，包括政府资金投入和公众捐款等，为社会资源的投入创造更有效的出口。

总之，促进社会进步使命很难通过一家机构实现，需要与更多的伙伴协同并进。资助方更有可能成为整合者，培育多元、多样化的民间组织和创新性的解决方案，并牵头促进公益与政府、企业、学界以及公益之间的合作，实现集合的影响力，推动社会问题的多维度的、系统性的改变。

当然，由于我国民间公益发展刚刚开始，很多资助者会遇到"现实难题"，比如没有太多公益组织可以资助，已有公益组织解决问题的成效并不理想，等等。但资助者要认识到使民间的公益组织从无到有、从少到多、从成效低到成效高，这个转变的过程就是资助型基金会创造的价值之一。也因此，资助者不仅是要"解决问题"，还要"发展组织、培养人"。曾有人分享（大意如此），美国某个年代有大量的志愿组织和非营利组织涌现出来，这些组织花了大量资金、人力用于扶贫、女权、教育等涉及社会不公的问题，起到的对问题改善和解决的作用微小，但是涌入这些事业中的人在此过程中受到了极大的训练和提升，包括对不同阶层人群的包容和同理心、理性的协商、民主生活的参与、公民素养和社会责任感的养成以及领导力的提升等，这些能力和素养的提升极大地增加了社会信任和社会资本，是后来美国腾飞发展的重要影响因素。事实上，大部分社会问题都是由人造成的，当人得到了改变，问题就可能迎刃而解。因此，更多公益组织发育、更多人对公益行动参与，并在这个过程中提升公民素养和行动，促进社会信任，使人相信自己、相信他人，具备去创造未来的信念和机会，这本身就是一种不容忽视的重要价值。

第二章　高频词背后的资助理念

"创新""可持续""杠杆作用""退出机制"……这些词在各种类型的资助标准中反复出现,也被很多资助者奉为信条,言必称之。但在多数资助者对它们推崇有加的同时,不少作为被资助者的民间公益组织心里却打着另一份算盘,甚至对这些理念、标准颇有微词。基金会的资助官员作为基金会决策层与草根 NGO 之间的连通人,一方面要把这些标准应用在被资助者身上,另一方面要面临理事会决策层以此标准对自己工作的考量。被夹在"三明治"中间,他们最能理解这些高频词背后巨大的价值和意义,同时也能切身体会民间公益组织面对这些标准时有所畏难和抵触的缘由。

而且对于以上任何一个金科玉律般的资助标准,不同人的理解也不同,并不乏标准"滥用"而产生负面效果的例子。作为中国本土资助最早的实践者之一,南都公益基金会一直在对这些资助理念和标准进行实践、反思、讨论、再实践,以求正本清源,抓住这些资助信条的精髓和本质,而不是被表面现象或短期成绩所诱惑。

本章将会介绍对"创新""可持续""杠杆作用""退出机制"这些资助理念和标准的理解。在介绍方式上我们选择原汁原味地呈现南都基金会内部就资助问题产生过的一场大讨论。之所以这样是因为这些资助理念确实非常丰满,任何概念的解释、案例的列举、特性的归纳和总结,都可能丧失其最鲜活有力的部分。还原讨论的过程,能够使读者身临其境,不舍毫厘,并且能够全面、完整地理解不同争论者的论点,避免因节选而产生的偏颇。在真实还原这场资助大讨论后,我们再奉上"洗尽铅华"后对"创新""可持续""杠杆作用""退出机制"这些资助理念和标准的再思考。

第一节　"三个魔咒"引发的资助大讨论

2014 年,时任福特基金会高级项目官员的何进老师牵头发起的教育资助人圆桌论坛（EDR）每个月都会有一次活动，每次活动上会有一家公益组织陈述本组织致力于解决的社会问题及解决策略和方法等，请在场的资助者通过提问的方式促发其思考和完善，起到能力建设的作用，也使资助者通过这种互动方式相互学习。在某次活动会上，一家公益组织激起了很多讨论，这次讨论的现场隐隐地体现出资助方和被资助的公益组织之间在某些方面的话语难以沟通。随后刘晓雪写下了《资助方的三个魔咒》一文在南都公益基金会内部进行了分享，提出了对"创新""可持续""杠杆作用"这些资助金科玉律的反思，也引发了南都公益基金会内部的激烈讨论，理事康晓光（中国人民大学非营利组织研究所所长）和程玉都参与进来，以下就是这场讨论的现场还原。

第一场　刘晓雪抛出对资助魔咒的反思

From：刘晓雪
To：秘书处全体、康晓光、程玉、何进
Date：2014 年 4 月 24 日

大家好，在今天的教育资助人圆桌会的交流中，说了一些观点，他们建议我写出来，遂整理成文字与大家分享，好久没写东西了，希望这又是个开始。

资助方的三个魔咒

一个理念再怎么好，如果被神圣化、奉为信条也会变成恶的。在公益行业里，就有一些这样的理念，比如杠杆作用、退出机制、创新等。

很多资助方都希望自己能发挥杠杆作用。可是，根据物理常识，杠杆作用发挥的前提是有东西可撬。否则，就只能是个杆，而不是杠杆。目前公益的整体投入，还处于需要大量资金扎实投入的时期。想四两拨千斤，请先找到"千金"。

再说退出机制。洛克菲勒基金会对协和医院的资助始于 1921 年，如果不是协和医院 1956 年被收归国有，可能现在还在资助。假若洛克菲勒基金会资助了几年就退出，我国的医学水平和全民医疗健康状况可能要差很多。反观我们资助方，总有种干上一票就想走人的感觉，而不是想着如何通过共同的、持续的努力，长远地促进社会某方面的进步。

第三说说创新。目前看到的现实是，为了应付这个创新的要求，很多公益组织频繁地转换项目点，或者搞点好看的花架子。可是，社会创新哪那么容易啊，一个创新点可能需要一两年的实践来摸清路子，然后不断修正、积累、再创新。要是把精力放在为创新而创新上，就在客观上限制了真正创新的可能性。

总之，诸如此类的资助方理念或曰标准给公益组织带来很大困扰，也给资助方自身带来很大困扰。然而，是不是说这三个理念或曰标准就是不应该强调的，我也不这么认为。而是要真正理解和挖掘这三个理念真正的目的和精髓，不仅是作为给不给钱的依据和前提，而且要在与合作伙伴共同探究社会问题、寻求解决办法时共同融入这样的精神。

杠杆作用是努力寻找问题的症结，寻找到大家都关心、愿意参与的切入点，以使得通过资助可以撬动起问题的真正解决。

退出机制是为了让组织更有自立的能力，而不是依赖于谁，并且也让双方都能不断地反思目前所做的事是否还对社会有价值。

创新是追求更好，不断地寻求解决问题的更优方法，在前面尝试的基础上不停地进取。

一句话，无论杠杆作用、退出机制、创新，还是其他的一些什么理念、原则，这些都还只是术，这些术只有在正确的道上才能发挥出它的正能量，否则就很可能走向反面。而这个道就是心怀人类和社会的福祉，不断地创造条件，解决社会问题，带来社会的进步和人的改善。

中国的公益行业刚刚兴起，还是一个幼小的婴童，而且生活条件很糟糕。本土基金会就像可以带来母乳的人，担负着不小的责任。联合国《儿童权利公约》有一个核心原则叫"最大利益原则"。它的意思是，公约提出了儿童应享有的权利，但全球这么多国家，发展水平不同，即便在一个国家的不同地区、不同家庭也不一样。那怎么办，用一条线卡住吗？不是的。"最大利益原则"说，只要在你所处的条件下，做到最大限度地满足了儿童的权利和利益就可以了。

这对于公益行业是非常好的启示。公益组织羸弱，在解决社会问题、促进社会进步方面还没能发挥太大的作用，这是事实，但我们也唯有实事求是地在这样的基础上不断进取吧。

第二场　林红提出资助要把握长短期、全局和局部的平衡

From：林红
To：秘书处全体、康晓光、程玉、何进
Date：2014年4月24日

　　真是快手！昨天何进老师听了晓雪的想法特别高兴。我原来以为大家对这些问题已经讨论过了，但晓雪提醒了我们大家：有些问题要定期拿出来琢磨讨论下，并对照我们的实践，这样才能不断深入地理解一个问题，才能更好地把握平衡。在景行会议上，何进老师有句话给我启发挺大：我们需要把握平衡，尤其是长期和短期的平衡、全局和局部的平衡。

　　我也有与晓雪类似的担心。除了她说的三点，还有一个是"评估指标"。现在在大家引进商业思想和智慧的同时，也需要有声音让大家了解一些这个行业的发展现状和它的特殊性。这样才能保持一种理性的平衡。否则在矫枉过正中，可能损失了本来就不多的可贵的苗。

　　周一我去走访A机构，负责人说，与某基金会的合作让机构受到两次大的冲击。一次是某个项目需要在一年中花100万，但当时A机构总筹款额60万，扩大人员规模吧，第二年又没有资助，又不能把人辞退。资助方强调可持续，但把别人资助成不可持续。第二次是让A机构做"枢纽"给成员发钱，起到杠杆作用，也算是一种创新的模式。但与A机构的战略不真正吻合，让A机构内外部压力都非常大。我觉得目前每个领域的NGO都很少，如果每年拿出600万~800万，认真花好，就能在这个领域中起到不小的推动作用。这既是"千斤"又是"四两"。

　　同意晓雪说的道和术的问题。原则可以引导我们更好地做事，但我们永远要知道需求和问题是什么，我们的终极目标是什么，然后本着实事求是的态度去利用这些原则。

第三场　程玉对创新和可持续的解读被再次温习

2012 年，南都公益基金会组织理事会成员对民间草根组织进行实地参访，位于天通苑的灵动珊瑚社区空间里六七家草根组织的代表与南都基金会的理事们座谈交流。这次交流中，有一位公益组织的负责人鼓足勇气问了基金会各位同仁她心里存在的一个大不解，她的问题反映了草根 NGO 关于"为可持续而自我造血"（这与退出机制高度相关）、"为创新而创新"的压力。这些问题是具有普遍性的，也是关于公益发展的经典之问。集中体现了 NGO 与基金会间的张力、隔阂、互不理解。后来程玉写了以下一文，以作回应。这次大讨论把程玉那次分享的文章又勾了出来。

From：程玉
To：某中心主任
Date：2012 年 11 月 2 日

××老师：

您好！

我是南都基金会的程玉，上次在访问和座谈中遇到您，您在讨论中提出了两个极好的问题，对于这两个问题，我恰好都有一些想法，但是因为那天参与的人较多，特别是有很多草根组织的同仁们，我更想听大家的发言，所以不愿意占用会上的时间，回来以后，通过庆委得到了您的邮箱，希望就您的这两个问题和您进一步交流。这些想法仅代表我个人，并不成熟，希望我们一起来探讨。

自我造血 vs 慈善服务

您的第一个问题的大意是，基金会一般都很关注草根机构的可持续发展问题，是不是所有的草根都要设法去建立自我造血机制？

对于这个问题，下面是我的一些想法。

一、不仅是基金会，直接服务的公益机构自身也同样要思考可持续发展问题，可持续发展就等于机构越办越好，谁人不想越过越好呢？

二、公益机构的可持续发展并不一定需要靠自我造血，确切地说，很少有具有自我造血能力或条件的公益机构，眼下能够赚钱的事情早就有人蜂拥而上了。服务型公益机构通常是靠开发公益或慈善性的服务,并把自己的服务"销售"给基金会、企业、政府或有公益心/爱心的个人。说白了,直接服务的公益组织的正常收入来源就是捐助或服务购买。

三、公益机构通过获得资助来持续发展比商家通过销售来持续发展要复杂得多,因为公益机构的持续发展有赖于兼顾两个群体的需求,即需要公益或慈善性服务的群体和愿意以捐赠/服务购买来实现公益或慈善诉求的群体。打个比方,在市场上,服务的提供方是把服务卖给需要服务的人,如李四是做快递服务的,张三需要快递,张三自己向李四购买快递服务。做公益不是这样的,如果张三需要的服务是由李四提供的,买单的却是王五,那么李四既要搞清楚张三的需求并做好针对张三的服务,同时还要说服王五,满足张三的需求对大家都有好处,而且自己的服务是满足张三需求的好办法,等等;王五不认识也不了解张三,也没有时间精力亲力亲为,所以才要通过李四来帮助张三,但又不是那么放心,李四的办法真的有他说的那么好吗?正因为公益组织提供的服务不是靠接受服务方用自己的钱以优胜劣汰的方式选出来的,公益服务的质量与效率也因而缺乏一种有效的机制来予以保障,在这种情形下,基金会(相当于王五)必须想方设法证实直接服务的公益组织的理念、方法、运作能力、效果与自己的想法和要求是基本一致的,因此对于项目要左谈右谈、一审再审,还有合同、报告、实地观察等形式的监督与问责,其中,服务型组织能否可持续发展也是基金会鉴别组织/项目好赖的重要指标之一,因为他们假设,好的服务一定会受到张三的欢迎,同时有更多的王五愿意请李四继续做下去。

四、对于资助方的项目人员而言,他们的价值之一就是发现和支持好的项目,他们要不断地有"新故事"来使基金会的领导、理事会、出资人、关注基金会的媒体/大众等感到兴奋,一成不变地盯着一个项目做,那么基金会项目人员的价值又如何体现呢?所以即便是项目不变、执行团队不变,项目还是要有新意。这就联系到了您的下一个问题,为什么基金会总是要求执行机构"创新"?于是我们可以顺理成章地再讨论一下您的第二个问题,为什么总是要求服务型组织或项目"创新"?

创新 vs 传承

  我个人对盲目地追求创新也是有不同意见的，就好像奥巴马当时的竞选口号是"改变"，我就不理解为什么美国人民如此地以为很好。改变本身是中性的，可以改变得更好，也可以改变得更坏，为什么"改变"就一定好呢？同理，新可以好，也可以坏，这是我不能苟同"新"的第一个原因。

  其次，我觉得人类主要靠两个东西来生存和发展，一个叫"传承"，一个叫"创新"。"传承"与"创新"同等重要，如果没有传承，每一代都要从钻木取火开始，那我们比原始人过得也好不到哪儿去，人类要花生命中的很多时间接受教育，现在甚至还提倡终身学习，学习是什么，学习主要就是"传承"。

  但是，我常想，为什么古人说"苟日新，日日新，又日新"？我的理解是：人一方面靠积累经验以及学习别人的经验，从而有效地应对各种生存挑战，但是，这些"经验"也会成为我们理解、认知世界的障碍，如果我们仅仅靠"经验"，而不是运用自己的感官和认知能力来直接面对世界，那我们就成了封闭在"经验"中的套中人，我们的感觉不再鲜活，我们的认知不再灵动，我们对世界的理解将是不真实的。所以，古代的智者叫我们"日新又新"。作为一个提供公共服务的组织，我们也需要这种"日新又新"的智慧才能真正创造出好的服务，并且不断完善这种服务，做到"明明德，亲民，止于至善"。

  很抱歉，这封信写了这么长时间，中间因为一些事情而被搁置，被搁置的事情往往拾不起来。我知道这些看法也很不全面，只是作为一种分享，或许能解决一点您的疑惑，或引起更多的思考和讨论，总之希望是有益的。

  顺致：秋安！

程玉

From：某中心主任
To：程玉
Date：2012 年 11 月 11 日

程玉老师：

您好！

看到您的邮件真心很感动！"南都"之所以能在我们草根NGO心里受到良好的评价，应该是与有像您一样的理事会团队分不开的。上周末就看到您的邮件，心里特别重视，没有立即回复，这一周来也不断地思考和同事们同行们分享这些想法。以往基金会的理事会对于我们一线工作人员来讲就是一堆名字符号，彼此声音是有隔阂的，他们的项目要求也许有道理，但是，总感觉离我们实际的东西远，不能做到相互很好地理解。没想到，这次是我当时不想说出来的话，却引起了大家的思考并在邮件中分享给我们。敬佩的话就不说了，言归正传。

对于我们提出的，不认同基金会在考察立项的时候经常会问的一句话，就是"如果我们基金会不再资助这个项目你们怎么办"。我想您的思考和回答直接解除了我的疑问，以往在接受项目立项答辩的时候，我通常会纠结这个问题，误解了他们的意思，以为他们要求在项目期间抓紧实现自身造血功能，所以，脑子里就一味地转着，怎么样才能实现这个目标，心里虽然也蹦出想回答"我们就是服务于弱势群体的机构，我们就是要不断搞好自己服务的同时寻求愿意一同做这个服务的基金购买服务"，但是，由于希望获得合作而不敢贸然岔出基金会的思路去回答问题。

这个误解很普遍，不光我一个人，上次参加民间组织论坛，分组设计项目时大家都提到并刻意设计了可自身造血的内容，虽然很别扭，但大家还是都积极地想象如何能从服务群体那里收点费什么的。我觉得这个误解的产生一方面是沟通不畅，NGO没有想清楚自己的未来在哪里；另一方面，还真的有一些基金会是抱着"以自我造血来实现可持续发展"这个概念来促进NGO思考的。

其实是要分清楚是什么类型的公益组织，就像您的回答和思考中提到的，"公益机构的可持续发展并不一定需要靠自我造血，确切地说，很少有具有自我造血能力或条件的公益机构，眼下能够赚钱的事情早就有人蜂拥而上了。服务型公益机构通常是靠开发公益或慈善性的服务，并把自己的服务'销售'给基金会、企业、政府或有公益心/爱心的个人。说白了，直接服务的公益组织的正常收入来源就是捐助或服务购买。"

还记得有一次，基金会的工作人员很执着地追问"你必须想清楚，到我们基金会不资助你们项目的时候，你们怎么办"。我当时没有想清楚，最后很有情绪地回答："我要找其他的基金会合作啊！"当时大家都很尴尬。估计他们当时也只是知道立项的时候需要促发 NGO 思考这个问题，具体怎么实现自己也没有理解透。我也没有理解我的发展在于有一个值得资助和购买的好项目，而不是谁来资助和购买的问题。

您关于创新的思考是站在公众的立场的，既考虑到了基金会的工作，也考虑到了其他各方的需求，同时，也思考了创新的社会使命和意义。特别是关于创新的故事，引起我们很大的同感，创新不是赶超，而是个性化的东西。并不矛盾的是创新要有且要适当，不可强求。很多好的东西还是要多秉承。如果一个公益项目不新不变就难以吸引到资金的好奇，头脑和力量都用在了新和变上，扎扎实实做好最为基础的服务反而引不起重视，人文思想的快餐时代也是需要引起反思的。相信传统文化的倡导者和环保主义者更会在创新的保守和保守的创新中不断纠结，探寻合适的路径。我们常提的创新和可复制最理想的状态是不冲突的，这需要我们有一定的智慧。

××

第四场　康晓光提出了严正反对和对各理念价值的解读

康晓光老师看到以上讨论后终于坐不住了，对上面发表的意见提出了严正的反对意见，并且激起了这次讨论的高潮，也产生了这次讨论最为精彩的部分。

From：康晓光
To：秘书处全体、程玉、徐永光、何进
Date：2014 年 4 月 26 日

各位好！

看了晓雪的短文，也看了各位的回复，感到很震惊，感到有必要做出回应。先简明扼要地写下观点，如有必要，再长篇大论。

1. 关于"四两"和"千斤"。晓雪的意思是没有"千斤"谈何"四两"。试举一例，每年的财政教育支出有多少？全国家庭为子女教育花费了多少？公益基金会又为教育投入了多少？后者与前者相比够

"四两"吗？我看连"九牛一毛"都算不上！一句话，"千斤"早就放在那了，只不过是视而不见而已！

2. 这"九牛一毛"怎样才能发挥作用？没有"创新""杠杆作用""退出机制"能行吗？非如此，就是"九牛加一毛""大海添滴水"，边际效应可以忽略不计！

3. 南都是干什么的？南都的钱应该怎么花？毫无疑问，应该用在"刀刃"上！怎么用在"刀刃"上？就是发现新问题、提出新问题，同时引领其他社会资源投入新领域；探索新的问题解决方案，为其他社会资源找到更加有效的使用方法；发现新的更加有效的项目和机构，择优给予资助，同时引领其他社会资源投入这些项目和机构。这应该是"南都"给自己的定位，也是"南都"在公益领域、第三部门、整个社会中理应扮演的角色，如果我们对这一点没有疑问，那么我们就必须坚持念这些"魔咒"——"创新""杠杆作用""退出机制"。

自成立以来，南都一直坚持这些理念，而且靠这种坚持赢得了同行和社会的承认与尊敬。

4. 跟着别人走，重复自己的路，当然轻松。这样花钱有没有意义？有！但是，这绝对不是最好的花法！南都成员的职责是什么？不是轻松花钱，而是把钱花好，而且是最有效地花钱！

5. 不会念魔咒、念不好魔咒、不想念魔咒怎么办？不会念就要学，念不好要提高，不想念要改变想法。这是唯一的选择。

6. 晓雪的这种想法和说法，可以在内部讨论，但必须讨论出结果，不能不了了之。不能到外面宣扬，那样的话，将影响南都的声誉。

7. 请把我的邮件转发给秘书处所有成员。

语言刻薄之处请不要计较。

康晓光

第五场　团圆会上当面交锋，越辩越明

南都有一项团圆会制度，每个月有一天所有成员放下工作，共同进行团队建设，这一天可以学习、讨论，也可以共同做活动。因为这次讨论，当月的团圆会就该主题进行了当面讨论，秘书处全体人员、康晓光老师、徐永光老师都参加了。现场澄清了晓雪的文章不是要否定"杠杆作用""退出机制""创新"，而是提醒资助机构和资助者要正确理解这些理念，把这

些"魔咒"念好。康老师也对这些理念做了更深度的阐释。之后，时任秘书长刘洲鸿写了一封形似大团圆的邮件。

From：刘洲鸿
To：秘书处全体
Date：2014年4月29日

  感谢康老师的意见。康老师向秘书处强调了坚持"杠杆作用""退出机制""创新"这些理念对于"南都"的重要意义；阐述了何谓创新、"千斤"在哪里，加深了我们对这些理念的理解，也让我们更加理解南都基金会的定位、角色和职责。

  昨天下午，秘书处全体同事利用团圆会的时间，集体讨论了"杠杆作用""退出机制""创新"等资助理念，加深了对于这些"魔咒"的理解。大家不仅想念这些"魔咒"，而且还会进一步认真学习，提升能力，争取会念"魔咒"、念好"魔咒"。

  我会2010年制订的"战略规划"，对于杠杆作用有很具体的阐释。2014年制订的"品牌策略"，也对"创新"的含义有解释。现再次摘录下来，与大家重温，以加深印象。

  2010年制订的"战略规划"，把"杠杆作用为佳"作为我们机构的四大文化之一（其他三项为公共利益为上、行业利益为先、民间立场为本）。报告指出："南都不仅定位于资助型基金会，而且非常注重资助的效率与效益，希望其资金可以起到四两拨千斤的杠杆作用、放大作用，也因此十分看好政策倡导、研究类的项目。行业有识之士也认为南都有可能撬动比自身更大更多的资源。"报告还指出了可以发挥杠杆作用的方向，包括：

  研究：如行业发展关键问题、重大社会问题、第三部门的空间、政策问题等。

  倡导：政策倡导、理念传播、舆论导向。

  影响政策：研究、建议、标准等。

  支持型项目、机构。

  领域标杆、示范。

  优秀的可持续、可复制模式。

支持社会创新，并为创新承担投资风险。

促进交流、合作的平台。

人才培育、储备等。

2014年，南都的品牌策略报告，把"创业家精神"确定为品牌三大内涵之一（其他两个为民间立场、专业素养）。创业家精神意指：面对挑战能够努力把握机会；敢于担当责任、勇于承担风险；以务实的态度面对和解决问题；以创新的方法打破常规提出解决方案。创业家精神就包括了"创新"，强调"以创新的方法打破常规提出解决方案"。

晓雪介绍了写作这篇文章的背景。晓雪的文章，主要针对的是一些资助机构对"杠杆作用""退出机制""创新"理解比较肤浅和片面的现象。比如有的资助机构，对于杠杆作用的理解就是：我给你10块钱，你得另外找来10元，如果你找不来，那我也不给你这10块钱。还有比如创新，有的公益组织在一个地方持续提供服务，而资助方为了追求所谓的创新，要公益机构换地方，不断开设新的服务点，否则就不再资助。类似的对这些理念肤浅片面的理解，对草根组织造成了很大的影响。因此，晓雪的文章不是要否定"杠杆作用""退出机制""创新"，而是提醒资助机构要正确理解这些理念，把这些"魔咒"念好。

再次感谢康老师对我们的提醒！希望我们牢记这些"魔咒"，正确理解这些"魔咒"，学会念"魔咒"和念好"魔咒"。

祝大家节日快乐。

洲鸿

第六场　程玉对"魔咒"和"开放讨论"的再次回应

本来以为这场讨论就此结束了，没想到，几天后，程玉发出了一篇回应，使讨论又更进了一层。这篇回应中，不仅把"创新""可持续""杠杆作用"的内涵深化，同时也体现出了南都开放、真诚、实事求是的深层价值观。

From：程玉
To：秘书处全体、康晓光、徐永光、何进
Date：2014年10月

各位好！

这几天因为有一位从英国回来的发小来成都看我，不得时间写邮件，加上我在改正自己说的太多、太快的毛病，凡事应该更多地听听大家说。现在，晓雪的文章激起的涟漪似乎被化开、淡去，我就插进来说几句搅和的话吧。

我想说，我仍然非常支持和赞赏晓雪挑战资助界的金科玉律、说出自己的观点。而且，我仍然认为这些问题需要更为深入和广泛的讨论。

为什么？

谢谢康老师，他所说的都是出于对南都的爱护，而且，我也认同他对于这三条"咒语"的认识，但我不同意的是：

一、这些"咒语"是可以讨论的，我很担心，即使在美国这样的民主自由国家，也有像"政治正确"（political correctness）这样的戒律，为我们的言论和思想设下禁区。虽然中国共产党号召人们解放思想，但解放思想谈何容易！而思想如果不解放，一切就都只会倒退！

二、"咒语"如同佛教所说的"名"，是事物、行为的名字而已，名字在使用中不断被人们添加内容/含义，有些"名"在使用中被腐蚀了，或是变成了陈词滥调，人们不得不解构和再造新的"名"，总之，我认为晓雪的文章并没有放弃这三大"咒语"的实质内涵（更可贵的是，她把这些"咒语"看成达成目标的"术"，因而从"目标"的角度来衡量/解析这些"术"的好坏与问题，我非常赞赏她的思考）。她质疑的是在这些"名"下的做法，以及这些做法产生的不良影响，比如，基金会对于"创新"的诠释、定义，就会影响到NGO对于"创新"的理解，基金会如果把"创新"的"经"念歪了，就会导致NGO把"创新"的事情做歪了，也因此不能促进真正的创新。我们需要从NGO对基金会的解读中发现自己的问题、局限、误导，以便念好这些"经"。

三、我不认为晓雪的这些观点只能在内部讨论而不能在业界讨论，不认为她的质疑是给南都造成不好的影响，相反，我们需要回应NGO的问题，在真问题的层面真诚地与其对话、沟通，我们不需要每句话都那么正确，我们需要每句话都真诚——实事求是，愿意倾听，勇于探索，我们需要以这种态度和大家一起走近真理，获得更多、更大的共识。这才符合南都的机构文化对于学习、研究、创业家精神的倡导和践行，这才是我们"声誉"的所在。

既然赞成继续深入讨论，我就再说几句对于"咒语"的点滴看法。

一、有关"杠杆作用"，问题的关键不在于是"四两"还是"千斤"，问题的关键在于"支点"，阿基米德说，给我一个支点，我可以撬起整个世界。资助方需要下大工夫的地方是找出或与各方一道找出、创造出这些个"支点"，而不是像做买卖的，总想少花钱多办事。同理，所谓"种子"基金也是一个道理，种子是具有生长繁衍潜力的，只有傻子才会以为种下一枚金币就能长出许许多多金币！但是现实中却的的确确有这样的"傻子"，特别是在基金会。

二、有关创新，为什么我们感到NGO对"创新"如此畏难？创新有那么稀奇吗？学习、创新是人类及其社会生存的基本能力，没有这个能力，人类绝不是现今的样子，恐怕和我们的"兄弟"猿猴活得差不多。不知大家有没有看中央台近来火起来的一个节目《舌尖上的中国》，这个节目使我感受到，中国的饮食文化是一个活的文化，因为在这里，不仅传统依然使人感动，而且创新旺盛、没有疆界、永不衰竭，在这里，传统（学习）与创新相得益彰，好像车的两个轮子，这两个轮子无论少了哪一个，都会使车子在原地打转。一个文化现象如果少了传承或创新，它一定会走向衰落甚至死去。

那么一个关乎其生存和发展的能力，NGO为什么对于基金会要求的"创新"感到特别有压力？而在中国人的饮食文化里，创新却是那么自然，那么必然，那么充满享乐和幸福感，为什么呢？我不得不怀疑，基金会对于NGO所要求的创新与饮食文化中的创新是不是一个东西？它应该、必定不是一个东西吗？饮食是人性，既为了生存，也为了享受。解决社会的问题，提供社会需要的服务，难道不是为了人类社会的存续和幸福，使生活更美、更好难道不是人性？

讨论问题而已，与大家分享，也希望各位不介意我的直言，这是典型的直来直去，希望珍惜保持！

老妪于麓山

就此关于资助金科玉律的讨论暂告一段落，但是对其实践和反思却一直在持续。程玉在上文提到的南都公益基金会的价值观是："公共利益为上、行业发展为先、民间立场为本、杠杆作用为佳。"同时，以"目标导向、服务精神、尊重他人、允许犯错，不掩盖问题、终身学习、与社会创新者共同承担风险"作为我们的风格来指引具体工作。这次讨论体现了南都的价值观不是写在纸上、挂在网上，而是活生生存在于实践中的。关于资助理念的答案可能仍未完全达成共识，也还会在变迁中不断发展变化，但是这种由价值观和文化所赋予的开放、反思的风格是一个机构持续的保持生命力的根本。同时，通过这次讨论也能窥到南都的理事会和秘书处之间坦诚互动的力量，这种互动首先是真正的互动，有来有往，不是单方向的指令，同时这种互动有时是痛苦的，是有张力的，是会让自己或他人难受的，也有压力和权衡之后的选择和放弃，但正是这种力量才能推动着我们不断前进，并促成真正的成长和真知的形成。

第二节　资助理念的概括性解读

上面鲜活的讨论体现出资助的金科玉律的内涵是丰满的，不同人的侧重角度是不同的，在不同场合下的应用也是不同的。下面就试图做一下对于这些资助理念的理性归纳和总结。

一　创新

创新的本质追求是什么？并不是看起来耳目一新、前所未有，这些都只是表象。创新的本质追求，尤其对于致力于解决社会问题、促进人类福祉的公益组织来说，是能发现新问题，提出新问题，探索新问题的解决方案或老问题的新解决方案，并最终真正促成了问题的解决。事实上，没有任何创新是横空出世的，所有创新都是基于对社会问题深刻的理解，把跨界的、跨时空的思想、方法、资源以新的方式重新整合，促成对社会问题的真正解决。因此，创新是与传承、与学习紧密相连的。其本质是真正解决问题。从这几家景行伙伴的品牌项目上就可以明显看到这一点。

"歌路营"的"新1001夜故事"项目通过晚间给农村学校住校生播放故事，拓宽孩子视野，帮助他们建立对外部世界的认知，打开通向他人心灵和人类精神的宝库。这个项目的操作非常简单，甚至会让人联想到80后小时候常听的"小喇叭广播"。但是它提出了全国3000万农村住校生校园文化生活枯燥、精神文化滋养匮乏、心理问题严重的问题，并且通过前后评估显示：故事对于学生的宿舍关系、阅读兴趣、写作水平、内心倾向都有积极、正向的影响。虽然"新1001夜故事"在形式上很传统，没有应用互联网、没有iPad布满校园，但它用适宜农村环境的方式满足了这些住宿生的需求。百特教育的品牌项目"阿福童"通过财经素养的培养，使孩子成长为"为自己负责"的经济公民，它的课程体系是基于国外成熟的财商教育体系，经过多年的中国本土化实践改良而成的，也不是全然的创新，而是把国外的成熟理念、方法、课程、技术引入我国现实土壤的再创新，却是在切切实实解决社会问题的真创新。还有"爱有戏"的品牌项目"义仓义集"，则是借鉴了中国最古老的传统公益慈善的理念和方法，但是当把它再次应用到当今人情冷漠的原子化社会时，产生了建立社区人与人间的联结和信任的奇妙效果。这个在已逝的故纸堆中重新挖掘出的创新种子有着旺盛的生命力。

此外，创新还是自然而然和持续不断的过程。爱有戏的"义仓义集"在成都地区运作几年后就发现必须要再次创新升级。因为项目辖区内的贫困家庭数量有限，但随着"义仓义集"影响的扩大，捐赠的物品已远远超过贫困家庭的需求，继续按原有项目方法就会导致资源的浪费，为此需要模式升级，把多余的资源用于更有益的用途，也开始引导捐赠者除了实物捐赠外做其他形式的公益参与。"免费午餐"在通过国家政策开始全国推行后，农村孩子营养的保障迈出了一大步，但在政策执行过程中又开始出现一系列的新问题。因此，张林秀老师形象地说："一个问题的解决是更多问题的开始，所以要以终为始，不断地去追踪和解决。"这其实说明社会问题本身就是在变化的，今天是有效的解决方案，明天就可能出问题，为此解决方案要随着问题的演化而演化，跟着问题走，不是一劳永逸的，这些过程都需要创新，也都是创新。当然，这里并不是说颠覆式创新是没有可能的，只是强调资助者要更为关注创新的本质，而不是形式；更关注务实的问题解决，而不是仅图好听好看；要区分创新和创意的差别，促使公益组织做真刀真枪的解决现实问题的真创新，而不是看起来好的花拳绣腿。

为什么资助者会特别强调创新？不创新行不行？这其实与政府、市场、公益三大部门的特性及角色有重要相关性。

政府作为社会的管理者，天然强调秩序，并首先服务于大多数人的利益，同时政府作为庞大的组织，必须引入科层管理，通过规章、制度、程序等方式降低对具体人的授权，用以避免个人的偏心、偏见、错误判断所可能造成的不公平、不公正,这会严重地影响政府对于社会需求、社会问题的敏感度和反应速度,我们将其称为"政府的迟钝性",并认为它导致了"政府失灵"。而市场或曰企业由于其天然的本质在于追求利润,没有利的地方就没有市场的身影,因此虽然市场相比政府而言具有活力,但一旦无利可图,企业就不会进入,这可称之为"市场失灵"。如果只有政府和市场这两种力量,那么小众的、没有支付能力和利润可图的主体(包括人、动物、自然)就可能被忽视、遭到不公正的对待。

而公益恰好具有弥补以上两种失灵的先天和潜在的优势。民间公益组织的草根性使其接近问题与需求,因而更有可能关注和提供能贴近需求的、人性化的、及时的解决问题的办法或服务,并为人类社会保有多样性、丰富性与活力发挥不可或缺、不可替代的作用。同时,民间公益组织本身也具有求善性,这种"求善性"也是人类社会生活背后一只看不见的手,用于善资源的合理整合、配置和流动,增进社会的和谐美好。① 因此,在某种程度上说,民间公益组织就是先行者,通过率先发现和提出问题,引领其他社会资源投入所关注的领域;探索新的问题解决方案,为其他社会资源找到更加有效的使用方法。所以,常常有公益组织会自诩就是先去探路,一旦做出雏形或模式就可以交给政府去承担和解决,或者把一个无利或微利的市场做出影响而使真正的市场来接盘。这是公益这个行业的使命所在,所以才会提出格外严格的要求,让"创新"成为金科玉律。但是,公益组织具备这样的使命、特性和潜质,并不意味着其就天然具备这样的能力。目前公益行业内能够创新地解决社会问题的公益组织还非常有限。这也是为什么资助方希望能够提出更高的要求以促进公益创新能力的提升。

而如何创新又是另一个可以长书的话题。简言之,通过实践观察,具备以下特点,产生真正的创新性解决社会问题的概率会增加:①对于所面对的社会问题能扎到一线进行充分的实地调查、感受、研究;②具备多领域经验、多背景的成员或专家顾问能从不同角度解析问题,创造解析问题的新视角或解决问题的新思路;③具有学习精神,能够认真学习和吸取国内国外、古往今来他人的研究成果或实践经验,站在前人奠定的地基上前进,而不是井底之蛙,自以为创新;④具备边实践边研究的实事求是的反思精神和总结改进的意识、能力,不断检验创新的效果,以便修正、积累、

---

① 此部分内容截取和改编自程玉的《〈草根组织功能与价值〉的学习笔记》,2013。

完善。

总之，创新其实是个持续积累和创造的过程，绝不是为了创新而创新。资助者一定不要曲解了创新，只追求形式，使它成为解决社会问题的负担而不是助力。

二　可持续

可持续可以分为两个方面，一个是指公益组织自身的可持续，另一个是指对于解决社会问题的效果的可持续。前一个是公益组织的组织发展问题，后一个是公益组织的业务模式有效性问题，两者是不同的。前面南都的"魔咒"大讨论中，我们主要讨论的是前者即公益组织自身的可持续发展问题。关于这一点可以总结几个核心观点。

第一，公益组织的可持续发展不可能像商业企业那样完全通过对客户的收费实现"自我造血"式的发展，这是由其作为公益组织的本质特性决定的。但是公益组织可以实现持续获得资源来使自己永续发展，这些资源来自不同类型的资金组合，它包括捐赠、企业或政府购买、服务对象付费、其他自营（如周边产品销售）、非资金类的其他捐赠等。这些资金来源的比例会根据公益组织所解决的社会问题的特点、解决方案或产品/业务模式、服务对象和资源方市场等情况的不同而不同。

第二，公益组织获得不同类型的资金来源来使事业可以持续发展的"办法"也是一种专业能力，并可能产生一些模式，就如同商业里讲的"羊毛出在牛身上猪买单"，这种模式在商业领域里已经非常多见了。公益组织通过为不同的捐赠者创造价值，可以稳固或持续吸引捐赠人。这也是一个专门的能力打造，甚至本身就具有社会价值。

第三，公益组织要像研究如何解决问题一样，研究如何获得资源，因为获得资源的过程也是使社会问题社会化的过程，起到作用的并不只是钱，还有触发捐款人对社会问题的关注和参与，是对人的动员和影响。

总的来说，任何一家公益组织都具有自身所做的事、人、资源的一种平衡。作为资助方在对公益组织进行资助时一方面要打破这个平衡，通过一些点的资助来促进其更好地发展；另一方面也要避免对平衡的打破太剧烈，导致在资助结束后其丧失了重新找回平衡的能力，使资助变成了对方不可持续的原因。或者说，资助方在进行资助时就要考虑在资助结束时公益组织会怎样达成新平衡。

另一个层面的可持续，即在解决问题的业务模式上的可持续，是与杠杆作用和退出机制紧密相连的，我们将在下面综合叙述。

三 杠杆作用和退出机制

杠杆作用最本质的体现不是一块钱撬动了几块钱，而是通过资助找到了什么样的切入点，让与问题有关的人从无意识或有意识无行动变成解决问题的主体参与进来，通过各自力量和资源的组合共同解决原本未能解决的问题，创造更大的社会价值。

上海新途健康促进社是2014年的景行伙伴，这家致力于社区健康促进的组织认为国人看病难、看病贵、一人患病全家受累、医患矛盾冲突等医疗社会问题的根本原因是：现行卫生医疗系统以治疗为主，以医院为中心，将巨额资源投入服务范围有限的大机构建设上，而忽视了对患者、家庭、社区等能直接支持个体的资源的投入和支持。"新途"相信"社区有能力组织起来，自己解决自己的问题"，具体到医疗卫生领域，应该以预防为主开展健康干预，并在社区范围内建立起能支持家庭和个人的健康支持系统。于是新途在社区内协助本地人运营"健康生活馆"（多是政府提供场地），以生活馆为依托发展社区居民成为健康大使，入户登记家庭健康档案，筛查高危或有病患的家庭，根据筛查出的主要健康问题/疾病，组织居民、社区内卫生资源、新途资源共同设计健康干预项目，并由馆长协调健康大使及居民共同实施。新途实现"疾病预防—早期发现—自我管理—服务转介"，以减少或延迟疾病的发生，并对有病患的家庭提供可能的支持。

新途的工作手法是参与式的，即调动每个人的主动性共同解决问题。一般，新途新进一个社区，3个月可与社区居民建立良好关系，借助活动让社区交往频繁起来，1年可实现本地人运营场馆。新途只提供部分馆长的补贴，馆长就将社区内的很多医疗资源组织起来。这就是一种对社区资源的盘活，起到了杠杆作用，而且在馆长成熟后，新途的人员就可以退出，也体现一定程度的可持续性。

反之，我们也看到过很多金光闪闪的项目，比如斥巨资打造一个扶贫示范村，比如花大价钱吸引来一群优秀的人，使他们进入某些领域工作。但是一旦资金撤出，这个项目就难以为继，又回到从前，这种项目就如同用资本催大的创业公司不具备长久的增长性一样，是不具备可持续性的，也无法退出，更谈不上杠杆作用。

公益的项目模式如此，对公益机构的资助也是如此，景行就经常被问到，一次性给机构提供这么多用于机构发展的资金，一旦资助期结束怎么存续，是否又有不良影响。还以新途为例，在景行资助新途时，新途正处在上海业务已经稳固壮大、要大力向全国推广的阶段，这时新途在全国推广、在地团队的组建及能力建设方面需要很大的投入，景行计划支持了在地领导团队的部分工资补贴、新城市推广的差旅费用、各地团队的能力建设费用以及筹资探索的费用等，连续3年，每年50~60万。通过这些资金，新途"总部"的人可以"跑"起来，在7个城市通过跟政府的谈判建立基地，各地的领导人通过2~3年的时间打造了本地的团队、项目，并调动起在地资源。截至2016年年底，新途已经在7个城市60个社区开展工作，管理和参与运营全国40个场馆，发展1300名健康大使，使3万个家庭得到支持。同时，正如新途的创办人龙飞博士所说，随着所服务家庭的规模增长，提高了对资源的吸引力和谈判砝码，期间与健康类企业和国际组织洽谈下4个全国性专业干预项目，这些项目加深了各地健康促进专业度的提高，也吸引了某企业1200万元的捐赠，迈上新的发展台阶。这时景行帮助新途上升一个新台阶的目标基本达到，新途产生了新的、更高水平的平衡，进一步持续发展。而景行也顺利实现了退出。

第三章 机构资助及其必要性

第一节 机构资助的兴起与背景

机构资助在资助中一直处于边缘，2011年景行计划开始围绕机构资助的方向进行调研，并于2012年2月正式推出，希望借鉴战略性投资的理念，资助公益组织的机构发展以促进其实现更大的、更可持续的社会影响。同时景行计划在行业内进行倡导，希望促使更多资助方认可和支持机构发展的成本。当时，在景行计划的调研报告中，时任项目总监孙巍写到[①]：

> 总的来说，民间组织的机构支持需求强烈且贯穿组织的整个发展历程，但一直没有得到广泛的、持续的、系统的解决。南都公益基金会提出机构支持战略是针对民间组织需求的、明智的、具有"及时雨"效应的战略选择。扩展来说，机构支持战略的价值体现在三个方面。
>
> 1. 对比政府、企业和民间组织的资金来源。政府机构的运转资金来自纳税人，税收为政府机构提供长期的、稳定的资金支持；企业的运转资金来自产品的利润，因为利润和成本被包含在产品的价格内，只要产品能以既定价格卖出就能产生利润，就可以维持甚至扩大企业的再生产。长期以来，民间组织缺乏类似政府机构那样稳定的、长期的资金支持，也没能像企业那样在项目执行中将机构再发展的成本计算在内。一般项目内被允许设立的5%左右的管理费概念拷贝自国家事业单位、研究机构的项目管理做法，主要用于补偿财务管理成本，根本不足以维持项目结束后民间组织的继续运转。"机构资助"可以为民

---

① 《机构支持战略实施框架草案》，引自南都公益基金会内部资料，由孙巍于2011年5月撰写。

间组织的"机构发展"提供合理的、有针对性的资金支持，有助于组织的可持续发展，加快民间组织成长的步伐。

2. 填补国内资助体系的空白，引领资助行业的发展，形成行业共识。多年来，国际机构是推动中国民间组织发展的主要力量，其中福特基金会和香港乐施会明确将支持民间组织发展作为重要的工作领域，在历史实践中发挥了重要的作用，不仅提供资金支持，还有理念、方法、社会资源网络方面的支持，扶持许多民间组织一步步发展壮大起来。但是新出台的外汇监管制度以及某些政治因素给民间组织获取外方资助设立了条件。而国内把支持民间组织发展作为一个独立的资助领域的资助方还较少。

3. "机构资助"的单独提出和实施有利于帮助扭转资助方在资助民间组织或项目时对于机构运转成本的看法，有助于未来形成符合民间组织发展需要的资助机构行业共识。

这是 2011 年写就的报告，当时开展机构资助的只有西部阳光农村教育发展基金会针对教育类公益组织的"桥畔计划"，每年提供不超过 5 万元的非限定资金；SEE 基金会针对环保类公益组织也开展过行政费支持的计划，实施了约两年。但时间跳转到 2016 年，开展机构资助的资助方越来越多，包括敦和基金会、爱佑慈善基金会、三一基金会、险峰基金会，这些新成立的基金会都将机构资助作为其部分甚至全部的业务。而其他类型资助也开始充分考虑和支持机构发展部分的成本，比如春桃慈善基金会。政府的公益创投中也开始增加这种类型的资助，比如四川成都、广东广州、山东济南等地的政府。甚至在一些众筹项目中出现资金可用于机构发展的承诺，如腾讯微爱。对机构发展的资助成为一种共识甚至潮流。

这些变化的产生与景行计划这类项目的资助探索有一定的关系，但更重要的是，这是一种趋势使然。这个趋势就是，公益组织越来越成为独立的组织体，并且有机会在捐赠市场上获得多元的资金来源，其作为一个组织体的能力建设需求要远大于以往，而组织的能力提升所产生的增值也远大于以往，因此，产生了对机构发展的资助需求。

具体来说，根据第一章所介绍的资助者视角的民间公益发展的三个阶段，在第一个阶段"理想色彩下的官办为主阶段"，由于公益组织的创办人和从业者多数具有体制内的身份和保障，体制会承担部分工资福利，甚至一些项目的运营及财务管理也挂靠在体制内的单位中进行。在这种大环境下，公益组织的使命和目标主要就是把项目做好，把围绕项目的管理做好，而不需要特别考虑人力成本和机构运营管理的相关问题。过去的资助也多采取项目资助并附加5%管理费用的方式，并成为一种潜在的规则。但是进入第二个阶段"民起官落阶段"后，对体制没有任何依赖的纯民间组织开始发育，民间公益组织真正成为独立的组织体。尤其在进入第三个阶段"多元共存和市场化阶段"后，政府推动社会职能的转移，公益组织的角色将不仅仅是一个探索者，探索出一个社会问题的解决方案就转移给政府或市场，而要在探索出来后还能直接服务，或联合更多的同道者广泛服务，将有一部分公益组织变成持续的服务提供者和精进者。这时公益组织就要出现任何一个独立组织体都将面临的问题：持续研发针对问题能创造价值的项目/产品/服务、能够使服务实现一定规模的递送和实施、能够持续获得资源供给事业发展所需，人员、组织、文化、筹资、财务、品牌一系列与运营管理有关的问题就会出现。而这些方面能力水平也将极大影响民间公益的发展和社会影响的发挥。因此，以机构资助为表现的对公益组织的运营组织能力的提升就愈加重要。

第二节　什么是机构资助

我们将机构资助定义为：着眼于被资助机构的整体使命和目标，诊断其使命和目标实现中面临的机构发展方面的关键瓶颈问题，通过资助该瓶颈问题的突破，促进机构整体的升级和跃进的一种资助。机构资助区别于传统的项目资助，主要可以从三个方面来看。[①]

- 支持动机和目的不同。机构资助的目的是扶持机构的发展，而一般的项目支持对于项目期内项目任务是否完成的关注胜于执行组织的机构发展。
- 支持方与被支持方之间的关系性质不同。机构资助下，支持方与被支持方是相对长期的、以被支持方的成长周期为周期的合作关系，资助方对于组织发展的参与度高；项目支持下，支持方与被支持方是相对短期的、以项目周期为周期的合作关系，资助方对于组织发展的参与度相对低。
- 支持的内容和方式不同。机构资助针对民间组织在机构发展中的需

---

① 《机构支持战略实施框架草案》，引自南都公益基金会内部资料，由孙巍于2011年5月撰写。

求,提供各种资金和非资金的支持,包括提供战略咨询、拓展社会资源网络、引入理念等多方面的支持;而项目支持主要围绕项目任务提供资金支持或同项目问题密切相关而非同机构发展相关的其他支持。

对于以上几个重要区别的厘清是非常重要的,因为目前对"机构资助"常见几种误区。

第一,认为"机构资助"就是提供行政费、办公费等一般性运营资助(general grant)。过于关注资金的用途,而忽略了提供此资金的"目的",一方面可能导致一般性运营资助不能与机构的发展目标和瓶颈问题相关联,而削弱资助效果;另一方面资金用途的狭窄定义易忽视机构发展的其他关键需求。

第二,认为"机构资助""项目资助""人的资助"都在促进机构发展,不需要将"机构资助"单独加以强调。机构的发展确实需要项目、机构、人三位一体的支持,甚至"项目资助"是最为主体性的支持,但是其促进公益组织的着力点和作用是不同的,也因此需要形成不同的能力和资源。"项目资助"重点帮助机构提升其解决社会问题的能力,需要资助者围绕社会议题有所了解和积累;"人的资助"需要对个体人的变化和成长更为关注;"机构资助"则重在组织的运作和成长,要求资助者具备组织发展和组织变革的知识、经验和资源。

第三,认为提供人力成本和行政费分摊的"项目资助"就是"机构资助"。目前的资助环境严苛,很多捐助方不愿承担人力成本和行政费分摊,因此此类"项目资助"很可贵,但准确地说这其实是标准版的"项目资助"。当然,有一些"项目资助"愿意在项目费用之外再承担一部分灵活的或者用于项目外的资金,这种方式算是附加的"机构资助",很多以"项目资助"为主的资助方可以采取这种方式来促进机构的发展。

正因为如此,景行计划在开展机构资助的过程中强调的是"目标明确,使用灵活"的"长期资助","目标明确"是因为该资助服务于机构的社会目标实现,具有目标导向以及基于目标的结果衡量;"使用灵活"是因为机构的发展变化都是动态的,灵活的资金可以增加被资助机构的灵活性,更好地抓住机遇解决问题;"长期资助"是因为机构变化和组织的成长是一个相对长期的过程,一个较长期的承诺会坚定机构领导者及机构的决心,防止半途而废。

第三节　机构资助的价值定位

要真正发挥好机构资助的价值，机构资助者需要对自己的角色有深刻的理解，这既包括理念和观念上的，也包括具体操作上的。其中首要的就是要把自己明确定位为一个投资者，并保持对机构运营模式、组织能力方面的持续关注和积累，提供更有针对性的资金和非资金支持。具体说来包括以下几点。

第一，从公益机构的需求出发，做投资者，而不仅仅是消费者。

目前对于公益组织资金的分析更多是偏捐赠方视角的，比如，我们常常会去分析资金来源在"洋奶"（境外资金）、"母乳"（境内本土资金）中的分布，在基金会、企业、政府、公众个人捐赠中的分布。但现实中，任何一个捐赠主体的资金都要通过公益机构的运营来实现其目的和效果。因此，在公益机构内部其资金是以项目活动费、人员费用、运营管理费等形式来发挥作用的。做资助尤其是机构资助要把视角放在公益机构内，观察和分析他们的资金结构，并且在他们的资金结构中找到自己扮演角色的切入点。

当我们把视角转换到公益组织内部的资金结构来解析时，资金其实可以总体分为两种角色——消费者和投资者。消费者更多的是"购买"（捐赠）已有的优质公益产品或服务，注重服务的品质及给"购买"（捐赠）者带来的体验，它不用承担太大的风险，如果服务或体验好则有可能持续"购买"（捐赠）。消费者的典型代表就是政府，因为政府花纳税人的钱，需要面对社会的问责，所以要寻求更可靠的、成本效益最高的公益产品和公益服务。还有一些个人捐赠者，通常是被某个公益产品或项目打动，获得情感上的触动产生为之做点什么的同情心，并进行个人的自我实现；或者企业捐赠者，能够为其提供员工参与或者品牌、社会责任方面的价值回馈。这本质上是一种交换。

而投资者更多的是投资于未来，关注的是创新和成长，要承担较大的风险，其投入也通常是阶段性的，在机构完成某种创新或实现某种成长后就会退出。比如，很多项目资助投的就是公益机构研发出的新产品，而机构资助使投资机构迈入下一个能力级。

举个例子，歌路营的"新 1001 夜"项目最初是由福特基金会在 2012

年资助的，这时福特基金会是投资者，它资助了歌路营的"产品研发"。当这个项目的实施产生一定成效后，歌路营要扩大该项目覆盖的范围，有的资助方资助其两个省学校的故事提供，有的个人一次性为 10 个孩子捐赠了听 6 年故事的资金，这些都倾向于"消费者"角色，"消费者"的核心价值是促进了增量。在 2014 年景行计划资助歌路营时，资助的是它的服务规模从 1000 所要跨越到 1 万所时机构内部需要提升的能力，包括以 IT 信息系统提升项目校的管理效率、筹资能力的建设等，通过这些能力的提高使其能够加速服务规模和资金规模的增长，达到一个新的数量级和影响量级。当这部分资助结束后，其能力已经建立起来，资助的结束并不会产生倒退或负面影响。这时景行是机构投资者的角色。

当然，需要说明的是这里的"投资者"和"消费者"只是一种类比，是为了更形象地说明这类性质的资金对于机构来说意味着什么，并没有将"投资者"和"消费者"进行优劣对比的意思，因为一个社会问题的解决，一个机构的社会价值的持续创造，需要各种类型的支持者，每一种类型的贡献、每一个贡献者都值得尊重。资助者只要根据自己的特点找到自己的定位就好了。

第二，项目资助也应具备机构资助的思维，基于运营模式提供合理的机构发展资金。

大部分资助是以某类社会问题为切入点，以项目资助的方式来提供的。但解决同样的社会问题，会有不同的解决方案及与之相应的运营模式，而运营模式也决定着机构的资金结构、人员结构及相应的需求。

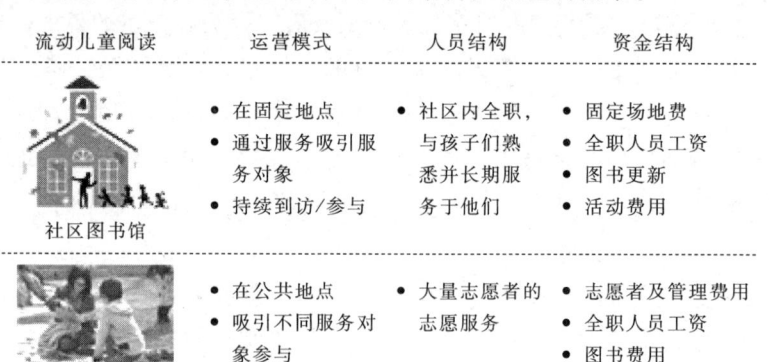

流动儿童阅读	运营模式	人员结构	资金结构
社区图书馆	• 在固定地点 • 通过服务吸引服务对象 • 持续到访/参与	• 社区内全职，与孩子们熟悉并长期服务于他们	• 固定场地费 • 全职人员工资 • 图书更新 • 活动费用
流动图书馆	• 在公共地点 • 吸引不同服务对象参与 • 使其感兴趣	• 大量志愿者的志愿服务	• 志愿者及管理费用 • 全职人员工资 • 图书费用 • 活动费用

图 3-1 相同使命、不同项目模式在运营、人员、资金上的差异

举个例子，同样是做流动儿童阅读的公益机构，一种是以社区图书馆的方式运作，一种是以"快乐小陶子"那样的流动图书馆的方式开展。它们所开展的项目活动可能很相近，为孩子做阅读活动、讲故事等。但社区图书馆的运营模式要在固定的地点，通过活动吸引社区里的流动儿童持续参与，在人员上需要全职人员在社区里与孩子们相熟并长期服务于他们，在资金上要有固定场地费、人员工资、活动费用等。对于流动图书馆，它的运营模式就是很多志愿者到不同的公共地点做阅读活动，吸引不同的小朋友和他们的爸爸妈妈参加，让他们产生兴趣。在人员上它需要大量志愿者。在资金结构上，固定场地和全职人员的花销就相应减少，而志愿者及管理的开支要增加。

由此，虽然资助的是同样的使命，甚至单看项目活动也比较相似，但运营模式不同，要发展的能力和资金需求是不一样的，如果资助方按照同样的标准，比如提供不超过10%的运营管理费，那社区图书馆式的机构就会很惨。因此，应该根据机构运营模式和资金特点来理解机构的资金需求，从而提供合理的支持。

此外还需要特别提出，当机构的运营模式发生变化时，对运营管理资金的需求会高于平时，要给予格外的关注来帮助这种变化产生好的结果。仍以社区图书馆为例，若只是在原有社区进行服务创新，比如增加一些活动类型，对运营模式和资金结构不会造成太大影响，一般的项目支持就可以满足渐进式的发展。但如果社区图书馆从一个社区发展到两个社区、三个社区，甚至是到外地发展，要面临跨区域的人员和资源的协调管理，从这时开始到达成下次平衡之前，需要更多的运营管理、组织能力方面的支持。

在资助者间通常有这样一种默契，以项目资助的视角来评价一个公益组织优劣，常见的如要聚焦于某个具体的社会问题，如果某个公益组织做的事情很多、很散则被认定是一家差劲的组织。但是机构资助可以丰富我们看待公益组织的角度。比如，现在出现很多社区服务中心，既开展老人服务，又开展小孩服务，还进行青年就业支持，我们需要从机构资助的角度来做不同的解析。

当"聚焦"这个问题放在机构资助的视角下时，就不是某个具体社会问题的聚焦，而换之以机构的"业务焦点"。所谓"业务焦点"是一个组织基本运营所依靠的东西，业务焦点可分成几种基本形式，即分别以产品/理念、顾客、技术、生产能力或分销为重心。不同"业务焦点"要打造的核心能力以及传递影响的方式和表现有很大差异（如表3-1所示）。

表3-1 《结果导向的领导力》中提及的业务焦点及举例

	业务焦点	商业举例	公益举例
产品/理念	打造一种或一系列产品并尽可能为产品去开发顾客市场，有的给产品赋予某种生活方式，卖出理念	福特汽车，把汽车卖给更多的人	百特，儿童财商教育
顾客	把握一类特定顾客的需求，通过各种各样的产品和服务满足这些需求	耐克，围绕想运动的人推出运动鞋、背包、运动装、比赛设备等产品	歌路营，围绕住校生提供睡前故事、早间音乐、WHY课堂等系列沉浸式产品
技术	控制了某种独特且有价值的概念或工序，挖掘尽可能多的能应用其技术的产品，并为其争取更多顾客	3M，掌握涂层、粘贴的特殊工艺技术，依靠这些技术为不同公司提供产品 麦肯锡，掌握咨询技术为不同的企业提供咨询	瑞森德筹款咨询服务 各类评估机构
生产能力	在现有条件的基础上满功率运作	航空公司	社区中心
分销	建立大量营销渠道，力求把与分销系统相适应的产品和服务销售出去		各地枢纽型组织

资料来源：〔美〕戴维·尤里奇、杰克·曾格、诺曼·斯莫尔伍德：《结果导向的领导力》，赵实译，机械工业出版社，2016。

通过表3-1中的归纳就可以看到，社区中心之所以开展多样的业务是由于其"业务焦点"在于生产能力，在同样的空间内能够增加服务内容而服务更多顾客，可以促进其社会价值的发挥。

南都公益基金会等15家机构联合共建好公益平台，加速优质公益产品在不同地区的落地和整合就是对以上内容的一种体现。品牌创立机构主要是以产品/理念为业务焦点，枢纽机构是以分销为业务焦点，项目示范机构是以生产能力为业务焦点，而指定服务供应商和部分战略合作伙伴则是以技术为业务焦点，通过将不同业务焦点的机构围绕好公益平台加以整合，加速公益行业的规模化影响和行业生态系统的发育。

此外，当这种视角建立起来后，我们还可以更好地跨界学习，实现公益与商业之间某些经验的借鉴与互通。很多公益人在与商业进行对比时，最喜欢与产品销售类的商业对比，其实，商业也有很多种模式。还以社区图书馆为例,其可能和老年服务中心、健身房、美容美体中心等类比,虽然目标人群不同、提供服务不同,但在业务模式和运营模式上有一些共同表现,比如都要有固定的地点,都要有服务来吸引目标人群持续光顾。可以相互参照,如怎么吸引服务对象、怎么保证服务对象的光顾率、怎么做服务管理、怎么做场地管理等,形成商业与公益之间、公益中不同议题之间的深度交流和对话。

图 3-2 不同领域、相近业务模式可相互借鉴

项目服务能力和运营管理能力是一个机构的两种核心能力,目前我们对运营模式和与之相应的运营管理能力的关注普遍不足,比如组织能力、人力资源、筹资、财务、知识管理等,但对于一些机构,尤其是项目服务能力已经过硬的机构,需要增加这个视角来审视机构的能力,并获得发展这些能力所需的资金和专业支持,才能更好地释放机构发展的潜力,使其快速成长。

第四节 机构资助、一般性运营资助与公益风险投资的异同[*]

与机构资助类似的还有几个概念,如"一般性运营资助""公益风险投

---

[*] 本节主要截取自"景行视界"《机构资助与公益风险投资有什么异同》(杨国琼,2015-07-14,原文可点击 http://www.naradafoundation.org/content/4617)。

资""公益创投",景行计划在进行对比学习时,做过一些国际上的对比,发现还是存在一些差别的,而且差别主要源于实施主体的背景和目的的不同。国际上"一般性运营资助"(general operating support),其实施者主要是基金会,是基于项目资助的弊端而产生的。而公益风险投资或公益创投的英文说法是 venture philanthropy,其实施者主要是有风险投资背景的人。在国内无疑也会有因背景不同而产生的分野。再次把它们的比较呈现如下,可供不同背景的人选择更适合自己的侧重点。

一般性运营资助是指对于公益组织使命而不是具体项目的资助。公益组织可将资金用于机构日常运营的各项开支,具体可包括员工薪酬、行政开支、技术、培训、筹款、宣传等。[①]

公益风险投资是指通过资金与非资金支持帮助社会目标组织发展并扩大其社会影响力的资助和投资模式。[②] 有人会区分公益风投和公益创投,认为公益创投所针对的组织会比公益风投更早期,也有人认为两者没有太大差异。

公益风险投资跟一般性运营资助在很多方面既相似,又有区别。

表 3-2 一般性运营资助与公益风险投资的差异

	一般性运营资助/机构资助	公益风险投资
背景	基金会,源于项目资助弊端	投资公司,源于帮助组织扩大社会影响力
共性	• 增强被支持伙伴解决问题的能力(组织成长) • 提供长期灵活资金 + 资源 • 注重对效果的评估和退出	
差异性	• 源于对项目资助局限的反思 • 提倡资助项目外用 20% 资金资助机构 • 与伙伴关系松散,不为伙伴成败负责,一般不进入理事会	• 源于对社会影响力的追求 • 重视每家被投机构的增长 • 关系紧密,与被投机构共命运,一般会进入理事会
产生差异的原因	• 激发、赋权他人的理念和习惯 • 寻求超出单项资助的更大价值	• 商业投资寻求回报的理念和习惯 • 具备进一步指导的资源和经验

公益风险投资的先行者们是美国的一批富翁和风险投资人,他们因为

[①] 社会资源研究所的系列文章《资助者说》第 17 回《一般性运营资助:组织资助在美国》(作者高瑞、郑聪)。
[②] 来源于欧洲风险投资协会 EVPA 网站对公益风险投资的定义。

不满足于签支票式的做慈善方式，希望为公益事业注入更多专业和技能，于是公益风险投资又有高度参与性慈善（highly-engaged philanthropy）的提法，它与一般性运营资助的最大不同就是投资者与被投资机构之间高度紧密的关系。一般的资助关系中，资助方与被资助方比较像是两个独立个体之间的合作，是朋友和搭档的合作关系。但是"投资"则更像是结婚，两个机构从此就是一家人，会产生一种"同呼吸、共命运"的紧密关系。所以投资方会比资助方更愿意进入被投资机构的理事会，会跟对方共同来甄选和聘请被资助方的高管人员，也会积极地给被投资机构融资。"公益风投是一种出资者、志愿者、专业技能提供者以及被投资者之间的积极伙伴关系。它需要和所支持的团队共同塑造和运转创新的和可规模化的社会变革模型。与传统的非营利组织资助机构相比，它在执行层面上与被投资者的关系更为紧密。"[①]

虽然公益风险投资所形成的合作关系更为紧密、投入更大，但是它与一般性运营资助一样，都向被支持方提供长期（通常为3～5年）并且灵活的支持，包括资金与非资金。在一般性运营资助中，灵活的资金安排主要是指可以由被资助组织来决定这笔捐赠资金的用途，常见的用途包括弥补项目资助中难以覆盖的筹资成本、人员行政经费，组织的基础设施建设，创新的试错成本，由于承担风险带来的损失，等等。一般性运营资助中的灵活资金表示的是资金用途的灵活与非限定。而公益风投中的灵活资金安排则包括了不同的资金进入形式，除了捐赠以外，还有债权、股权、可转债等，所以公益风险投资的灵活资金安排是指投资形式的灵活。在非资金方面，公益风险投资机构最经常提供的五种非资金支持包括：商业计划与战略咨询、董事会管理、金融与财务管理、关系推荐和筹资规划。一般性运营资助的资助方在非资金支持方面，则以扮演联结者、投资者、评估和学习的推动者、陪伴者等角色为主。

公益风险投资机构所提供的非资金支持方式和内容取决于投资方自身的优势和定位。比如美国一家专注投资初创期机构的基金会 Draper Richards Kaplan Foundation（简称 DRK），因为投的都是初创期机构，所以他们特别关注的是机构基础设施的建设，而在他们眼中，这其中以理事会治理尤为

---

① 赵萌：《慈善金融：欧美公益风险投资的含义、历史与现状》，《经济社会体制比较》2010年第4期。

重要。于是他们的非资金支持以理事会治理为主，他们的员工会参与多个被投资机构的理事会。而 Social Venture Partners（简称 SVP）则因为有一个强大的会员网络，所以他们的非资金支持主要由会员志愿提供。New Profit（http://www.newprofit.org/）则因为有咨询公司合作伙伴 Monitor Group，于是他们的非资金支持主要通过这个战略合作伙伴进行，帮助处于深耕期的被投资机构完善商业模式和提升领导力。最后，Green Light Fund 作为一个专门投资于规模拓展的投资方，因为在波士顿、费城和旧金山拥有良好的本地资源网络和技术，他们可以帮助被投资机构在其他城市设立分支机构。

不论是公益风险投资还是一般性运营资助，都有相应的退出策略。公益风险投资或许有追加投资的可能，但这两者共同的目标都是帮助被支持机构在支持期满时，实现财务的可持续发展。所以两者都会在 3~5 年之后退出。不过，因为一般性运营资助是由基金会的项目资助演化而来的，在与项目资助的对比中，一般性运营资助的成果比较不易评估，所以在一般性运营资助中，资助效果的评估一直被认为是困难且比较难归因的一件事。而公益风险投资较多是由商业风险投资演化而来的，投资者更看重可测量的产出和可衡量的绩效。GEO 根据这些年对一般性运营资助的研究，认为不管是出于基金会内部问责的需要，还是为赢得行业内的广泛认同，都有必要对一般性运营资助的效果进行评估，以便了解一般性运营资助是如何影响公益组织的发展的。这将有利于建立一种更加开诚布公、相互信任的伙伴关系，让双方更好地了解被支持方所面临的挑战，弄清楚非限定性资助在哪些方面可以发挥作用，以及还需要其他什么样的支持。

最后，由于一般性运营资助和公益风险投资在"增强被支持组织可持续解决社会问题的能力"这个目标上的一致性，两者没有那么泾渭分明，也有非常多可以互相借鉴的地方。在欧洲风险投资协会（简称 EVPA）对 venture philanthropy 的定义中，它既包括了社会投资，也包括了高度参与的捐赠，社会风险投资的关键是要通过资金与非资金的支持，帮助被支持的组织实现能力提高和社会影响增长。EVPA 的会员既包括商业风险投资人，也包括基金会、个人等。公益风险投资这一新的慈善形式，一方面让传统的慈善家和基金会看到了投资组织能力成长的必要性；另一方面，也为中国这几十年成长起来的新富们提供了一种参与社会变革的新路径。而景行计划的机构资助，介于 GEO 所说的一般性运营资助与公益风险投资之间，是通过资金与非资金的方式投资于解决社会问题的组织成长的资助模式。

第四章 机构资助的关键提醒 tips

一项机构资助如果要获得成功,既需要看产品/业务模式,又需要看人/团队,还要看运营,对资助者的要求是很全面、很高的,加之机构资助效果衡量的困难度,对资助者来说非常有挑战。景行计划从2012年到2016年实施5年来共资助了18家机构(之前还有2家也列入景行则20家),这些机构有的通过资助产生了巨大的质变性的效果,起到了"四两拨千斤"的作用,但也有的中规中矩,变化并不显著。通过对不同成效的已发生案例的对比分析,我们总结了机构资助在各个工作环节——选、投、帮、退——的基本原则。在这些基本原则里,特别想提出几条十分重要的心得,之所以想把它们特别提出来是因为这些点很大程度上关系到一项机构资助的成败,同时又是最容易出现偏差的地方。我们以独立篇章的方式来强调它,名曰"关键提醒",以示重视。希望这种坦诚的分享可供正在开展或打算开展机构资助的资助者考量,少走弯路。

一 "资助"不是让人替资助者实现梦想

分析过去的资助案例,基本上但凡资助的是被资助机构自己就在极力推动的事,都产生了很好甚至超预期的效果;凡是通过资源推动着被资助机构朝向某个方向发展或做事,成功率就大大降低,多半做不成,即便当时做出一些效果,在资助结束后也难以为继。这种反差让我们认识到:资助不同于购买服务,不能是"花钱"让别人替资助者实现梦想,而是要找到"志同道合"的、对使命或事业有强烈内在驱动的人,将资助化作他的使命和事业的助力才可能成事,找到这个事情的"创业者"而非"职业经理人"。我们甚至形象地提出,"有钱无钱、砸锅卖铁"也要做的人才是最佳的资助对象。

这多半是因为,当一件事是被资助者自己要推动的,他会是主动进取的状态,即便遇到问题和困难也会努力想办法优化、迭代,抓住甚至创造机会和资源，并努力想办法如何做得更好、更可持续，这时提供资助就像给开足马力的赛车加上油，助推力大。如果事情不是他想做的，只会当作要完成的任务，按照规定动作完成就算有了"交代"，遇到困难也容易退缩，自然无法产生理想的效果。

当然，作为资助者很多人一开始会觉得这样是不是"很冤"。我出钱还不能带入我的使命和目标吗？事实上，绝不是否认这一点。每项资助都会带有资助者对社会问题的理解、分析以及预期实现的目标。这里的资助技巧或曰专业能力在于：如何找到实现这个目标的同道中人，或者如何激发原本没有意识的人对此社会问题和目标产生兴趣，真正化为他自己的目标。而在使命和目标一致的情况下，具体做事情的目标、方法和计划就要依靠被资助者基于他拥有的条件和禀赋来提出、来实行，而不是由资助者给予。因此，做资助前面强调"选"、强调"激发"，后面强调"放手"、强调"助力"。

二 要格外关注"核心概念"从领导人到服务末梢的保有情况

领导人固然是影响机构发展最关键的要素之一，但做机构资助仅看领导人是不够的，机构的核心概念（包含了理念、工作方法等）要通过团队来实现，团队对于核心概念的理解、认同、将之付诸实际工作的动力和能力才是机构真正达成目标的关键，也是对领导人能力最真实的检核。曾经有一个资助案例，在商谈时正处于领导人交接班，对于这个事情的推动两位领导人在目标上都是有共识的，但前领导人（交接后在理事会发挥作用）在方法的选择上注重通过对同行的支持来实行，而新接班的领导人更偏向自己来推广，在路径上存在差异，执行团队对于该项目也没有太多的驱动力。资助后，项目的推进就很尴尬，最终虽然做了一些事情，但是效果很不理想。

通常在资助沟通时倾向于和领导人沟通，但一定不能忽略团队的意见和团队的状态。因为，公益的动力机制是很特殊的，它很难通过权力和金钱进行激励，更多的是以使命、价值观、文化来凝聚人，以人的发展和成长来成就人、激励人。与第一条类似，如果当事人对做的事情不认同，他的推动必然是被动的。更何况，公益的工作就是服务人、改变人，做事情的人本身没有内在的热情和信念很难感染周围的人。而且，资助者的一个重要价值就是通过让领导人看到团队的状况而促进领导人的反思和团队共识的达成。

三 坦诚与信任是最好的沟通策略

资助在资金之外的价值很大部分是在资助者与被资助者的互动中产生的，因此资助者和被资助者之间如何沟通非常重要。一些资助者深谙第一条的情况后会刻意在沟通中的隐藏资助的目的、标准，也尽量避免直接提出意见和建议，防止被资助者在并不认同的情况下主动迎合，产生误判。我们在资助中遇到两位老师，他们是两个不同的典型，一位是何进老师，他在资助时会明确提出资助的十五字原则"创新、可持续、宜推广、参与式、实事求是"，这是他进行资助的标准，但是他从来不会提出具体的目标和建议，只是通过提问题，以及对这"十五字原则"的检核，促进被资助者自我思考和改进。另一位是程玉，她是麦肯锡的咨询顾问出身，很喜欢直接提出建议甚至帮助伙伴梳理"模式"，第一次和她与伙伴交流，她很兴奋地将被资助者说的想法在白板上非常有逻辑地画出了模型，资助伙伴顿时发出"豁然开朗"的感叹。

那么到底哪种好呢？这可能要涉及人是如何学习和成长的。我们觉得，一方面要靠输入，多角度地获得不同的信息和建议；另一方面要靠输出，将获得的信息和建议筛选重组后形成自己的理解和策略。所以，从这个角度上我认为资助者不用担心给出建议，这是在贡献"输入"，并使被资助者获得"资助市场"的反馈，只是资助者需要提高自己的能力去辨别最终被资助者是在迎合还是真正成为自己的"输出"。我们也更赞成公开资助的标准，只是这种标准要是原则性的，类似何进老师这种，因为资助者的标准带有一定的导向功能，一方面使被资助者能够自检，降低沟通成本；另一方面使被资助者明白自己在对方资助策略中的位置和贡献，增加事业共同体的凝聚感。

所以，总的来说，在资助沟通中，最重要的就是坦诚和信任。基于坦诚和信任，实事求是地探讨，有问题提问题，有建议提建议，正面地碰撞和交锋，给资助双方带来更多的启发和成长。

四 破除"锦上添花"的误解和忌惮

景行所资助的机构大多数是在行业里具备一定影响的引领型机构，很多同行会提出质疑说这是在"掐尖""锦上添花"，而不是"雪中送炭"，资助更加初创的"种子"才是"雪中送炭",才更有价值。但判断一项资助是"锦上添花"还是"雪中送炭"不应该从被资助机构所处的发展阶段和已有影响来看,而要从被资助机构存在的某项瓶颈的紧迫程度以及瓶颈突破后能产生的撬动性影响来看,即不是看现状,而是看可以迸发出的潜力。事实上,虽然景行资助的机构在行业内已经属于不错的机构,但其资金规模也就几百万,人数十几或几十人,能影响的服务对象规模占比最多还不到0.1%,和企业比只能算是小微企业,和国际上的有国际影响的公益机构比还是小学生,向上发展的空间是很大的。因此,不能以现有行业发展现状来评价一家机构已经很好、再支持它就是"锦上添花",而要从更高远的未来目标来看待,帮助它实现更高水平的影响,从这个角度看就是"雪中送炭"。事实上,过去也正是因为存在这样的误区导致很多公益机构发展到一定阶段就停滞不前,使行业的"天花板"处于较低水平。行业需要产生一批有高社会影响力的机构,提高行业的天花板,拉高行业发展的空间和可能性。当然,资助这样的机构对资助者提出了更高的要求,需要资助者排除"畏难心理",自己也不断突破。所以,"雪中送炭"和"锦上添花"不是绝对的,要结合目标和需求,以发展的眼光做资助,让机构成长,让自己成长,而不是根据现有的水平来评判。

五 掌握"计划"与"灵活"的平衡

很多资助计划要求得非常详细,对执行的管理也非常严格,目标、活动、产出、指标、预算,不能有丝毫误差。但是在实际工作中,事情都是变动的,很多公益组织抱怨,项目情况发生了变化,一些资金如果换一个用法可能产生更好的效果,但是由于之前资助计划和预算不能更改,只能按照计划实行,使本来能够更好的效果无法实现。这就是严格的教条式资助的弊端,将资助做成了"完成任务"而不是可以根据动态发展来优化所开展的工作。为此,现在出现很多灵活性的、非限定性的资助来弥补这类资助的弊端。但是这种资助又容易陷入另一个极端,即认为"反正世界变化这么快,做了计划也要变,不如不做,随着事态走",这种情况就容易导致不是推着事情走,而是被事情推着走,很容易丧失目标和方法,陷入另一种浪费。更好的方法是有目标、有策略、有计划,在做的过程中去检验计划的合理性,结合实际的结果和发生的变化,根据目标的指引灵活调整。这样才能实现更大的效果,更有意识地推进目标的实现、事态的发展,并在过程中去检验计划的合理性，积累经验。资助者以这样的原则与被资助者协定目标、管理变化。当然，这种方式的资助比墨守成规或放任变化都更加麻烦和吃力，它需要信任和以了解情况为前提的判断，但这也正是资助者可以发挥价值和自我成长的关键所在。

第五章　机构资助的 PPOF 模型

PPOF 模型是景行计划参考了国际上的 nonprofit organizational life cycle（非营利组织生命周期），又结合自身在机构资助实践中的经验教训，加以精炼，发展出来的"以生命周期为横轴，以核心能力为纵轴"的"机构发展动态模型"。公益机构发展的生命周期与时间没有绝对的关联，要不然也不会有"老小树"之称，其本质是以机构具备和需要提升的核心能力来区分的。对不同模块核心能力的评估，以及其相互间的匹配情况的诊断，可以帮助寻找"资助杠杆"，并基于此进行资助方案的制订，推动被资助机构的发展。公益机构也可以以此模型为蓝本做本组织的自我评估和诊断。

第一节　用 PPOF 模型诊断机构的核心能力[*]

我们参考过一些对机构的组织能力进行诊断的工具，比如麦肯锡开发、SRI 进行本土化的非营利组织评估模型，还有 PACK 基金会开发并在中国实行过的 OCA，以及民政部的社会组织评估标准。实践中发现这些工具的一个共同点是对机构的考量非常全面，这是它们的优点，因为可以进行系统性的评估，区分出机构的强项、弱项，并且可以横向地多机构比较。但全面也是这些工具的缺点，因为全面可能使重点缺失找不到改进的切入点。景行计划在 2015 年对试点的景行伙伴进行基于资助效果的对比分析后，总结提出了 PPOF 模型，该模型列出了生命周期中不同发展阶段的表征指标，可以供公益组织自我诊断其不同能力模块所处的阶段，检核不同能力模块在生命周期中的分布，并在对比中为寻找机构改进的重点提供参考。同时，PPOF 模型也可以为资助者做尽职调查时提供参考和依据。其好处在于引入

---

[*] PPOF 模型由景行计划的实践和思考总结而来，同时参考了 *Nonprofit Organizational Life Cycle*，http://www.speakmanconsulting.com/go/speakman/resources/nonprofit-lifecycle-matrix.pdf。

了生命周期，对不同阶段的"好"和"不好"做出了一些定义；但同时，其缺点就是不够全面。使用者可以根据自己的需要来选择不同的工具。下面就是这个 PPOF 的主要观点。

公益机构和人一样也有自己的生命周期，"萌芽—初创—发展—成熟—衰落—死亡/重生"，几乎所有机构都要经历同样的生命历程。只是在意愿、能力、机遇等内外因素的共同影响下，不同机构可以发展到的生命阶段不同，所需的时间也各异。与人的发展存在敏感期相同，公益机构的能力发展也遵循一些规律，某些能力会先发展，某些能力要在其他能力已经具备的情况下才能发展，如果顺序错误，或某方面能力严重缺失就会产生很大的问题。如果能够像理解人的敏感期一样理解机构发展的敏感期，并把它抓住，就可能对机构发展的促进起到事半功倍的效果。

PPOF 模型就将公益机构的核心能力凝练为四个方面，分别是：产品/项目/服务（Product）、领导人及团队（People）、运营管理（Operation）、可持续的财务（Finance）。之所以将其归纳为这四个方面，是因为这些能力关系到公益组织的生命线，一个优秀的公益组织的这四方面的能力是不能缺失的，同时这四个核心能力既彼此独立，还相互影响，可以螺旋式地互促式发展，也会互相制约。

在机构的不同生命阶段，这些核心能力会表现出明显的差异性，但如上所说，机构的核心能力并不是齐头并进发展的，当某个能力模块达到一个阶段，另一个模块还没有发展起来时就可能形成对整体事业发展的制约，因此各能力模块之间的匹配性，以及为实现这个匹配而要进行的核心能力的转化和提升就是机构发展变化的过程。

表 5-1 列出了不同生命阶段四大核心能力的观测指标，可以根据描述快速判断机构各核心能力处于哪个生命周期、具备的优势、潜在的风险、四大能力模块的匹配状况，并从中找出需要重点提升的方面，以此作为机构能力增长及资助者资助的重要切入点，即找到"能力转化杠杆"。所谓能力转化杠杆是指：如果这一点不发展起来，会影响机构整体的发展；如果这一点不发展起来，即便机构其他方面的能力再提升，对机构的整体影响也会有限。

从图 5-1 可以看到，机构从初创走向发展，重点是要找到能满足关键需求的核心产品/项目/服务。具备了这样的基石，领导人的领导能力将成为影响机构发展速度的重点因素，即能否跳出项目专家或项目管理者的角色，充分地动员、激励、授权员工，并借用一些运营管理/专业支持力量，使机构形成一个小规模、有战斗力、有部分分工的团队。这个阶段机构仍然较多依靠战斗热情、"革命"友谊、个人经验来运转。当这个阶段迈过后，机构将要从手工作坊走向更大的影响阶段，往往伴随着业务量增大、人员增加、岗位多元化和专业化，便会由此产生对规范、制度、流程、组织、文化的强烈需求。总体看来，O——运营管理（operation）能力的提升贯穿机构生命周期始终，但从发展期开始，其作用逐渐加大。从发展向成熟跨越的阶段，运营管理、组织能力成为机构能力转化杠杆点。如果相应的能力建设需求得不到满足，机构有可能停滞在发展期。而一旦跨越了这个阶段走向成熟，机构将可以自我持续发展并不断产生社会影响。

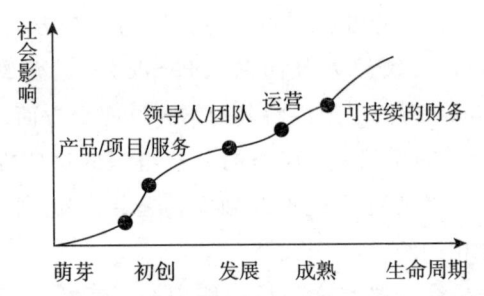

图 5-1 不同生命周期"能力转化杠杆"的分布

该 PPOF 模型具有比较广的应用性，比如目前各级政府都在大力推动社会组织的孵化，产生了很多孵化园，催生了很多公益组织，但是这些公益组织并未对解决社会问题、创造社会价值产生实质的作用，其根本就是缺乏核心的项目和业务，即 P 模块（产品/项目/服务模块）。福特基金会的高级项目官员、南都公益基金会的监事何进博士也常说：不是要发展出那么多以此为生计的组织，关键是解决问题，组织要在解决问题中去发展，其发展出的能力才是真正需要的能力。这个说法的核心指的也就是公益组织需要在做事中创造价值，打造自己生存发展的根基。而南都公益基金会等 15 家机构联合共建的"益次方——好公益平台"也是基于这一点，强调把品牌创立机构已经研发和实施验证过的好的公益项目或公益产品通过枢纽组织的渠道下达到各地，供各地新成立的、不知道做些什么的公益组织学习、实践，快速提高其开展业务即创造价值的能力，这是更务实的能力建设。

表 5-1 PPOF 指标详解

		萌芽	初创	发展	成熟	停滞-重生	衰落-停业
核心问题		梦想可行吗	如何启动	如何自我成长	如何可持续	如何再创新	应该结束吗
持续时间		0~5 年	1~2 年	2~5 年	7~30 年	2~5 年	1~2 年
产品/项目/服务 (P)		• 意识到有项目或多样化的服务需求	• 开展简单的项目或多样化、不成体系的活动	• 项目获得市场认可，需求大于机构的供给能力 • 项目更加成系统，更加聚焦	• 核心项目建立，得到社群认可，运作良好 • 有长期项目规划，并根据市场需要增减项目	• 组织忽视市场需求，为获得资源而研发项目 • 服务递送和目标实现遭遇困难	• 不再符合市场需求 • 服务转介大量减少
领导人/团队 (P)		• 全部以志愿者驱动 • 以执著的创始人为主，以意愿引领组织发展 • 很少或完全没有层级，大家相互合作		• 领导人仍是首要决策者，但开始出现决策性分工 • 员工队伍规模扩大，领导人与员工沟通减少 • 多层级的组织架构，更加集权的管理	• 需要全能型的执行主任 • 委托授权和清晰的管理者 • 更加大规模、专门化的员工队伍 • 纵向兼具文化多样性，横向兼具的组织架构	• 需要产生变革动力 • 创始人想要退出 • 员工士气依赖，流失，出现小团体 • 焦点放在单个的项目而非组织整体目标上	• 执行主任和理事会之间存在严重冲突 • 执行主任不通过理事会就做出关键决策或无法如期完成工作 • 核心员工离职，关键职位难以招到人 • 员工绕开执行主任直接向理事会表达不满或员工间有严重冲突
运营管理 (O)		• 尚未在考虑范围内 • 很少的正规运营程序和体系 • 频繁的非正式沟通		• 简单的操作系统，运营不稳定，开始搭建运营体系 • 固定办公场所，新的运营管理支持，开始购买技术（产品/服务） • 内部沟通遭遇挑战 • 开始有正式宣传材料和传播营销	• 通过正规划来协调项目和运营 • 体系、政策、程序就位 • 标准化的、有效率的运营 • 更好地整合技术，实行更专业数据管理 • 营销方案形成，有专业形象，内部有专业人士负责沟通和营销	• 成熟的管理体系变成繁文缛节 • 被动应对每一个危机 • 内部管控无力或变大 • 不主动营销和建立社群关系	• 偏离既有体系，沦为危机管理 • 内部管控无力或变大 • 多营销文章 • 在社群中有负面的传闻/有负面的报道

续表

	萌芽	初创	发展	成熟	停滞－重生	衰落－停业
可持续财务（F）	●尚未在考虑范围内 ●所有的资源都是实物	●专注于筹集资源 ●有限的财务资源 ●小额的预算，有限或完全没有财务/会计制度 ●过于依赖少数几个资助方或实物捐赠 ●勉强能糊口	●开始和关键资助方建立关系但资金仍有不可预测的部分 ●有效率地使用实物和志愿者资源 ●有现金流问题 ●成本考虑相对更加重要 ●考虑不同营收方式	●可靠和多样化的资金来源 ●充足的现金储备 ●产生收益	●现金储备不足 ●逾期履行财务责任 ●资金支持减少 ●无法引入新的资金来源	●无法准确地描述财务状况，无法支付工资或应付款项 ●主要的资助方声称要撤资或已经撤资 ●很大比例的资金都来自少数几个资助方

注：结合景行资助经验，吸收和改编自 *Nonprofit Organizational Life Cycle*，由美国的 speakman management consulting 研发，www.speakmanconsulting.com。

第二节　不同能力转化阶段所需的杠杆资助

当了解了机构不同阶段的能力转化杠杆后，就可以更好地指引资助工作，找到资助的杠杆点。我们倾向于认为机构从初创期走向发展期时其重要的"能力转化杠杆"是 P 产品/项目/服务模块，要从开展简单的项目或多样的、不成体系的活动开始形成更加聚焦的项目，并获得市场认可，有的开始形成系统性的项目组合。所谓的"市场认可"就是受到服务对象和其他利益相关方的欢迎，开始出现排队等供不应求的现象。这个阶段，即促使主打产品产生的阶段，项目资助就是最适合的方式，也因此项目资助多数是以议题为导向，因为确实要基于对社会问题和服务人群的深入理解，更好地促进对其产品/项目/服务打造的判断和支持。

当机构已经发展出聚焦的甚至成体系的产品/项目/服务时，开始面对如何解决供不应求的问题，这个过程中需要领导人实现一个跨越，从项目专家成为一个可以协同更多人的领导者和管理者，使产品/项目/服务实现更大范围的覆盖和影响，这时对领导人个人领导力的提升就成为"能力转化杠杆"。如果此时领导人无法上一个台阶，兴趣和能力仍然停留在具体项目上，机构就有可能停滞在原有的影响层面，此时的"项目资助"可以继续帮助机构创新项目、铺大摊子，但无法帮助机构实现基于核心产品/项目/服务的可持续发展（包括对社会问题的影响和机构自身两个层面），也无法将之前投入在产品/项目/服务上的"研发和实验成本"最大化地发挥价值，长此下去就会变成一个以项目为生的机构。如果语言苛刻一点这就是"不断创新造成的资源浪费"，它没有提高原有创新的社会价值的转化率。类似的，这时即便给予机构资助，起到的作用也可能事倍功半，因为，领导人没有改变观念和能力时，一切机构机制的打造都可能由于流于形式而削减它的成效。此时对于人的资助就是最大的资助杠杆。

当机构从发展走向成熟，或者产品/项目/服务已经形成了一定持续模式和推广模式，领导人也初具领导力时，辅以机构资助可能产生更大的效力。当然，这也不是绝对的，因为无论在哪个阶段产品/项目/服务的优化、人的提升、运营的支撑都是同时需要的，只是轻重缓急的排序不同。这个能力转化杠杆只是在考察和分析机构需求时多提供一个角度，做出更有效益的资助决策。

表 5-2　不同能力杠杆转化所需的杠杆资助

生命周期	能力转化杠杆	杠杆资助	关键因素
● 初创-发展	● P 模块（产品/项目/服务）	● 项目资助 具备丰富的议题和项目经验	● 识别关键需求 ● 验证项目方案 ● 形成核心产品/项目/服务 ● 拒绝不匹配的机会
● 加速发展	● P 模块（领导人及团队）	● 领导人资助 能引入导师或同伴帮助领导人成长，扬长补短	● 领导人动员、激励、授权员工的领导能力 ● 聘用运营管理/专业支持
● 发展-成熟 ● 保持成熟	● O 模块（运营管理）	● 机构运营资助 加强机构的稳定性，为实现广泛社会影响提升支撑能力	● 通过正式规划来协调项目和运营体系 ● 标准化、有效率地运营 ● 更好地整合产品/项目/服务 ● 更多的运营管理/专业支持（营销、人力资源、数据管理等）

南都基金会过往开展的资助就带有这种色彩，比如针对特定领域的资助，包括新公民计划（流动儿童）、救灾就是在采取项目资助，银杏计划就是在对公益机构领导人进行资助，而景行计划则是资助机构的发展。而且在南都的战略布局中，这三类资助的分布也是按照发展阶段而递进的。下面歌路营的例子最能体现这种资助杠杆在不同阶段使用的含义。

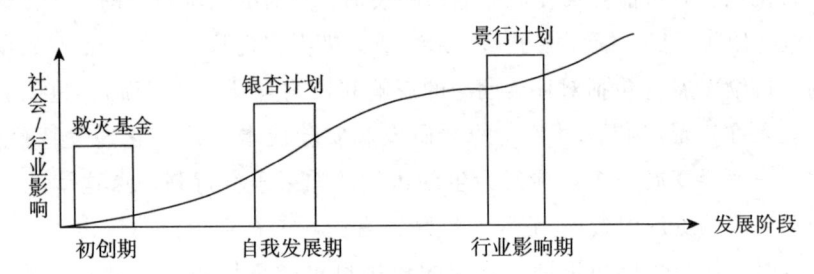

图 5-2　南都公益基金会资助项目分布及相互关系

资料来源：2012 年 2 月版景行计划项目介绍。

一个案例：歌路营体现出的三个"能力转换杠杆"

歌路营是一家主要做弱势青少年教育的机构。在 2008 年汶川地震时，歌路营的联合创始人陆晓娅老师和杜爽老师找到南都公益基金会，申请资金去为灾区的志愿者进行心理辅导和传播方面的培训。因为她们两人都是这方面的专业人士，又做了多年青春热线的志愿咨询，南都很痛快地资助了一个项目。

这个项目做完后两位老师想成立一个公益机构，专门做青少年教育，又找到南都公益基金会交流想法。南都公益基金会又很痛快地决定提供10万元的启动资金（初创期）。有了这10万元，她们心里便踏实了，开始招兵买马建立团队、找办公地、买投影仪等各种基础办公设备。

借助着两位老师的专业经验和多年积累，机构很快就研发出很多具有竞争力的项目，在议题类基金会（主要是教育基金会）的资助下，得到了很好的发展。南都只是投了10万元的启动资金，歌路营自己就运转起来了。

到了2011年，歌路营又发生了一些变化，陆晓娅老师想退居二线了（要做理事，不做总干事了），由杜爽来担任总干事。杜爽本来的专长和兴趣是研发，当她从一个喜欢和擅长研发的角色，成为一个机构领导人时，有许多方面是要跨越的。比如，怎么作为一个领导人带领机构和团队的方向，怎么在这个方向下让团队凝聚起来，怎么使团队不断成长并在过程中实现机构的社会价值和目标，怎么跟各种资源方建立联系并长期维护，等等。这些都需要特别大的能力跳跃。

这个时候，杜爽进入了南都公益基金会的银杏计划。在银杏计划的3年中，她跟其他同伴机构的领导者在一起交流碰撞（当然她本身学习能力非常强），同时在机构实践的历练中成长为一个带着团队做事情的优秀领导人，而且找到了自己带领下的机构的方向。

在这个过程中，歌路营实现了一个转变。过去的歌路营以多元的课程开发为主，这些课程的特点就是都很精美，但是它能服务对象的范围很有限，每次几十个孩子能够受益，想把这些优秀的课程扩展出去难度很大。

也是机缘巧合，2012年时，歌路营开始形成一个品牌项目"新1001夜"。这个项目是给农村的寄宿生在睡前播放经过特别甄选的故事，通过这种方式促进孩子的睡眠、丰富孩子的见识、舒缓孩子的情绪等。这个项目的特点是成本极低，而且易复制和推广。

这时歌路营又面临一个选择，是继续保持过去的"小而美"，不断原创多元化的课程；还是当有一个拳头产品后，让它服务更多的对象，让更多的农村寄宿孩子受益？她们经过很多的纠结和讨论，最终决定要迈出这一步：让更多孩子受益，使机构具备更大规模地解决社会问题的能力，产生更大的社会影响。

过去这个机构的主要能力是以项目研发和小规模实施为主，这是她们的优势。一旦要成为一个产生大规模社会影响的机构，筹资能力、传播能力、议题倡导能力以及管理大规模客户、大规模资源的资源管理和整合能力都要增强。因此，能力类型要改变，团队结构也会发生很大变化。在这个时候，南都公益基金会的景行计划又于2014年开始支持歌路营，将伴随这个机构完成这一阶段的能力转型和机构腾飞。

这是一个特别完整的对机构进行资助的例子，它基本体现了一个机构几个阶段的跳跃：从无到有，从两三个人到一个小团队，从发挥小规模影响到实现大规模影响。公益机构的发展需要很多次跳跃，但是这个跳跃的过程光靠消费者很难实现。

因为消费者更重视的是产品和服务，而对于促成产品和服务形成的机构自身的探索和成长，消费者的兴趣并不大。但这些成本也需要有人买单。因为公益机构不像企业一样，可以通过积累的利润来支撑自身成长，在这一点上，尤其体现出基金会资助的重要价值。

第六章　解读 PPOF 模型下的资助标准

开展机构资助意味着要对机构整体进行分析和判断，根据 PPOF 模型就包括了其产品/项目/服务、领导人和团队、运营及组织管理、财务四个方面。景行计划是资助有潜力的处于发展期的机构，使其通过突破能力瓶颈走向成熟，产生更大的、更可持续的社会影响，在进行资助时对这一特点的组织提出针对性的标准和评估指标。本章将分别介绍一下各模块标准的维度，在不同维度下列出红黄绿灯的信号表征，为资助者在考察中进行判断提供一个参考。其中：

"绿灯"，其存在意味着机构实现能力提升和影响规模化的可能性较高；

"红灯"，一旦出现就意味着无法入选；

"黄灯"，我们不太想看到，但可以在景行的支持下得以解决。

所以，我们常说"绿灯行，红灯停，黄灯要睁大眼睛"。当然，并不是所有的资助者都是针对这一阶段的机构，但是这里说到的指标维度以及红黄绿灯的指示也会有参考意义。

景行计划简介及标准概览（2015 年版）

定位：从优秀到卓越，提升行业影响力。

简介：景行计划发起于 2012 年，借鉴战略性投资的理念，为有潜力产生大规模、系统性社会影响的公益机构提供长期资金、智力等深度的机构支持，协助它们更快地突破能力瓶颈，实现社会影响力提升，促进行业共同发展。

同时，景行计划也围绕"大规模社会影响的实现方式""机构能力瓶颈的突破方式"两个核心议题搭建资源网络，积累和引进国内外实践经验，支持相关研究和服务。

资助标准：

具备引领性的成熟产品/项目/服务	胸怀和雄心兼具的领导人+骨干团队	处于组织突破关键期
▸ 社会需求大 ▸ 产品/项目/服务成效已获验证，且有系统性解决问题或规模化的潜力 ▸ 外部政策及资源环境有利于扩展	▸ 强烈的认同感和拥有感 ▸ 开放、自省、善于学习、执行力强、有原则的变通能力、积极式思维 ▸ 骨干团队构成合理、稳定，与领导人平等沟通 ▸ 能吸引、整合有助于事业拓展的人才和资源	▸ 有强烈意愿寻求系统性、规模化的社会影响，具备组织为之一变的决心 ▸ 已有清晰的方向、目标和实现路径 ▸ 机构内部包括领导人、骨干团队、理事会等意见和认识基本一致 ▸ 财务符合规范

第一节　具备引领性的成熟产品/项目/服务

通常对于民间公益组织来说，其使命和愿景会受到格外关注，公益组织可以通过使命和愿景来凝练地表达其价值观、希望带来改变的领域和终极目标，有的还能体现出核心的工作策略。比如，南都公益基金会的使命和愿景是"支持民间公益，人人怀有希望"，新公民计划的是"让每一个流动儿童享受优质、适宜的教育"，新途的是"促进人群健康，缔造互助社区"，爱有戏的是"协力构建有幸福感的社区"、歌路营的是"让每个寄宿留守儿童健康成长"、"亲近母语"的是"培养有中国根基的世界公民"、百特的是"赋能3~25岁儿童和青少年成为自主管理共同生活的经济公民，推动他们成为学校和社区的主人翁"……使命和愿景一方面可以精炼地凝聚人、影响人；另一方面也在提示是否在朝向目标而工作，就像一座灯塔，让行动者瞄准前进的方向。因此使命和愿景的简洁、有力、富有激情和感染力是很重要的。

而承载使命和愿景的是一系列的产品或服务（或曰项目），对这方面的考察是更重要的。因为使命和愿景可能是刷在墙上的标语，只有通过具体工作去实现的，才知道其是否在真正创造价值。为此，我们会将对使命和愿景的考察融合在对产品和服务的考察中，来看其现实中的样子。对此条标准的考察共分成四大类的一级指标，分别是：①价值观和方法能充分激发服务对象的主体性和潜能；②社会需求大；③产品/项目/服务已获验证，且有系统性解决问题或规模化的潜力；④外部政策及资源环境有利于扩展。下面分别进行解读。

第一条"价值观和方法能充分激发服务对象的主体性和潜能"，因为南都基金会的使命是"支持民间公益，人人怀有希望"，"强调每一个个体生命具有追求幸福、自我完善、解决自身与环境中的问题，并可以通过上述努力而掌握自身命运的可能与能力，这也是生命的尊严之所在，我们相信，具有这种尊严意识的人可以解决、改变、创造一切……并让每一个人都成为推动社会进步的一种力量"①，所以会选择与我们价值观相近的组织，例如新途和爱有戏就是在活化社区关系；慧灵做的社区化的智障人士服务也是要体现对智障人士自身选择的尊重，并促使智障人士与社区居民共融。相比之下，一些提供直接服务的养老机构、智障人士的看护和照料机构在同等情况下就不是我们的重点对象。

第二条"社会需求大"是与景行的定位紧密结合的，景行支持机构产生更广泛的社会影响，并且以此为窗口让更多人参与公益，这时如果一个社会问题的规模不大就有可能削弱这个效果。有一家组织是做麻风病的，这种病患的数量很少并且仍在逐渐减少，目前有一些教会背景的组织在进行人道主义的关怀和陪伴，这些就较少可能成为景行的候选。当然，也不是绝对从服务对象的数量上看的。比如，瓷娃娃罕见病关爱中心，他们所针对的罕见病群体数量就非常少，也正因为少才无法得到医疗政策的关照，但是为罕见病病友提供支持，给其赋能、赋权，彼此温暖，让其生出生命的尊严感和意义感；同时向社会传递有这样一群人存在的信息，介绍他们的遭遇以及顽强的精神和向上的生命力，这也是非常大的社会影响。也即社会需求一方面涉及服务群体的规模，而每个群体的规模是不同的，因此不同问题之间不能直接通过数字来进行比较而判断其价值；另一方面，除了直接提供服务来解决社会问题，公益还有很多价值，比如价值观宣导的价值等，需要衡量其综合的影响，而不仅仅是某一个方面的。

第三条"产品/项目/服务已获验证，且有系统性解决问题或规模化的潜力"，这条标准其实包含了两个方面的信息，一是产品/项目/服务已经试

---

① 引自2016年9月理事会文件中程玉对愿景"人人怀有希望"的解读。

验过并被证明是有效的，二是有规模化和系统解决问题的潜力。产品的类型是非常多样的，有简单的产品，如歌路营的"新1001夜"；有服务类产品，如爱有戏的义仓、十方缘的临终关怀技术、慧灵的智障人士社区服务模式；也有解决方案类的产品，如新途的参与式健康促进的工作方法。每种类型的产品产生规模化解决问题的潜力是不同的，规模化的临界点和实现路径也有差异。比如，歌路营的"新1001夜"就带有更大数量的扩散的潜力，因为需要人的投入少，边际效应比较大。而像新途、爱有戏、慧灵、百特需要靠人来完成的事情则更加难扩散一些，可以有不同的规模化方式。比如，爱有戏会搭建义仓网络，通过技术输出的方式传递给其他社区组织甚至政府；慧灵通过育盟项目及连锁加盟的方式将服务理念、技术提供给各地智障人士服务机构，并为其提供技术支持、督导、评估等；新途采取跟健康产业相结合的方式与商业机构携手在社区内通过不同的分工来实现目标，通过引入商业力量解决问题。当然，多数机构都不只有一个产品/项目/服务，通常会有产品组合或者除产品外还有公众沟通和教育、政策影响等部分的组合拳，考察时还要综合去考量其整体的影响。在对产品和服务的标准中还有一个修饰词——"引领性"，是期待这种产品/项目/服务在行业内具有某种前瞻性、创新性，在业内处于领先水平，通过对这种产品/项目/服务的推广在某种程度上提高行业的整体水平，而不是停留在一种已经被行业普遍采用的产品上。

第四条"外部政策及资源环境有利于扩展"是指要借政策和资源环境的东风产生更大的撬动作用，以及在所支持的某个点成长后会有后续资源的跟进，即要找到可以撬动的"千斤"所在。

表6-1就是具体的标准以及相应的"红黄绿灯"的指引，可以根据这个进行测量。

表6-1 "选"的标准——业务：具备引领性的成熟产品/项目/服务

标准	考察内容	绿灯	黄灯	红灯
●价值观和方法能充分激发服务对象的主体性和潜能	●机构使命/价值观及履行情况 ●服务对象定位 ●服务对象特性及需求分析	●认为服务对象有充分的潜能可以被挖掘 ●活动开展甚至团队运营管理有服务对象积极主动参与，非常重视服务对象的意见	●仅满足服务对象一时的需求，不能解决更根本问题或不能增长服务对象自己解决问题的信心、动力、能力，如单一的救助类服务	●不尊重服务对象，将服务对象作为工具 ●表露出强烈的救世主心态

续表

标准	考察内容	绿灯	黄灯	红灯
		• 机构的价值观及工作手册中有相关的表述且员工经常提到这个原则 • 工作成效中能看到大量服务对象成长和发挥主体作用的案例	• 一味强调服务对象的问题和弱势，忽略服务对象自身所蕴藏的能力或优势 • 服务对象表现出对机构的强烈依赖	• 一味迎合资源做事，频繁更换价值观和业务
• 社会需求大	• 潜在服务对象总数 • 机构已覆盖的服务对象数量及其占总数的比例 • 未来3年目标服务量 • 竞争/同类机构数量及服务量	• 针对的问题属于重要、紧迫的社会问题 • 很多同类公益机构上门取经 • 很多排队等待的服务对象	• 有需求的人群广泛，但并不是其关键需求 • 有需求的人群广泛，但机构能触及的少 • 有发展势头更好的同类竞争机构（含政府） • 潜在的受益人群过小或有逐步减少的趋势	• 只是理论或统计上的需求，不是现实出现的需求 • 过于强调自己建构出来的概念 • 积极接受服务/项目/产品的服务对象/公益机构很少 • 已经出现更便宜、有效的替代产品
• 产品/项目/服务已获验证，且有系统性解决问题或规模化的潜力	• 产品/项目/服务模式 • 成效及优缺点 • 直接服务外的社会影响，如改变政策、模式方法被学习、使隐藏且紧迫的社会问题被主流社会认知 • 产品/项目/服务实现更大社会影响所需的资金/非资金成本（如人员、知识、经验、关系网络等） • 实现更大社会影响的路径、优劣势、风险 • 相比竞争/同类机构的竞争力	• 专家、学者、同行机构认可，将其作为研究案例/学习对象 • 服务对象能说出产品/项目/服务对自己的影响，积极向他人传播甚至推荐 • 对利益相关方产生重要影响，使其发生行为改变 • 产品/项目/服务借助科技的力量，具有低成本扩展的潜力 • 现有资助方愿意持续资助或有新资助方加入 • 有可信的评估报告显示产品/项目/服务的效果 • 已经出现了供不应求的现象	• 缺少对效果的评估，只主观认为效果好 • 没有对产品进行持续改进的循环 • 机构认为产品/项目/服务的模式成效完美，没有任何问题 • 资源方、专家、学者、同行机构、服务对象有所保留或不愿评论 • 成本过高，很难复制	• 资源方、专家、学者、同行机构、服务对象给出严重差评 • 业务模式经国外同行或其他机构成功实践过，但机构自身未实操过 • 模式已被他人证实不成功

续表

标准	考察内容	绿灯	黄灯	红灯
●外部政策及资源环境有利于扩展	●相关的政策、法规 ●用于该议题的资源总量及资源拥有者类型 ●支持机构的资源方的量及比例 ●正在新增/减少的资源方及资源数量	●领导人、骨干团队对核心问题及变化趋势有客观认识和独特见解，能客观认识到对机构的影响是什么 ●有鼓励性政策、法规出台，政府大力推动，但市场利润空间小 ●议题内的资源方充沛 ●社会关注度高	●出现鼓励性政策和资源环境时盲目乐观 ●对敏感话题不能进行脱敏的变通 ●团队对于相关的外部政策和环境不关心或不熟悉 ●有重大负面报道或评论	●关注同议题的资源方少 ●政策严重限制其发展

资料来源：景行过往实践，同时参考了 *How to Research a Nonprofit: Deep-Dive Approach*，http://www.bridgespan.org/Philanthropy-Advice/Researching-Nonprofits/Due-Diligence-Tool/How-to-Research-a-Nonprofit%E2%80%94Deep-Dive-Approach.aspx#.VUii85Gqqko；*The Due Diligence Tool for Use in Pre-Grant Assessment*，http://www.issuelab.org/resource/due_diligence_tool_for_use_in_pre_grant_assessment。下同。

第二节 领导力：雄心和胸怀兼具的领导人和骨干团队

领导人对机构的重要性毋庸置疑。为什么要特别强调骨干团队呢？在过去几年的实践中我们发现若要产生大规模的社会影响，很难靠领导人一个人来完成，只有不断吸引、留住有能力的人，充分激发他们的能量，相互协作、相互配合，才能有更可持续的未来。我们欣赏这样的团队：①强烈的认同感和拥有感；②开放、自省、善于学习、执行力强、有原则的变通能力、积极取向的思维方式；③骨干团队构成合理、稳定，与领导人平等沟通；④能吸引、整合有助于事业拓展的人才和资源。

所谓的"强烈的认同感"是指创始人对机构创建是源于对使命、要解决的社会问题、所服务的对象人群强烈的内在驱动和承诺，而不仅仅是基于对机遇和发展前景等的考虑。核心团队对于加入机构以及机构的事业也有强烈的内在认同，将之视为个人自我追求和价值实现的一个重要途径，而不仅仅是为机构而做的一份工作。因为公益工作的动力机制与政府和商业的动力机制大不相同，政府靠职务的升迁实现权力增长来激励人，商业靠经济回报来激励人，公益既无权力也无巨大利益，要产生更大的社会影响只能靠内在力量的激发，而这种力量是很难依赖于外部环境而产生的。所以，只有机构内很大一部分人都真心认同机构的事业就是自己要开展的事业，机构为自己的事业追求搭建了更好的实现平台，才可能产生更大的力量去支持那么大的梦想的实现。这也是公益组织普遍规模都小（包括人员规模和产生影响的规模）的原因，因为人数一旦增多产生的分歧就会增多，当无法形成和支撑共同梦想时就会开始裂变。因此，如何促进内在动力产生，并且具有一定的一致性，又能使个人实现自身的使命，这既非常关键，也非常具有挑战性。因而也就体现出来第三条标准"骨干团队构成合理、稳定，与领导人平等沟通"和第四条标准"能吸引、整合有助于事业拓展的人才和资源"的重要。这两条标准其实既是前提，也是结果，前提是事业产生更大影响达成使命的前提，结果是领导人和机构领导风格的结果，如果发现自己的事业未能达到③和④的要求，可能是时候让领导人来反思一下是不是自己哪里存在不足，是使命和价值观的感召力不够，还是太过固执和独断专行。在红黄绿灯里有一些具体的表现可以用来自检，比如"领导人在，成员很少讲话"，如果发现自己机构开会时是这样，可能就有危险。而第二条标准则是我们认为更加优秀的、能够产生更大影响的团队所需具备的特质。我们专门说说它——开放、自省、善于学习、执行力强、有原则的变通能力、积极取向的思维方式。

　　这几个核心特质或曰能力其实是互相关联的，它们的内涵都比较易懂，但是想要做到却并不容易。事实上，这几个观点表现出来的意境就像太极图一样，黑中有白、白中有黑，黑白之间又相互推动和转化，讲究的是一种协调、一种平衡。比如"有原则的变通能力"就是既要坚守自己的原则，又要能够变通。这一条就与"顽固不化"和"见风使舵"区分开。"顽固不化"是对自己的观点、做法太过坚持，我们能看到很多这样的公益领导人，其结果就是把自己做成了光杆司令，充满悲情的英雄主义。"见风使舵"是谁的观点和意见都觉得好，或者谁有资源就会跟着谁跑，没有主见、定力、原则。这两种都是不可能发展出长远的伟大事业的。"有原则的变通能力"是能够清楚地知道要实现的终极追求是什么，在终极目标和基本原则上始终坚持，但是由于外部环境的变化或者事态和需求的发展，甚至与其他利益相关方的互动合作，要做出策略的变化甚至某方面的妥协。比如，慧灵的愿景是"智障人士平等参与社区建设，共享社会文明成果"，使命是"推广社区化服务模式，提高智障人士生活品质"。残联邀请慧灵进入残疾人服务大楼来开展服务，针对这一点就发生了长久的争议——去还是不去。有人认为要去，因为与残联合作可以服务更多智障人士，并在合作中影响残联的理念和公共服务标准；也有的人认为不能合作，因为残联提供的条件是要在大楼里服务智障人士，这不是社区化服务模式。这种机会和选择出现时就是在考验是否具备"有原则的变通能力"。其实可以看看应该要坚持的到底是什么，到底促进智障人士与社区的共融参与建设、社区化服务的理念、社区化服务的工作模式中哪个是真正该坚持的，在选择上会很不同。

"积极取向的思维方式"就是无论遇到什么情况，总能看到事情的光明面和积极因素，并且有意识地将不利转化为有利的意识和能力。2014年在决定资助歌路营之前，我们和歌路营的团队一起参加REAP开展的为期2天的科学社会影响评估培训，这个培训我们原本不是很喜欢，因为上面讲的内容和之前工作做的大样本定量研究方法很类似，觉得没什么新鲜的。而且培训时我们一直在想，这种大规模随机抽样的行动科学实验方法到底有多不适合公益组织，因为与REAP都是世界级的学者相比，公益组织实在没有这个专业能力和资金，也没有那么大规模的服务对象可供实验。好在参会期间和杜爽交流了下培训感受，杜爽说觉得非常好，打算在自己的机构试一下。因为她认为以数据说话、通过科学研究论证影响、进行决策这是未来的趋势，公益组织缺少这些才更应该补，并且她已经和同事开始设计如何将这套方法用于歌路营的项目，而且事实证明，后来她们确实和北大教育财政学院合作开展了类似的评估。这个事情对我们震撼很大，让我们充分地自省了一下，参加一个会，为什么有的人觉得没什么意义，有的人觉得收获颇丰。这就综合体现出上面那几条特质：开放、自省、善于学习、积极取向的思维方式。当我们面对外物时不是拿着自己的观点、自己的现状，以自己为尺子去衡量别人，而是去看别人的东西对我们可以有什么吸收和借鉴意义，哪些可以为我所用，只有具备这样的心态和思维才能够不受自己已有经验的羁绊，获得更多的成长的可能性。公益组织因为非常强调使命和价值观，尤其站在第三部门的角色位置上，往往易于去批判。但是批判不等于批判性思考，批评他人不一定能产生价值，尤其对于自己的成长。特别是作为资助者，资助做久了真的特别容易去评价和评判别人，因为大多数时候这是工作的一部分，但一定要时刻提醒和告诫自己不要轻易评判，而是同样采取"开放、自省、善于学习、执行力强、有原则的变通能力、积极取向的思维方式"的原则，这既是对自己的一种提升，也是因为公益组织和资助者之间是共同达成使命和事业目标的伙伴。

"执行力"对于公益组织而言也格外重要。由于对平等、协商、民主有着内在的诉求，议而不决、决而不做的现象在公益组织中还是常见的，很多业外人士也说公益"没有效率"。但是不管什么样的使命都要在实干中实现，而执行力是成果转化的关键，如果没有执行力，一切美好的使命、想象、规划都是空中楼阁，很多时候公益机构间的差别也就是在执行力上呈现出巨大分野。在景行资助的很多伙伴中，那些在影响提升上成绩突出的几家无不是执行力很强的组织。

表 6-2 也是一些具体的指标以及红绿灯的表征，可以作为一种外部信号来进行参考。

表 6-2　"选"的标准——领导力：雄心和胸怀兼具的领导人和骨干团队

标准	考察内容	绿灯	黄灯	红灯
● 强烈的认同感和拥有感	● 发起/加入机构的动机 ● 对使命、价值观的理解和认同度 ● 对机构要解决的社会问题和所服务人群的投入度 ● 机构对个人生活发展及自我实现起到的作用 ● 认为个人对机构具有独特价值和重要性 ● 与机构共同经历过哪些难忘的里程碑式事件（荣耀和挑战） ● 未来5年理想生活状态与机构提供空间的符合度	● 讲述机构历史很有激情，如数家珍 ● 有决心对事业/机构持久（5~10年）投入，准备大干一场 ● 团队对机构有认同感、拥有感，有大干一场的气势	● 刚刚完成进修，职业选择机会增多 ● 在"景行"资助期内可能离任 ● 领导人过于热衷于参加与机构业务无关的外部活动 ● 领导人/核心团队的理想事业、生活追求与机构能提供的空间有重大不匹配	● 讲述没有使"景行"团队产生热血沸腾的感觉 ● 领导人或多名骨干准备离任或退出
● 开放、自省、善于学习、执行力强、有原则的变通能力、积极取向的思维方式	● 机构/个人激励学习成长、团队协作、高效产出的做法及效果 ● 过往个人成长及促成或阻碍因素 ● 过去1年机构的重大变化及促成或阻碍因素 ● 对严厉批评的反应 ● 面对两难选择时的处理方式 ● 机构面对重大挑战时的应对方式	● 领导人/团队擅长从各种活动中学习，并能立即做出改变 ● 对过往的经历有反思并用来改善下一阶段的工作	● 外界或团队成员对领导人的个人品质表示担忧但说不清楚 ● 为迎合资助方的意向改变机构原有发展方向 ● 领导人过于滔滔不绝，没办法与之对话 ● 对多个合作方有很多抱怨	● 一言堂 ● 经常抱怨下属态度不好、能力不行 ● 认为功劳是自己的，问题是别人的 ● 不认为自己有任何问题或遭遇过挑战

续表

标准	考察内容	绿灯	黄灯	红灯
●骨干团队构成合理、稳定，与领导人平等沟通	●理想的团队构成及实现情况 ●骨干的背景、权责、优缺点、在机构的位置和发展空间 ●骨干的稳定性和战斗力（主动、创造、富有成效） ●沟通/决策机制（方式、频率、内容边界及效果）	●有与领导人视野/能力相当的多名骨干，专业背景或实践经验丰富，对事业有深入思考 ●在非正式场合，团队表现很活跃，融洽、有凝聚力 ●别人评价或团队自认为成长速度快 ●团队间有默契、能互助	●骨干之间/骨干与领导人之间对机构使命、愿景、业务的理解有重大差异 ●不止一位骨干有离开的打算 ●团队的意见经常不被倾听和接受	●决策基本依靠领导人个人 ●一言堂，领导人在，成员很少讲话 ●人员流动率很高
●能吸引、整合有助于事业拓展的人才和资源	●最希望得到什么样的人才 ●吸引人才、保留人才的做法及效果 ●对发挥外部合作伙伴（包括志愿者）作用的看法、做法、效果 ●领导人有哪些最让人的能力和特长及其与在机构权责的对应	●有多位能独当一面甚至在某些方面比领导人强的骨干，且能相互配合 ●有长期、稳定的合作方 ●合作方对合作经历有积极评价 ●重视员工价值，投入资源支持员工发展	●团队与领导人的见识和能力水平相差巨大 ●将自己和团队塑造成"苦行僧"式形象，团队推崇"苦行僧"式文化	●人员流动频繁，基本都是刚毕业的年轻人 ●唯领导人是从，认为领导人总是对的 ●机构很少与人合作 ●不重视投资于人

第三节　变革准备：处于组织突破关键期

根据 PPOF 模型，机构在不同的发展阶段会经历不同的突破：在初创或发展期，最关键的是形成真正解决社会问题的核心产品/项目/服务，这是业务上的突破；当核心业务已经成形、要寻求实现更广泛的影响时，往往需要在产品/项目/服务的质量把控、机构运营管理等方面有所突破。比如，机构跨地区发展时，为保证服务品质，需要制定和完善服务标准，建设服务者的培训、督导体系。又比如，当机构所服务的人数激增时，与他们的沟通便不能仅仅依靠人工，而是要借助 IT 系统，通过对"海量"数据进行分析，更好地回应服务对象的需求。还比如，服务规模的扩大对组织的资金规模和资金结构也提出了新的要求，需要机构增强筹款能力、优化筹款策略。通过这些例子我们可以看出，当机构实现社会影响规模化时，其在产品/项目/服务质量保障、信息技术、筹款等方面会产生工作方式的转变和新的能力建设需求。当机构发展到这样的阶段，我们就判断其处在组织突破的关键期。

但是仅判断出在突破期是不够的，因为处在突破期的机构并不一定自己想要去主动突破、挑战更大的理想，也有可能只想保持现状。景行过往的经验发现，那些自己有强烈动力去主动突破的机构，资助后效果都不差，而当时由我们资助者推动着它去突破转变的机构基本都以失败告终。因此，在进行总结时，我们归纳了一些具体标准，以此来考察其"变革准备"以求有更高的成功率，包括：①有强烈意愿寻求系统性、规模化的社会影响，具备组织为之一变的决心；②已有清晰的方向、目标和实现路径；③机构内部包括领导人、骨干团队、理事会等意见和认识基本一致。之所以会有这三条标准是因为经过过去的成功案例和失败案例的对比分析，我们发现要成就事业，动力非常重要，共识非常重要，规划也很重要。只有这家机构强烈表现出追求更大影响是机构的核心目标，已经在多方积极行动，对机构要挑战的目标、发展路径、优劣势、需开展的工作都比较清晰，且发展路径中需要组织变革和成长作为重要支撑，这时外部提供的机构资助才可能成为助其燃烧和腾飞的动力，否则就可能消耗在机构内部而产生不了太多变化。这里包括领导人和核心团队对目标的共同承诺。

表6-3 "选"的标准——变革准备：处于组织突破关键期

标准	考察内容	绿灯	黄灯	红灯
●有强烈意愿寻求系统性、规模化的社会影响，具备组织为之一变的决心	●未来3~5年机构的发展目标 ●目标设定的原因及依据 ●发展目标与使命、愿景的关联 ●实现目标已具备的基础 ●实现目标将面临的挑战 ●应对挑战的方案 ●除此目标、规划外的其他可能	●强烈表示组织变革是机构没钱也要做的事，并且已经在行动 ●机构上下进行了多轮相关讨论，团队成员参与积极 ●多方面寻求外部资源进行支持 ●正在或已经招募到适当的承担新工作的成员	●机构多年保持平稳，无重大发展和变化 ●强烈表示组织变革是机构没钱也要做的事，但是半年内没有行动	●刚刚发生领导人更替，新任领导人尚在适应新角色 ●强烈表示组织变革是机构没钱也要做的事，但已有1年以上甚至更久没有行动

续表

标准	考察内容	绿灯	黄灯	红灯
• 已有清晰的方向、目标和实现路径	• 实现目标的具体规划、路径、方法 • 人力资源配置及获取方面需要的准备及计划 • 资金及资源筹划的准备及措施 • 机构运营及管理方面的准备和措施 • 组织结构和治理方面的准备和措施 • 里程碑及衡量指标 • 目标及指标的监测、评估、反馈方式	• 有战略规划书 • 路径逻辑合理，以机构沉淀的优势和经验为基础，参考了外部最佳实践 • 发展路径中需要组织变革和成长作为重要支撑 • 机构已有相应资源，或可以从景行及其他地方得到切实支持 • 未来3年的发展规划有助于使命达成 • 有明确的监测评估计划	• 实现路径符合一定逻辑，但是还不够通畅	• 发展规划不具体，或细节明显不符合组织发展规律或机构现状 • 未来3年的发展规划偏离了使命 • 对监测评估缺乏认识
• 机构内部包括领导人、骨干团队、理事会等意见和认识基本一致	• 目标及规划从筹到形成所持续的时间 • 目标和规划制订的参与人及参与方式 • 共识度高的方面 • 共识度低的方面 • 产生过的分歧/不同意见 • 如何消除分歧/不同意见 • 主要决策影响人及其意见 • 主要不同意见者及其意见	• 经历了多方参与的充分交流讨论 • 各方的看法基本一致 • 领导人、团队、理事会相互信任，互动良好 • 机构有明确的决策机制	• 决策过程只有少数人参加 • 团队对决策参与少、认同较低 • 不同意见没有得到重视和回应	• 领导人并不了解机构其他成员的真实想法 • 领导人、团队、理事会之间有较大意见分歧或冲突 • 理事会很少参与治理

第四节　财务：有力的财务管理和可行的筹款策略

　　扩大影响需要有力的财务支持，为此，景行伙伴应该具备较为完整、规范的财务制度，各项管理有章可循；有较为稳定、成熟、可持续的筹资策略和良好的筹资效果；有一定的资金储备应对未来不确定的资金困境。

机构的财务合规是其能获得资助的标准底线,需要清晰地加以鉴别。除此之外,还要重点考察机构现有的财务能力是否与其影响规模化的目标相匹配,以及能否有助于其他能力的提升,能否与机构的业务和其他运营管理工作良好协同。

在这一过程中识别出的财务能力提升空间,可以作为未来资助方案的内容之一。如支持机构建设电子化财务系统以及时、有效地提供信息,进而提升财务管理状况;支持机构聘用筹款专员,以优化筹款策略、提升筹款效果;等等。

表 6-4 "选"的标准——财务:有力的财务管理和可靠的筹款策略

标准	考察内容	绿灯	黄灯	红灯
● 有力的财务管理	● 财务管理人员/团队 ● 机构的成本核算意识	● 有专门的财务管理人员和岗位职责(可兼职) ● 会计、出纳分开,且持证上岗 ● 有领导人负责财务(策略)工作 ● 机构内部财务制度齐全 ● 有预决算管理,包括预算的编制、执行、控制、报告、变更申请等;决算的核算、汇总、比对等 ● 定期向理事会汇报财务状况 ● 有供内部分析和对外公示的财务报告 ● 机构对真实的运营成本有清晰的认知,清楚地知道:每服务一个受益人,每达成"一个单位"的项目成果,需多少成本	● 项目人员缺少基本财务知识,如预决算管理 ● 注册多家机构,有财务管理混乱的风险 ● 有财务挪用和"小金库"的现象 ● 机构对运营成本的认知不足,没有相应的数据收集和分析方式	● 机构没有基本财务管理能力 ● 机构或者领导人被证明有财务诚信问题 ● 不能对景行计划的资助给予透明、真实的财务监控和报告 ● 缺少内控 ● 机构资产流入个人财产
● 可靠的筹款策略	● 可靠资金覆盖机构运营成本的百分比 ● 其他资助方对资金的使用规定 ● 资金来源/资助主体的集中程度	● 可靠资金能较大比例地覆盖机构运营成本 ● 机构可以较为准确地预测出下一年的收入,提前规划对重点工作的资源投入	● 限定性资助占了机构所获资金的很大部分	● 筹资对象单一,且没有开拓更多的意愿和尝试

续表

标准	考察内容	绿灯	黄灯	红灯
•可靠的筹款策略	•无论准备好与否，机构是否有向"财务可持续"方向发展的计划 •对机构的资助模型*的认知，包括：资助主体类型（如基金会、政府或个人等）；资助动机（如符合基金会聚焦的议题、政府部门能购得"物美价廉"的服务或个人被受益人的故事所打动等）	•有明确的愿意继续支持的资助方	•机构较为依赖某单一类型的资助方，但实际提供资助的主体较多，如主要靠政府购买服务，但采购的主体很多	•若一个季度或半年内某个资助方撤资，将不能发放工资

* 资助模型（Funding Model）是指机构筹集一系列可靠资金的策略。一家成熟的机构，应该摸索出一套适合自己的资助模型。转引自 *How to Research a Nonprofits Financial Strength*：*Deep-Dive Approach*， http://www.bridgespan.org/getattachment/44c1c3bb-7fb0-4dcc-bfb1-434b47f7fb1b/In-Depth-Research-Nonprofit-Financial-Strength.aspx。

第七章　机构资助中"选、投、帮、退"

选、投、帮、退是开展资助的四大核心环节，怎样的"选投"设计可以更好地提高资助效率？在投的过程中有哪些共性的机构需求？资助者可以为这些共性的需求做些什么？公益资助可以像商业投资那样真正退出吗？这一章我们就来分享对这些问题的思考。

第一节　选——成功的基点

"选"即选择被资助机构，指收集候选机构在业务、领导力、变革准备、财务等方面的信息，结合经验、直觉，对是否资助该机构做出判断。"选"在资助管理中是最重要的，因为"选"的过程和结果对于资助成效达成与否有着极其重要的影响，一旦选错了，在资助过程中投入再多的努力也往往很难扭转。

就一般的资助项目评审而言，除了评估项目本身的必要性、可行性，也会注重对机构的考察。因为具有一定的能力、经验和资源，是机构能将项目实施好的前提。而对于"机构资助"来说，机构能力不仅是前提，也是资助的内容本身。

同时，"选"的过程也具有促进资助双方成长的价值。通过充分对话，候选机构可以进一步反思组织的发展规划，查看现有方案的必要性、合理性、可行性，以及是否在团队中取得了共识。同时，资助人员的知识、能力也可以在实操中得到快速提升。过程中积累下来的经验、信息和数据也可应用于对资助管理的改善。

在做出是否资助的决策之前，我们要问自己：

- 这家机构的使命和景行的战略定位相契合吗？（我们感到热血沸腾吗？）

- 这家机构做好准备进行组织变革了吗？（对方有决心、有办法吗？）

- 我们和这家机构能很好地合作吗？（和对方能坦诚、顺畅沟通吗?）
- 在双方的合作中，景行的价值是什么？（我们可以帮助对方成功吗?）

本章所介绍的原则、流程、标准（请见第六章）和收集、分析信息的方法，就是在帮助我们回答上述问题。

一　指导原则

1. 看重成就背后的发展潜力，而非成就本身

往日辉煌可能是领导人或机构能力的证明，但也可能源于不可复制的外部因素作用。因此，仅关注成就本身并不足够，还要分析其背后的原因和未来成长的潜力。只有对方真正具备不断学习、锐意进取的品质和能力，跨越式的发展才有可能实现。

2. 以系统思维对机构整体做出判断

现实复杂，组织的发展有赖于内外部各要素的协同。我们从业务、领导力、变革准备、财务等维度分别对候选机构加以考察，仅是出于操作便利的考虑。最终对其发展状况的判断则取决于机构作为系统的整体状况，而非其在某个单一维度上的表现。

3. 证据为重，兼顾直觉

选择被资助机构，是科学亦是艺术。我们提倡以严谨的方式全面收集候选机构的信息，将决策建立在以证据为本的基础上。但同时，我们也并不排斥项目人员运用个人直觉。因为后者往往蕴含了"隐性的知识"（tacit knowledge），虽然可能难以说清，却因源自多年实践经验而自有其合理性，同样有助于决策。

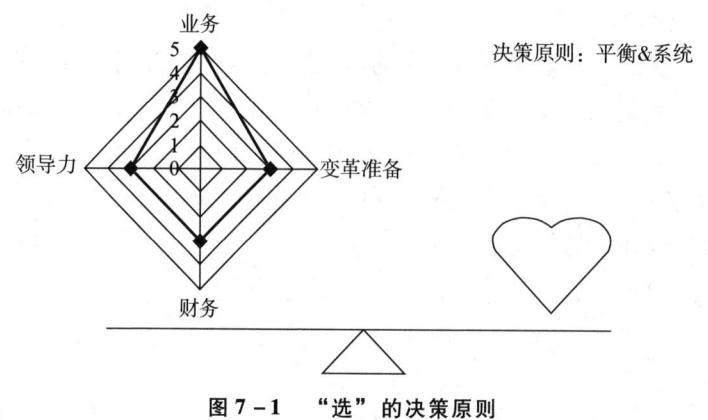

图 7-1　"选"的决策原则

二　工作流程：通过程序保障质量底线

理想的情况下，作为一个资助者，应该将更多的时间放在一线的走访上，如果有可能，直接去候选机构的项目点或办公室与他们的领导人、团队、服务对象面对面交流。这种方式能够增加实感，快速提高资助者的感受力，也能避免因文本信息而产生的误判和误伤（很多擅长做事的人不一定擅长文字的表达和包装）。

但由于资助者要做的尽职调查较多，在时间和精力不允许的情况下，可以将调查分成几个阶段，来提高甄选的效率。比如，过去景行的调查就分成三个阶段，分别是机构扫描、初步调查和尽职调查，每一个阶段都有调查了解的重点。机构扫描阶段的重点在"产品/项目/业务"，初步调查阶段的重点在于"组织突破关键期"，两者通过硬指标检核、案头与电话调查或者见面交流就可以基本达到调查目的。第三阶段的尽职调查是较为耗时的，通常需要亲自去项目点进行考察，并且要与领导人和核心团队进行座谈或访谈，以确认其"产品/项目/业务""领导人和团队""变革准备"方面是否确实符合。

在工作机制上，机构扫描阶段和初步调查阶段由个人负责调查，调查后提交项目组讨论，讨论通过后进入尽职调查阶段则要有两人同时参与，并在调查过程中尽量引入外部人士共同调查以提供外部视角和建议。对于尽职调查通过的，撰写推荐函等文件提交评委会审核，提出资助或不资助的意见。

表 7-1　"选"的工作流程

阶段	机构扫描	初步调查	尽职调查
考察重点	产品/项目/业务 机构规模的基础指标	领导人 组织突破关键期 变革准备	产品/项目/业务有效性及扩展潜力 领导人和团队成长潜力 变革准备及治理
主要工作	接受申请 进行初评	与领导人沟通申请内容和机构情况	实地考察项目地 考察团队及重要合作方
信息来源	●申请资料 ●机构网站 ●评估报告	●领导人 ●外部专家 ●重要资助方	●服务对象 ●团队成员（含离职） ●资助方、重要合作方 ●专家同行
注意	●外围考察，避免对方过高期待	●介绍"景行"定位及缘由 ●说明如进入尽职调查会提出挑战性问题和要求	●尽可能从多角度交叉验证

在调查时，要特别注意对信息的交叉验证。"耳听为虚，眼见为实"，探访项目点便是核实信息真实性的重要方式之一。我们可以通过观察，以及在现场与受益人、员工交谈等方式来进一步获取信息，使之与通过阅读书面材料，访谈机构领导人、员工等方式获取到的信息形成补充或对照。在此仅举几个看起来不起眼的细节。

1. 项目点的陈设

之前项目组成员、南都基金会项目副总监黄庆委曾去一家为流动人口提供法律援助的 A 公益组织进行考察，按照提供的地址问了好多人，左拐右拐才终于找到那个地方。到了之后，办公的地方非常空旷，只有非常基本的办公座椅。他又去了另一家同类的 B 组织，在去这家机构的路上看到好几个 A4 纸打印的指示牌贴在墙上和树上指示去往这家机构的路线，到了这家机构后，办公室里热火朝天，墙面上还贴了好多与工伤有关的基本知识读物和漫画等。当时这两家机构立马就有了区别。黄庆委回来分享说，A 公益组织连他都找得这么费劲，哪个工友能找到地方，一看就没有把工友作为核心来考虑；B 组织就考虑得很周到。两个组织一对比就能看出哪个组织更以服务对象为中心在开展工作。因此不管 A 组织的领导人说得再好，理念强调得多么与南都相符、未来发展规划得多么有雄心壮志，我们都知道这是不现实的。因此，从项目点陈设的细节可以看出很多问题。

2. 机构员工的工作状态

刘晓雪在考察新途的时候去了新途三四个项目点，每到项目点都会和点上的员工聊天，还会和社区里的馆长以及一些健康大使聊天。虽然几乎每一个员工所说的内容都不同，但强调的精神内核都和领导人说的差不多。当走到第三个项目点时，基本就确定这是一家值得支持的组织。因为，其机构理念和运作模式，基本深入每位员工和核心志愿者中，使命和价值观的衰减程度非常低，这样具有共识和凝聚力的团队是非常难得的。

3. 受益人与机构员工的互动状态

黄庆委在考察爱有戏时跟随工作人员开展工作。一次，他们一起造访一个服务对象的家里，敲完门，里面的人问"谁呀"，爱有戏的工作人员说"我"。里面的人立马叫出了工作人员的名字，热情地开门欢迎他们进去。这些细节都能够体现工作人员与服务对象平日里实际的互动状态和关系，是最为真实有力的。

总之，以上诸多细节可以提供很多真实和关键的启示。另外，在前往项目点之前应尽量多地获取与机构相关的信息，对需要在实地获取的信息及收集方式有所计划，对候选机构可能提出的问题做好准备。如果可以的话，也邀请理事、外部专家参与，一方面，可以借助他们在专业上的信息、知识和判断力，提升我们收集和解读信息的准确程度；另一方面，也有助于增进他们对候选机构的了解，进而增强随后召开的评审会的决策合理性。如果机构有多个项目点，至少走访其中两个，以避免只看到候选机构提供的"示范点"而产生偏差，并通过比较来对机构做出全面的判断。

三　善用评委会

在对一家机构完成尽职调查后会形成两个结果——资助官员个人认为要不要资助、机构决策决定要不要资助，前一个涉及个人的价值观、偏好、判断力，后一个涉及机构的资助标准和决策机制。这就涉及尽职调查团队和评委会之间的决策规则和关系处理。相信任何一个做机构资助的资助者都会面临这个问题，因为毕竟尽职调查的结果是需要通过评委会才能真正产生效力的，而如何看待评委会的作用、如何处理与评委会的关系是每个资助者需要修炼的功课。

但最开始从事资助时，年轻的资助者往往倾向于认为自己更了解情况，自己的判断会更准确，只把评委会当作"程序正义"的机制，并且很多资助者会不自觉地在评委面前将自己当作候选伙伴的代言人，为他们据理力争，不希望任何一个自己看好和推荐上来的伙伴被刷下去。但是在经历了几个案例后，我们发现，凡是评委曾经提出过强烈质疑的机构后来都发生了相应的问题。他们虽然没有到现场，只是根据一些书面材料和陈述做出判断，但判断力非常强，这也促使资助团队明白"看到"并不等于"看见"，要最大化地发挥评委的价值。

事实上，一线资助者和评委各有优劣势，通过评委会的机制可以融合两者优势，弥补双方的不足，来做出更加合理的判断，并在互动中促进双方的进步。

资助者的优劣势在于：与潜在伙伴有直接的接触，深入一线调查，对实际情况了解更为直观、全面；对公益行业的情况和实务也有更多的认识；对伙伴有情感，可能会受到主观影响。

评委的优劣势在于：见多识广、社会阅历丰厚、洞察力强；根据材料进行判断，没有直接感情连接，较为客观；不在现场，对公益或领域可能缺乏具体了解。

而要把两者的优势都发挥出来,以下几点可供参考。

第一,尊重并相信评委的判断力,把其当作智力资源而不是说服的对象,通过评委意见的启发去发现候选伙伴或资助中的潜在问题和改进之处。如有重大争议宁可暂时搁置。

第二,推荐那些让自己热血沸腾的项目或机构,用发自内心的热情激发他们,扩展评委的视角和信息,把自己作为他们认识公益和候选机构的窗口,为他们提供价值。

第三,把评委会作为评委洞见得以发挥价值、资助者能力得以成长、机构的潜力得以发挥或危机得以预见的契机,而不是必须要赢的辩论场。

第二节 投——杠杆的支点

"选"是确认资格,主要通过尽职调查实现;"投"与资助贴得更近,是通过资助方案的磨合确认资助实现的目标以及资助的具体内容。虽然在某些时候"选"和"投"会交叉,比如在"选"后面的尽职调查阶段就要涉及"投"的内容,但核心的目标还是有所区别。而"投"即协商制订资助方案更需要水平,它是指深入了解候选机构扩大影响的路径及相应的能力建设规划,与机构就目标、方案设计、预算和监测评估计划达成共识。

制订资助方案需要双方投入大量的时间、精力,因此,只有确定候选机构入选的概率较大时,我们才会开展此项工作。"投"和"选"中尽职调查环节的工作时间及内容大致相同,相对而言,"投"更关注具体方案的制订,"选"则更侧重对机构发展潜力的识别。

项目资金额度与用途由资助双方共同协商确定,受多重因素影响,包括影响规模化的路径,相应的能力建设目标和策略,双方可以投入的资金、时间、人力等资源。为了优化资助方案,协商过程中可以引入基金会秘书处成员、理事、外部专家等的智力支持。

接下来,我们将讨论协商制订资助方案的指导原则、工作流程和协商的具体内容。

一 指导原则

1. 尊重机构自身的发展意愿和规划

因掌握资源,资助者在资助关系中是强势的一方。正因如此,我们在对话、协商过程中要特别审慎，避免对方为了获取资源而扭曲自己原有的发展方向或节奏。我们相信，候选机构有权力和能力决定自身的发展方向。同时，对自己提出的方案，机构的拥有感会更强，有助于保障项目的执行。

2. 注意识别机构隐含的发展需求

"当局者迷"，机构内部成员也会忽略一些隐性的能力建设需求，如领导力的提升等。这些需求可能由于领导人疏于觉察而被忽略，也可能出于争取资助的目的，被有意识地隐藏起来。这些隐含的发展需求即是"选"中呈现出的"黄灯"，对机构整体发展和影响规模化十分重要，对其的识别可见第六章表 6-1、6-2、6-3、6-4 "选的标准"中相应的内容。

3. 清晰界定目标并制订监测评估计划

合理且被资助双方认可的工作方案是项目执行的依据，也是监测评估的基石。只有在资助开始前就制订出具体、可衡量的项目目标和指标，识别出项目的变化趋势，明确双方在各个工作环节中的责任和分工，我们才能在 3 年后回答："资助有没有成功？为什么？"并从中学习，将经验、教训用到工作的持续改善当中。

二 工作流程

"投"主要依托于"选"中的尽职调查环节进行，主要包括识别机构发展需求、协商制订资助方案、评审资助方案 3 个主要步骤（见图 7-2）。

识别机构发展需求	协商制订资助方案	评审资助方案
判断机构影响规模化的路径及相应需提升的能力 理解显性需求： ·机构自己提出的发展规划和能力提升方案 识别隐性需求： ·景行团队在"投"中识别出的"黄灯" ·机构运用标准组织诊断工具评估出的能力提升空间 ·外部专家、基金会理事或其他相关方的意见	识别双方可以投入的资源： ·资金、时间、人力、智力等 协商制订资助方案： ·项目终期目标及阶段里程碑 ·方案设计（必要、可行、逻辑自洽、可持续） ·预算 ·监测评估计划 陈述其他重要事宜： ·选择该机构的理由 ·需机构参加的行业倡导活动	评委会审批资助方案： ·评委会就资助方案整体是否通过做出决策，并就已通过的方案提出修改建议 ·机构根据评委建议修改方案后，景行团队最终负责审批通过 ·资助双方根据最终确定的资助方案签订协议

图 7-2 "投"的工作流程

三 协商制订资助方案

景行以帮助机构提升能力、扩大影响为己任。因此，资助方案的设计也主要围绕着机构能力建设展开。景行的资金曾被用来支持以下工作：服务手册开发、骨干团队培养、筹款能力建设、产品研发能力提升等。

依据PPOF模型，结合候选机构的发展阶段，我们认为，在每个能力模块下，有以下几类能力/机制可能对候选机构的能力提升较为关键，可供我们在协商制订资助方案时参考（见表7-2）。

表7-2 机构能力模块及相应待提升的重点能力/待建设的关键机制

能力模块（PPOF）	待提升的重点能力/待建设的关键机制
产品/项目/服务能力（Product）产品/项目/服务高效、规模化递送，保持创新的能力	• 核心产品规模扩展及品质保障能力，包括： 识别产品成功的关键要素、精简不必要部分以降低成本 形成产品递送的流程和模式以提高管理效率 开展技术支持或培训等，使更多人具备递送能力 识别和追踪服务成效的机制和能力 • 发现、评估新机遇的能力及内部流程 • 多产品/项目/服务整合能力
领导人及团队能力（People）领导人及团队的发展方向、规划共识，实现激励、达成成就的能力	• 策略性的核心领导人及团队分工、授权机制 • 与产品/项目/服务扩张模式相匹配的组织架构、人力资源配置 • 招募、保有高级人才，使其迅速融入机构，发挥独特贡献的能力 • 全员沟通意见、处理分歧、达成共识的能力和机制 • 工作目标及绩效指标制订和检讨的机制 • 支持团队及个人成长，建立有凝聚力的成长性团队的能力
运营管理能力（Operation）机构持续、有序运行的组织建设能力	• 定期回顾、评估、修正机构的战略和目标 • 自动化的数据管理、痕迹管理，基于数据反馈协助决策 • 形成项目/机构制度，开发工作手册，开展知识管理 • 树立品牌和形象，制订积极、主动、长期的公关和营销计划，提升宣传材料的专业度，突破熟人营销，更好地运用科技沟通，扩展公共关系 • IT等技术支持
财务能力（Finance）	• 建立正规的财务内控制度，制订长期的资金发展规划 • 财务公开透明，多层次披露财务收支状况以赢得公信力 • 开拓多样的资金来源，增强筹款能力，扩大个人捐赠基础 • 聘请筹资发展专员 • 建立储备运营资金的方法和相应政策 • 规范的资助方（基金会、个人捐赠者等）管理和维护体系

资助方案包括项目终期目标及阶段里程碑、方案设计、预算、监测评估4个主要方面。我们要和候选机构就上述4部分内容反复讨论，直至最终

形成资助方案的内容：必要、可行、逻辑自洽、可持续。

同时，协商的过程也是学习的过程。资助双方可以借由对话，增强对影响规模化、组织能力建设等议题的认识。因此，制订资助方案本身也是一种能力建设的方式。

此部分内容是在 2015 年进行整体梳理后形成的，并总结为《景行计划机构资助手册·指引篇》，它基于过去的经验教训，同时在 2016 年时开始试行，由于试行的还不多，其实用性和效果还需要进一步检验。

表 7-3　协商所针对的具体内容

资助方案内容	针对内容的关键问题	协商完毕后，资助方案最终应满足以下要求	如果出现下列情况，需要和机构继续协商
终期目标及阶段里程碑	●未来几年内，想借助景行项目达成的目标 ●达成目标需要的步骤 ●要达成上述目标，机构具备的优势和面临的挑战	●目标设定符合机构的使命和战略 ●目标可以在项目期内完成 ●有较为清晰的里程碑 ●对优势和挑战有清晰认识	●目标的设定过于有野心，可行性较低 ●相比预算，目标太微微，项目的投入-产出比过低 ●只有模糊的方向，对具体的实现路径考虑不足 ●应对潜在挑战的方案尚不明晰
方案设计	●项目的工作策略和具体工作内容，制订过程中参考了哪些知识、经验 ●要完成上述工作所需的资源，以及计划从何处得到这些资源 ●方案的可持续性	●方案设计合理，能参考机构能力建设、影响规模化的研究/同行最佳实践/机构自身经验等 ●工作方案中对资源的分配合理，包括：员工、专家、资金、时间等 ●项目结束后，机构的能力能持续发展 ●明确景行需协助机构开展的工作内容和方案 ●明确机构需要参与的景行业倡导活动	●工作方案所依据的逻辑模型/变化理论不合理 ●工作方案明显有悖于机构能力建设和影响规模化的规律 ●方案只是"救急"，无助于机构能力的提升
预算	●项目预算和项目内容的关系 ●除了景行的支持外，为达成目标，还需要什么其他资源 ●如果没有如期得到这些资源，计划如何应对 ●若对预算中的条目有疑问，可进一步询问背后的依据	●项目预算和机构的预算具有一致性 ●预算符合项目工作内容，数值在合理范围内 ●已经明确获得配比资金，或正在积极争取中且获得资金的可能性较大	●预算与工作内容不匹配，数值明显不合理，容易引起外部质疑 ●项目所需的配比资金大部分尚无着落，且机构没有应对措施

续表

资助方案内容	针对内容的关键问题	协商完毕后,资助方案最终应满足以下要求	如果出现下列情况,需要和机构继续协商
监测评估	• 监测评估的主体及分工 • 监测评估方案,包括: 　监测评估所针对的层次 　评估指标/评估问题 　信息收集主体/方式 　信息收集频率及成本等 • 结果如何应用/分享	• 机构有具体的监测评估方案,或有第三方的评估计划及预算 • 评估方案中清晰说明机构、景行、第三方的权责和分工 • 明确应用/分享评估结果的目的、方式	• 无监测评估方案 • 监测评估方案与项目方案的内容不匹配 • 未明确监测评估主导者、参与者的工作权责 • 未明确评估结果的使用者及其目的

注:表格框架和内容主要引自 The Due Diligence Tool for Use in Pre-Grant Assessment, http://www.issuelab.org/resource/due_diligence_tool_for_use_in_pre_grant_assessment, 亦整合了景行基于过往经验的思考。

第三节　帮——资金外的亮点

"帮"即非资金支持,指除多年期协商性资金外,我们还能给予机构的其他帮助。组织成长,有破才有立。一破一立之间,需机构领导人和团队具备足够的勇气和智慧。因此,除了资金,情感上的鼓励和技术上的支持也尤为重要。在向行业引领型基金会迈进的过程中,我们可以凭借自身的资源和影响力成为被资助机构的后盾,也可以协助各机构彼此形成有力的支持。

具体而言,日常的项目工作和非正式交流都可以向被资助机构传递信任、提供支持。同时,我们还可以提供以运营和组织能力为主的能力建设培训、咨询,以及帮助被资助机构引荐资源、拓展资源渠道。通过协助被资助机构之间相互交流、彼此支持,非资金支持既可以助力伙伴们成长,亦是使资助者和实践者深入互动、实现自身能力提升的重要途径。

一　指导原则

1. 作为日常工作贯穿项目管理始终

除了开展专门的非资金支持活动,持续关注组织能力提升、影响扩大即是对被资助机构的一种帮助。从项目设计时协助领导人和团队共同思考机构的发展规划,到项目监测中肯定机构的阶段性成长并协助其应对遭遇到的挑战,再到项目结束时以评估促进学习和改善,非资金支持可以贯穿整个项目管理过程。

2. 注重伙伴间的互帮互助

相较正式的培训课程，观察、交谈等非正式的学习方式常更具活力。我们鼓励被资助机构"私下"聚会，以轻松的方式拉近彼此的距离，建立相互信任的伙伴关系。在此基础上，聚焦组织发展，推动各机构表达所需、分享所长，互帮互助。除了线下交流，移动互联网技术也为非正式的联结带来更多可能，需要我们有意识地加以运用。

3. 从需求而非形式出发

非资金支持应因被资助机构的需求而生，操作也要不断瞄准伙伴们的需求来进行。要避免为活动而活动，重形式而轻效果。为了做到这一点，我们要充分激发被资助机构的自主性，让伙伴们参与到工作的规划中来。同时，也要注意建立工作的反馈机制，在每次活动后都倾听伙伴们的建议，不断改进。

二 非资金支持方式

非资金支持可以包括多种形式，如提供、推荐机构管理方面的自评工具、手册、文章、网站和软件等；创建邮件列表或线上讨论组；提供多样的教育和培训机会；召集圆桌会议，组建案例学习小组或学习圈；举办交流会或论坛；引荐辅导或咨询服务；等等。[①]

选择何种方式，取决于我们的目标和所掌握的资源。非资金支持服务于被资助机构的需求，因此，在制定目标和活动方案时，要充分纳入伙伴们的参与。但经验表明，伙伴们的需求往往呈现多样化的态势，在资源有限的前提下，我们要做到的是识别并尽量满足大多数人的共性需求，而不必对满足所有人的期待过于执着。

同时，由于每一种方式所适用的情景不同且所需的成本也各异，我们可以基于被资助机构的数量和需求，组合采用多种方式。如提供工具或召开会议的成本相对较低，可以面向全体伙伴提供；而一对一的辅导虽然对领导力提升有比较好的效果，但需投入大量的时间、精力，因此，适宜在小范围内针对特定的几家机构开展。[②]

过往景行在"帮——非资金支持"方面进行了很多种探索，但都没有

[①] 引自 *Deeper Capacity Building for Greater Impact: Designing a Long-Term Initiative to Strengthen a Set of Nonprofit Organizations*, http://www.tccgrp.com/pdfs/index.php?pub=per_brief_ltcb.pdf。

[②] 引自 *Deeper Capacity Building for Greater Impact: Designing a Long-Term Initiative to Strengthen a Set of Nonprofit Organizations*, http://www.tccgrp.com/pdfs/index.php?pub=per_brief_ltcb.pdf。

系统地展开。这一方面是由于年轻的资助者本身尚不具备自己直接提供非资金支持的能力；另一方面由于国内目前能够为公益组织提供针对性能力提升支持的专业服务方非常有限，可以直接借力的机构或个人少。我们做多种的探索和尝试旨在测试不同支持方式的可行性和效果，为未来的开展实验一些模型，并在过程中挖掘和培育专业支持服务方。以下是几种不同的尝试，各有特点。

1. 以景行伙伴的需求为抓手，"催化"或"引进"惠及行业的专业服务

景行伙伴的数量很少，总共也只有 20 家，但是由于景行伙伴属于引领型的机构，其发展总体走在多数机构前面，它们显现的核心需求将可能成为未来大部分组织的需求。为此，在进行非资金支持的探索中，我们吸收了中国农业大学董强老师的建议——除了景行伙伴外，能够惠及更多接近景行发展阶段的机构，以扩大对行业创造的价值。这方面有两个典型。

一个是 2014 年支持美国社会创新之父 Michael Norton 开展"中国社会企业与非营利组织社会连锁经营的行动研究"，为 14 家组织（其中 5 家是景行伙伴）提供了"规模化准备度"的诊断和集体咨询，该行动研究的顾问由英国、中国香港及内地的顾问组成，旨在借此建立本土的顾问资源。此次支持后，歌路营、百特等机构通过行动研究提供的社会连锁经营从开源到直营 7 类不同模式，梳理了本机构各类产品适合采取的规模化方式及相应的管理机制。其间还促成了顾问 Aha 社会创新学院与歌路营、香港 GDI 与慧灵建立了两个深度的辅导式咨询。

另一个是 2016 年由景行伙伴动议开展的"心动力"公益职业人全国联聘，联合了北上广 30 家公益组织，与猎聘网进行战略合作，招募跨界的中高层人才，以满足机构在快速发展中的人才需求。过往每家公益组织一次招聘收集的简历量平均是 12 份，此次联聘总共收集简历 4950 份，面试 405 人，初试通过 209，复试通过 49 人，发放 offer 45 份，入职 20 人，入职半年后人才保留 13 人，保留率为 65%。当时联聘的 2 位人力资源顾问随后创办了社会企业（墨德瑞特）专门为非营利组织提供人力资源服务，进行公益行业人力资源基础设施的建设。

由此可以形象地看到，在国内非资金支持过程本身就是培育非资金支持专业服务方的过程。

2. 引荐辅导式咨询

辅导式咨询服务与常规的交方案式的咨询服务存在区别。区别主要在

于：辅导式咨询是预计大的方向和目标，随时根据现状来调整工作计划和内容；项目式咨询预先设计好具体的工作内容和交付标准，只要按交付标准提交成果就算是完成工作。辅导式咨询的重要价值是设计机制、提供工具、辅导客户掌握使用方案和工具的能力，将咨询公司的能力顺利转移到客户方。合作的成功与否取决于双方共同的努力。

在景行的非资金支持探索中，分别促成了歌路营与 Aha、慧灵与 GDI 两个辅导式咨询。其中歌路营与 Aha 的咨询是一个三方合作，即 Aha 在此过程中不仅服务于歌路营，还要对景行计划提出相应的意见和建议，探索资助方、受助方、支持方三方合作、共同成长的模式。通过 Aha 与歌路营 1 年的辅导式咨询，Aha 精益创业的产品设计和工作思维基本迁移至歌路营团队，原定 3 年的合作计划由于 Aha 的高促进迁移能力和歌路营的高学习能力在 1 年合作后就完成。Aha 的顾远也成为歌路营的理事（此三方合作的详细的情况可以参见附录四，有详尽的过程记录和反思总结）。2016 年，此种方式又促成了 Aha 与"自然之友"在产品设计方面的辅导式咨询合作。

在这类非资金支持中，资助者是一个触媒的角色，使供需双方整合在一起，实现能力的提升。促成这类合作的关键在于：受资助方确实存在强烈的需求，并且对于第三方服务机构拥有开放和学习的态度，如果是由资助方主导促成合作，效果则会大打折扣。在促成这类合作的过程中，要求资助者具备的能力主要有三点：①对受资助方的需求、第三服务方的核心能力和工作风格非常熟悉，能够匹配合适的资源；②创造适宜的场合促进双方的了解和需求的对接，观察到双方都有深度合作的动力；③在合作的关键点充当协调人的角色，敦促双方进行合作的回顾和总结，同时保持灵活性，根据辅导进展优化合作内容。景行曾有两个对标机构，一个是美国的 New Profit Investment，他们与一家名为 Monitor 的咨询公司战略合作，为其资助的机构提供咨询服务，帮助其提升领导力和组织能力；另一个是英国的 Inspiring Scoltland，有 140 多家支持性机构可以为其伙伴提供不同方面的支持服务。相比之下，我国可以直接帮得上忙的支持性机构和智囊还很少。目前可选的第三方服务中类似 Aha 的机构还比较少，且 Aha 主要擅长产品设计、精益创业等，还有诸如人力资源、品牌建设、筹款等多个方面的需要有待进一步挖掘并培育优质的第三方服务机构提供这类服务。

此外，我们还开展了年度交流会，以建立伙伴间的信任，增进伙伴间的相互学习。2015 年 5 月在成都举行的景行伙伴交流会上，我们对伙伴的非资金支持的需求进行了座谈调研,这些是此发展阶段的组织提出的需求,可以供后来者在此基础上寻找"投后管理"的切入点。

表7-4 非资金支持:被资助机构的期待和景行的回应方式

被资助机构的期待 (按重要性从高到低排列)	景行的回应方式
领导力/骨干培养(团队建设)	● 领导人"独董会" 　　过往案例:2015年南京景行创思汇 ● 将领导人领导力提升与骨干能力提升、视野拓展绑在一起设计活动,如外出考察,可以考虑队伍中配备相关的专业人员,在一段共同历程中观察辅导 ● 骨干到其他机构甚至企业完成代培计划 ● 为领导人引荐辅导服务/企业管理教练
机构变革的持续关注/讨论	● 与跨界交流/视野拓展/信息需求结合起来,甚至与资源对接需求结合起来考虑,设计活动或项目,寻找合适的合作伙伴,如商学院或公共管理学院 ● 使景行伙伴的机构变革成为专业领域关注的案例,使业界愿意投入智力或其他资源等
跨界交流/视野拓展/信息丰富	● 可请邓飞等有经验的公益人士来分享,帮助伙伴打通思维
获得来自外部的反馈	● 在与机构日常的项目沟通及非正式交流中进行,及时向被资助机构传递来自外界的反馈,帮助机构反思自身、持续改进
资源对接	● 召开景行伙伴交流会,请各界人士参与,尤其是潜在的资源方 　　过往案例:2013/2014景行伙伴交流会 ● 和被资助机构一起,建立支持性机构资源库
理事会治理提升	● 约请有需要的机构理事旁听南都理事会
能力建设 (如财务、传播、研究等)	● 鼓励直接纳入机构的项目方案中 　　过往案例:Aha/歌路营/景行三方合作 ● 提供、推荐机构管理方面的自评工具、手册、文章、网站、软件等 ● 提供以机构管理为主题的能力建设培训 　　过往案例:2014成都筹款能力建设交流会 ● 协助伙伴们建立线上学习社群

注:表格内容引自《景行伙伴需求》(程玉2015年5月撰写),亦有部分引自国外同行的最佳实践。

第四节　退——下一站起点

商业的风险投资在初始就做好了退出的预期,在承担很大风险的基础上通过为融资人提供长期股权资本和增值服务，培育企业快速成长，数年后通过上市、并购或其他股权转让方式撤出投资并取得高额投资回报。[①] 为此，商业风险投资成功退出的标志就是获得高额的投资收益。那么，公益机构资助在讲"退出"时又是指什么呢？公益机构资助的退出和商业风险投资的退出有什么异同？我们觉得不同的地方主要体现在两点。①商业风险投资寻求资金上的回报，而公益机构资助寻求社会价值的回报。②商业风险投资根据投资时协定的股权或收益分配方式来核算投资人可以获得的收益，不需要关注投资者对于风险企业的贡献度；而公益机构资助往往需要证明该资助对被资助机构产生的影响和成效，并且缺少像商业风险投资那样的清晰方法来进行归因和社会价值的测算。这使得公益机构资助带有更大的复杂性，一方面社会价值的衡量复杂，另一方面社会价值的归因复杂，无法有效说明投资的价值。

但即便难，也需要一些方法，比如虽然财务上的回报肯定不是公益机构资助的追求，但有一些方面是可以和商业风险投资类比的，比如退出时机构的资金规模、服务规模、社会影响的增长率，进而推算出这笔机构资助所产生的社会价值的增值有多大。

在实践中，我们认为有四类退出的方式。

一 实现跨越式升级，达到更高水平的平衡

2014年景行计划开始资助上海新途健康促进社时，新途正处在加快全国化发展的重要节点上。通过3年的资助，新途实现了全国化的布局，在7个城市建立了生活馆，进入3万家庭。这个规模的扩张提高了新途吸引大资方并与之谈判的能力，促进其全国性专业化项目的引入，增强了其与健康产业的商业企业进行合作的底气。在受资助第三年时，新途获得了1200万元的资助用于培训健康大使和支持健康大使的社区创业，并开始进行国际化的发展，在2个国家建立了办公室。

2013年年底爱有戏成为景行伙伴，利用景行计划的资金建立了人才引入机制——从北京和上海分别引进了两位资深的公益人回成都任职，提供了人才引进补贴。这两人后来都成为爱有戏的副主任，使爱有戏的业务在

[①] 胡一夫：《风险投资十大黄金法则》，2013年10月11日，http://club.ebusinessreview.cn/blogArticle-221990.html。

成都得以迅速拓展。此外，爱有戏利用景行的资金进行团队建设，设立行动研究的学术奖励资金，促进人员持续学习和行动改进。爱有戏从 2013 年受资助时仅有不到 40 人、300 万元资金的规模，发展到 2016 年资助结束时 180 人、1300 万元资金的规模。

这两个例子就是升级换代的例子，一个是通过业务体量的增长带来了更多的资源，另一个是通过人才的引入和人才价值的发挥带来了对机构的持续影响。

二　促使机构核心能力生成和增长

2014 年景行计划开始资助歌路营，其间他们从服务 1000 所学校发展到服务 5000 所。Aha 的咨询服务使团队具备了精益创业的思维和工作方法，具备了产品研发的思维和能力；瑞森德的咨询提高了团队开展公众筹款的能力。这两项能力的获得使得歌路营在社会影响力规模化过程中具备了更强的适应力和动员力。

三　获得同类的后续资金支持

2012 年景行支持慧灵的标准化和评估体系建设以及培训师培养，总结了智障人士服务的社区化"开店手册"，使得各地加盟的慧灵能够快速上手开展服务，并通过培养培训师为各地加盟慧灵提供技术支持。这项资助结束后，慧灵的标准化工作有了一定的依据，并组建了一支培训师队伍，实现了这方面的能力总结和提升。在后面的操作使用中，慧灵又获得了 CSSP 的资助，使得这部分建设的资金得以延续。

四　预期的影响得以实现

根据资助计划中最初约定的目标和评估指标，机构实现了既定的影响，可以对社会资源有所交代和问责。这类影响就是中规中矩的。

以上四种退出综合考虑了资源的撬动、可持续的促进、影响的升级。能够实现其中一两个就是很好的。所以，公益机构资助的退出可以有两个指标，一个就是公益机构在资助期前后创造的社会价值的增量的变化，包括服务规模、资金规模等；另一个就是资助所起到的质变性的、对机构可持续发展能力建设的效果。

第八章 机构资助的评估

监测评估，是指运用社会科学的方法，系统地收集、分析项目信息，对结果加以应用和分享的一系列工作。监测在项目执行过程中开展，用以核查项目活动是否按计划进行，以及是否实现了预期的里程碑。评估则是在项目结束后进行，用以回答项目的目标在多大程度上完成，以及原因为何等一系列问题。①

过程中的监测可以让我们知晓项目的进展情况，及时发现重大的风险点。资助双方可以据此协商，做出相应调整，以最大限度地保障项目质量。而项目结束后的评估则可以帮助资助双方回顾工作的成效，将结果用于项目目标的调整和方案设计的改善。

监测评估有问责和学习的双重作用。一方面，可以督促资助双方履行职责、检讨工作成效，向双方、受益人和捐赠人负责；另一方面，应用评估结果可以帮助参与项目的各方改善工作策略，对外分享评估所得也可以让其他同行从中学习，借鉴经验的同时避免重复试错。

机构资助的评估是非常难的，因为机构的发展是动态的、不可逆的，每一家机构的情况又都不同，很难找到"双胞胎"通过实验组和对照组的方式来进行。同时，每家机构的发展会受到很多因素的共同影响，机构资助只是其中之一。即便大家都认为机构发展得确实好，又如何归因机构资助做出的贡献呢？做一个形象的比喻，做资助的就是给他人做嫁衣的，可是项目资助是送嫁衣、凤冠、首饰的，很容易说清哪些是项目资助带来的；

---

① 针对监测、评估的定义庞杂，在有些分类中，监测被定义为过程评估，是评估的一种。因为在实际工作中，两者共享一套工作流程和调研方案，也可以由同样的主体来操作，只是监测主要针对项目的活动和产出层面，评估则关注对成果和影响的衡量。因此，在本书中出现"评估"时，基本是兼指"监测""评估"，而"监测"则仅用以说明项目过程中的测量工作。关于监测、评估的详细介绍，可见《重新发现监测》，http://blog.sina.com.cn/s/blog_64046efc0102vq2k.html。

机构资助就如同是送美食、送营养品的，吃到肚子里，会对身体有益，但无法把营养品的效果单独分离出来。这也是机构资助之所以少的原因，因为无法更好地证明贡献。本章我们一方面提供景行开展评估的一些尝试，当然这些尝试还称不上成熟的方法，只能说是一些做法；另一方面提供国外机构资助（一般性运营资助）对于评估的观点，以供参考。

第一节　指导原则

一　与"投"同步规划

项目设计时制订的项目目标/指标、变化理论是评估要检验的内容，具体活动方案及阶段里程碑是项目监测的依据。因此，监测评估工作不能是项目执行中或结束后的临时起意，而需和"投"一并规划。

我们在制订资助方案的同时就要规划相应的监测评估方案，明确评估的主体和各方的权责分工，协商确定评估所针对的层次，评估指标、问题、信息收集主体、方式、频率、成本，以及评估结果的用途，等等。

二　多方参与，共同学习

除此之外，评估还是多方参与、共同学习的过程。除景行团队成员外，应充分纳入被资助机构、受益人、合作方及外部评估方。一方面可以综合多方信息，提升评估的准确性；另一方面，则可以提升各方对评估工作的认同，即便评估的结果不如预期，也不会一味回避，而是能积极面对、从中学习。

三　平衡科学性和成本－效益

建立项目活动和成效间的因果关系是评估的内在追求。只有明确了"什么工作，在什么情况下，对什么人产生了怎样的作用"，我们才能更有针对性地改进项目策略。然而，对成果的归因越准确，意味着要控制的影响因素越多，评估的成本也就越高。

在设计评估方案时，我们要问自己：评估结果将会被谁使用，怎样使用？为达这样的目的，我们需要将成果归因做到何种程度？同时考虑各参与方可以投入的资源，综合制订出科学性和成本－效益合理的评估方案。

第二节 开展机构资助评估方法举例

景行计划构建了一个指标体系来综合考量机构的社会影响的变化,它可以用一个公式来表达:业务效果及影响 * 组织发展及效益 * 行业影响。

详细的说明请参见表 8-1。

表 8-1 机构资助评估指标体系

指标维度	指标说明	指标数据
业务效果及影响	• 对所针对的社会问题有更本质的理解,实施了更有效的干预措施,使社会问题得到持续、更系统的解决 • 对于所针对的社会问题及干预效果进行持续的数据跟踪,以不断改进,并引起更大范围的关注和参与 • 受益者的规模、范围或受益程度增大	• 业务开展模式的变化 • 业务直接投入产出的比较 • 服务对象、专家、同行的评价
组织发展及效益	成为一个更高效的组织,体现在: • 具备卓越的领导团队,具备有凝聚力和执行力的工作团队 • 有可以凝聚人的制度文化进行管理,并完成可传承的核心技术和经验的积累 • 拥有与目标计划相适应的较为持续的资金及资源筹集计划和健康的财务 • 行业及社会的影响力和知名度增加	• 领导人访谈 • 团队访谈及座谈 • 内部管理和制度文档查看 • 其他相关方,如同行、专家的评价
行业影响	• 同领域机构的专业水平和技能得到提升 • 更多地域出现同类机构或得到提升 • 形成区域或领域内的联盟或合作 • 所在行业的文化发生变化	• 同行口碑 • 行业大会观察 • 专家、同行访谈

只是这种评估还很难做到量化和相互之间的比较。2016 年景行邀请北京师范大学社发院陶传进老师进行了对景行的评估,陶传进老师提出了五种评估方法及其特点,并以第五种方法为准进行了景行机构资助绩效的评估。这五类评估方法援引如下。

评估的核心内容是景行资助的公益绩效。但绩效的测量有几种不同的方法。理论上,至少可以有以下几种测量绩效的方法。

第一种,将每一家组织在接受资助之后所产生的社会效果全部测量出来。这样的思路是不可行的，因为这样做的话，每一家机构的效果测量都将构成一个单独的话题；并且其结果到底如何，恐怕数据本身也很难阐述清楚，最终结果只能是看着数据堆积出来，但其实却并不清楚它代表着什么。

第二种，将组织在接受资助前与接受资助后的组织数据做一番对比，看一下其间多出了什么。这种测量能说明一些问题，但很多组织真正发生变化的是质，而不是或不只是量；即使从量的角度来看，也很难分出这种变化在什么程度上来自景行的资助，缺乏控制其他影响因素的手段。

第三种，让组织自我陈述对于景行资助是否满意。显然，类似的问题不管询问多少，都逃脱不了"太浅"的层次。

第四种，评估方为每一家组织打出一个纯粹主观判断的绩效分数，甚至划分为几个特定的方面来打分。如果这样做的话，评估便会既失去了客观性，又找不到其中的技术含量。

第五种，对每一家组织都进行一次深度的访谈，访谈都是有结构的，它沿特定的方向进入，循着特定的脉络展开，最终获得一整套的组织运作事实。这些事实是可以"说话"的，通过专业化的分析，就可以看出每个组织身上发生的变化是什么，能力的提升在哪里，该如何评价这份能力提升，等等。结果，对于每一家组织，关于它的绩效是什么、它位于什么方面都有一个专门的报告。从报告中可以找到绩效内容的事实证据与理论证据。正是每家组织这样一个单独的子报告可以体现出评估方的专业性来。

第五种方法就是我们这里使用的评估方法。具体如何通过第五种评估方法进行的评估，请详见附录二《关于景行计划的第三方评估报告》。

第三节　国际视野中的机构评估[*]

对机构资助的评估不仅在国内是个难题，在国外也是同样。2015 年，

---

[*] 本节内容摘自"景行视界"《机构资助与评估》，翻译：冷婷，校对：杨国琼，原文可点击 http://www.naradafoundation.org/content/4664。

杨国琼帮助景行搜寻国际上开展机构资助评估的做法，并对一些文章做翻译总结以供学习。下面就是一篇国际上对机构资助评估的论述，可以让我们看到在国际上对于机构资助的关切点和做法。

机构资助与评估

有些业内人士认为严谨细致的评估与一般性运营资助的本质背道而驰，而且所起的作用相反。另一些人却认为一般性运营资助是否能够且在何种情况下提高受助方的成效还尚无定论，因此，他们主张资助方应该采用严格的实证式的方法进行评估。

GEO在这场辩论中保持折中的立场。一方面，GEO认为资助方应尽可能地"置身局外"从而保证不给受助方带来额外的负担。另一方面，我们也同样理解资助方想要更多地了解非营利机构受助后所能取得的成效的想法。为了让一般性运营资助得到更广泛的接纳，资助方要探讨这种资助如何影响受助机构、能为他们带来什么不同、在什么情况下资助类似机构能取得最好的成效等问题。而这些都需要某种程度的评估。

虽然我们提出了各种可供参考的策略和做法，但这些并非对资助进行评估的一个步骤指南。相反，GEO明确了一些在与资助方关于评估的对话中出现的共同话题。同时还总结了进行评估的两种现有方式：一种强调资助前的评估，另一种更有赖于资助中和资助后的评估。我们将从以下四个部分来探讨这个话题：第一，准备阶段：重新检视评估；第二，资助前：严格审查，明确期望；第三，资助中和资助结束后：效果衡量与报告；第四，关注成效：合理评估。

一 准备阶段：重新检视评估

评估一般性运营资助的效果需要资助方将评估重点从项目层面的成果转移到整个机构所产生的社会影响上。这样，要评估的问题就是：机构如何实现自己的宗旨？机构如何设置目标来追踪进展？一般性运营资助在何种程度上帮助其取得成功？

然而，在这方面想要证明自己的成功对资助方而言从来都不是简单明了的事。其中一个原因是，对项目或运营的任何单个资助的影响，其效果取决于资助的额度与机构或项目的预算额度的比值。认识到这点以后，很多有意检视资助效果的资助方也承认不需要过分强调自身的重要性。

但是这并不意味着资助方不应该去评估资助的效果，只是他们需要将"归因"和"贡献"两者的区别谨记在心。

资助方还应谨记的是，提供一般性运营资助的初衷是让受助方能灵活地去实现他们自己认为合适的目标。因此，强加条件要求精化资金的使用方式，或过于追求资助的确切产出，这些做法都是与一般性运营资助的初衷相违背的。

"一般性运营资助的本质就是你要全心相信该机构自己设定的目标。"（Paul Brest, The William and Flora Hewlett Foundation）

二 资助前：严格审查，明确期望

California Wellness Foundation 的主席兼 CEO——Gary Yates 提到他们机构的"负责任的资助"计划，它为致力于改善弱势群体健康状况的非营利机构提供一般性运营资助，这个项目就基于对潜在受助方严格的前期审查。他说，"我们做了大量和严格的尽职调查与实地考察"，同时指出一旦资助给出，基金会就会退后，将资助后所需的报告要求减至最低。

尽管很多资助方宣称受助方与他们目标一致而且有能力实现目标，但也有些资助方会让受助方详细列出受到资助后能实现的具体目标，包括后期会用来衡量效果的指标。比如 California Wellness Foundation 会让所有的受助方确立三个明确的目标。

另外一个倡导"一般性运营资助"的是 F. B. Heron Foundation，他们会与受助方协商出一套通过一般性运营资助的资金达到的可量化的目标。

在资助前：资助方能做什么

- 确保你在全面的尽职调查后选对了合作方。
- 鼓励非营利机构建立有清晰目标的发展规划。
- 为他们能够建立起这样的规划提供所需的咨询和其他支持。
- 确保受助方保有自己的目标和计划，不要将自己的意愿和目标强加于他们。

三 资助中和资助结束后：效果衡量与报告

大多数一般性运营资助的资助方都不需要受助方提供详细账目来说明资金去向，而是将他们跟踪和评估的重点放在机构所取得的成果上。如果资助方还希望看到资助所带来的能力提升，还会评测机构能力。在 New Hampshire 的 Endowment for Health，他们会使用一套组织能力评估体系 CCAT 来评估受助机构的综合能力，并由此追踪一段时间内机构的能力变化。

当然，不是所有的资助方都有能力对资助效果实施大范围评估。但他们可以用一些方法将一般性运营资助和受助方的能力变化联系起来。例如 Wyoming Community Foundation，要求受助方在终期报告中回答一组"非常简单的问题"，比如，这个资助提高了你们机构的能力吗？是如何提高的？

然而，资助方应该注意不要太过强调受助方的自述报告。评估专家们注意到自述报告经常倾向于积极面。如果有可能，资助方应当将自述报告与第三方评估结合起来，同时要注意把某些特定的成果归结于某部分的资助是不容易的。

评估一般性运营资助效果的一个重要方法就是看机构在何种程度上在使用工作中获取的数据和信息来逐步提高成效。Edna McConnell Clark Foundation 的前任评估与知识发展主管、现任独立顾问 David Hunter 曾说过，一般性运营资助的资助方应关注两项成果：第一，他们想看到机构在不断变强，有能力把工作做得更好更有效率；第二，他们想看到机构在自身领域汲取更多的经验教训，了解对于取得进展什么有效、什么没效。

在资助中和资助结束后，资助方能做什么

- 和受助方共同确定可以显示一般性运营资助效果的"机构指标"。
- 谨记"归因"和"贡献"的区别。不要期待得到确切的成效数据，特别是数额相对较少的资助。
- 要考虑到不同机构的发展程度。比如，初创期的机构和成熟期机构的标准可能不同。
- 将学习作为效果评估的重点。考察一般性运营资助的受助方如何逐步运用数据和信息来提高工作成效。

- 问题明确具体。为了得到有用的信息，避免模糊宽泛的提问方式。
- 不要问不会用到的信息。如果有一些信息你和你的资助对象都不会用到，那就不要问。

四 关注成效：合理评估

当资助方考虑如何评估一般性运营资助的效果时，他们要确保评估立足于一个更大的目标之上，即提高非营利机构的能力从而取得有意义的成果。这指的是将评估作为促进受助方学习及不断提高的平台，这也意味着评估可以用来帮助建立及加强资助方和受助方间的关系，保证评估不会成为受助方的额外负担。

Whitman Institute 的 John Estelle 说过："我们高度重视发展与受助方之间的工作关系。"该机构为受助方提供每年 2.5 万到 5 万美元的一般性运营资助。他们并不要求受助方提供正式的报告，而是与受助方保持定期联系，Estelle 称之为"持续进行的谈话"，然后从谈话中了解对方学习到什么以及如何通过学习取得进展。

另外，还要避免信息过量。当资助方在向受助方搜集一般性运营资助效果的有效信息时，应注意避免给受助方带来大量的额外工作。Project Streamline 近期有一份报告列举了由资助方的申请和报告规定"给非营利机构人员在时间、精力和最终效率上造成巨大负担"的十条内容。其中列表上的第六项就是"书架上的报告"，指资助方经常索要对他们或对受助方而言并无任何实际用处的信息。

Nonprofit Finance Fund 的主席和首席执行官 Clara Miller 质疑一般性运营资助是否应该（或能够）被评估。她评论道："这些专门的标准、谈话、问卷和自我评估都增加了运营成本，这也就降低了给受助方的'资金净额'。"

也有人认为资助方有理由去了解他们的一般性运营资助资金所带来的成果，但也认为应该注意在此过程中不要妨碍受助方的效率。

征询受助方的反馈意见也是应该做的。一般性运营资助的效果评估应该是双向的。资助方询问受助方的同时，也要让受助方向自己提问，对于什么方式有效、哪里需要改进提出坦诚的意见。

有些资助方将反馈机制纳入他们的一般性运营资助评估中。比如，Endowment for Health 就在计划召集所有的受助方对项目展开反思并倾听改进建议。

关注成效：资助方能做什么？

- 与受助方保持联系。了解他们在工作中学到什么、进展如何、遇到何种挑战等。
- 适可而止。询问那些对受助方而言相对容易提供且对他们有用的信息。
- 利用一般性运营资助这一平台提供其他支持。提供能力建设支持和其他基金来源的链接。
- 双向评估。征询资助工作及其程序的意见反馈，了解资助的作用和局限。
- 与受助方一起学习。建立资助方和受助方的联合工作组或顾问小组来促进对如何评估及一般性运营资助的价值达成共识。

结 论

为什么资助方应该关注受助方实现自己目标的能力，并将之作为评估一般性运营资助效果的标准？本章的研究和访谈给出了一些理由。对这些资助的评估可以激发学习，反过来又能用以扩宽资助工作的社会影响力。评估还可以提供资助方所需的信息、视角和故事，为一般性运营资助这一提高非营利组织成果的方式阐明理由、提供证据。

附录一 景行计划的演进历程

2012年立项到2016年并入好公益平台，景行计划在做的过程中不断调整和优化，每次调整背后都受到内外部因素的双重推动，通过回顾景行计划的立项和调整过程也能看到一个资助项目在一家机构中的演化，为如何设计和开展资助计划提供参考。

第一节 历史沿革

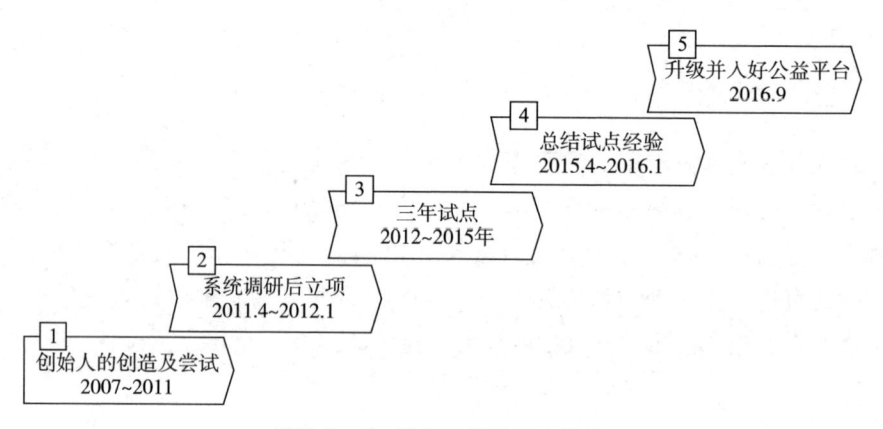

```
5 升级并入好公益平台 2016.9
4 总结试点经验 2015.4~2016.1
3 三年试点 2012~2015年
2 系统调研后立项 2011.4~2012.1
1 创始人的创造及尝试 2007~2011
```

图附1-1 景行计划的历史沿革

一 创始人的创造（2007~2010年）

南都做"机构资助"从它创立初就一直在进行，那时永光任秘书长，分别在2007年和2009年资助了恩派（NPI）和基金会中心网（CFC）的创立，2008年资助了歌路营的启动资金，2010年资助了自然之友战略规划后新任总干事李波1年的工资。基本上是1年1家机构。

NPI的创始人是当时正在筹建南都基金会的吕朝，永光放飞他去创办恩派。周总亲自见了吕朝并投了赞成票，南都基金会的理事徐永光、程玉、周庆治、何伟都先后担任过恩派的理事长。南都提供了连续4年每年80万的资助。NPI系内，上海联劝基金会的400万注册资金，南都基金会出资390万，并由何伟担任理事长。

CFC是永光在旅美时看到美国基金会中心网模式后发心创立的，据说永光挨家找人商谈并担任理事长，而负责人程刚是永光的老部下，在基金会中心网筹备和启动时，南都秘书处当时负责传播的李玉生以及财务行政人员都参与了很多具体工作。南都为CFC提供的直接资助不少于400万。

NPI和CFC在当时乃至现在都算在行业生态链上占据重要位置并发挥很大作用的机构，而且目前运营得不错。而其创立，南都除了持续、大额的资金投入，还投入相当多的人力、精力，甚至扮演了推动者的角色。

与前两家行业支持型机构不同，歌路营和自然之友属于社会议题型机构。南都的参与和推动就比较少，资助落实后基本靠机构自己谋求发展。

歌路营的成立当然不是与永光全无渊源。2008年汶川地震后永光请陆晓娅和杜爽做新闻工作者和志愿者的灾后心理辅导，陆晓娅和杜爽萌生了创办正式NGO的想法，永光和程玉很痛快应允了10万元的非限定性资助。歌路营靠这10万元招兵买马，并凭借陆晓娅和杜爽在心理咨询、教育发展、志愿服务等方面丰厚的专业积累和经验快速发展，因其项目的创新和专业获得教育领域资助方的认可和持续资助，基本上一两年就迈过一个台阶向前进步。

自然之友的情况所知不详，只知道2010年自然之友领导人更迭的时候，乐施会资助其做了战略规划，将聘任李波为总干事在新战略规划下主持工作。南都资助了总干事1年的工资10万元，此后李波在自然之友连任3年。

这4家机构中2家是行业支持型机构，2家是解决具体社会议题的机构；有3家是初创机构，1家是老机构的领导人更迭。这个阶段的资助主要依赖创始人永光，依赖他对行业趋势和需求的判断力、对行业其他人和机构的推动（说服）力以及寻找优秀领导人的眼光和人脉。资助的机构也以初创的为主。但是，这种依赖领导人禀赋的资助，其可复制性、可持续性是有限的。2010年，康晓光和程玉主持了南都的五年战略规划，永光转任理事长。秘书处开始尝试如何依靠秘书处团队，机制性地开展资助工作。

反思和学习

对这个阶段的总结也启示我们,对于行业支持型机构/基础设施类机构的资助与一般性的机构资助会略有不同,体现在:

1. 重要生态位上的支持型机构需要"催化",自然产生的几率较小或慢;

2. 如"催化"机构,"催化者"至少在最初2~3年扮演推动者角色,投入理念、方向、人力和精力,这与一般性机构资助不同。

二 见缝插针的尝试(2010年9月至2011年4月,8个月)

2010年4月,康晓光和程玉为"南都"制订了五年战略规划,奠定了南都的四大业务架构:①通过支持宏观类项目,推动行业政策和环境的改变;②通过支持战略性项目,包括银杏计划和景行计划,分别支持公益行业人的发展和机构的发展;③延续之前对流动人口子女项目和救灾项目的支持;④基础研究,以支撑以上策略的实现。其中战略性项目是重点。伴随战略规划的完成,机构也在吸纳人才以落实该战略。2010年5月,林红正式入职,开始全力投入战略性项目中"资助人"的项目研发,即现在看到的"银杏计划"。对于战略性项目中"机构资助"的部分,是同步探索还是待银杏成熟后再开展,林红征询程玉的意见后两人觉得可以先做些尝试。

根据战略规划指出的方向:"以机构为单位,而不是以项目为单位进行'战略性'资助;支持'支持型'和'引领型'组织,并关注中国社会转型期的重大问题,对相关领域进行重点支持",先后接触了"妇源汇""惠泽人"(作为支持型机构的代表),以及"格桑花""绿色流域"(作为引领型机构的代表),并对"妇源汇""惠泽人"分别实施了3年和2年的资助,也资助了"绿色流域"的战略规划。

三 系统调研,正式立项,开始试点(2011年4月至2012年1月,9个月)

战略规划指出了方向,见缝插针式的尝试提供了一些感觉。但对于什么是以机构为单位的"战略性"资助、什么是"支持型"和"引领型"、什么是中国社会转型期重点问题,要留待秘书处系统地研究和摸索。

2011年4月，孙巍和刘晓雪加入南都，组成了专门的"机构资助"项目组。最初分成两个小分队，刘晓雪在洲鸿的指导下做"支持型机构"的调研和资助设计；孙巍在程玉的指导下做"引领型机构"的调研和资助设计。但很快，因为无论是"支持型"还是"引领型"都要采取"机构资助"的方式，便将两个小分队合并了，由孙巍负责，刘晓雪协助进行项目开发。项目组对13家民间组织、2位学者、2个基金会同行进行访谈，召开了两次座谈会，参加4次由民间组织召集的各种会议，扫描、查阅国内和国外资助机构各类相关研究文献。通过这些方式去探寻民间组织在机构发展中的需求和问题，了解过去这些问题怎么解决、解决程度如何，并针对需求了解民间组织希望得到哪些支持等信息。项目组于2011年6月提出了《机构支持战略实施框架草案2011》（孙巍主笔）。这次调研和草案的提出试图系统地回答什么是机构资助、为什么要做机构资助、资助什么样的机构以及怎么资助的问题，为后面工作的开展奠定了理论基础和工作框架，并在理事会上进行了汇报。

不过2011年9月，刚刚完成该调研和资助框架的孙巍离开了南都。项目部的人员结构进行了调整，由林红、汪黎黎负责银杏，孙巍、刘晓雪负责景行，调整为林红统领两个项目，汪黎黎、刘晓雪分别具体负责。团队变化后，2012年9~12月，我们又对项目设计做了讨论和调整，确定了银杏和景行不同时资助一家机构的规则，在整体布局上，银杏偏向初创到发展期的机构，景行偏向度过发展期、正走向扩张和成熟的组织。形成了新公民和救灾资助初创期项目、银杏资助人、景行资助机构的战略格局。2012年1月，理事会审议通过了"南都机构伙伴景行计划项目设计"，"景行计划"正式立项。

反思和学习

1. 前期团队的连续稳定投入和系统调研很重要

景行在调研期间就经历了几次团队的重整和变化，每次团队变化都会打破建立起来的共识，要重新统一，对于连贯性和效率都有影响，在进行一个资助计划开发时最好要保持初创团队的稳固，打好基础。

2. 资助计划要放在机构战略中设定合理的定位和目标

当一家基金会有多个资助计划时，要考虑不同资助计划的关系。是完全独立，还是目标上相关但操作上独立，还是在操作上也互相结合甚至基本就由同一团队实施。这会涉及对人力、资金、传播等各类资源如何分配。在设计资助计划时要根据机构的战略布局和已有资源制定目标和策略,而不仅仅是基于资助计划本身。

四 试点总结,梳理经验,实现聚焦(2012 年 1 月至 2016 年 6 月,3 年半)

项目立项后,景行计划的工作正式展开。自 2012 年起陆续支持了 ICS (恭明中心前身)、"西部阳光"、"中国慧灵"、"心智联会"、"自然大学"、"爱有戏"、"新途"、"歌路营"、"亲近母语公益"、"绿耕"、"百特"、"绿色潇湘"、"绿色江河"、"重庆两江"、"连心"、"十方缘"、"格桑花"、"自然之友"18 家机构。2015 年 4 月,我们对截止到当时的资助机构所产生的资助效果进行了回顾,分析效果显著和不显著的机构间的差别是源于什么,并陆续开展了机构资助相关的对标学习①。在此基础上,团队建议将项目一分为三,分别独立开展,通过聚焦来提升各自的专业性和效率。建议在 2015 年 6 月的理事会上获得通过。拆分后有 3 个项目。

景行计划:延续对引领型机构的资助,聚焦定位为"从优秀到卓越,提升行业影响力",为有潜力产生大规模、系统性社会影响的公益机构提供长期资金、智力等深度的机构支持,协助它们更快地突破能力瓶颈,实现社会影响力提升,促进行业共同发展。

配比基金:针对支持型机构(如财务、IT 等方面的能力建设/咨询机构)设立"服务购买配比基金",以配比资助的方式支持公益机构自主选择和购买其所需的支持性服务。通过建立市场选择的机制,推动支持型机构良性发展,即后来推出的"服务援"计划。

行业战略性资助:催化对行业发展起到非常关键的作用但很难自然产生或很难通过收费实现持续发展的机构,以项目资助或机构资助等方式灵活加以支持。2016 年开展的"心动力"公益职业人联聘的项目是一个试点。

至此,景行计划实现了聚焦。聚焦后的景行,重新明确了资助的指导原则、工作流程、标准和经验,形成《景行计划工作手册》(2015 年 9 月第

---

① 对标内容为美国和欧洲的一般性运营资助(General Operating Support)和公益创投(Venture Philanthropy),对标的重点机构有 Grantmakers for Effective Organizations(GEO)、New Profit Investment 和 Inspiring Scotland。

1版)作为日常工作指引,本书的一大部分内容尤其是第四~七章也是在该手册的基础上发展的。

2016年,秘书处邀请北京师范大学社会发展与政策研究院的陶传进教授开展第三方评估。共评估了2016年以前资助的全部14家景行伙伴,包括其机构绩效发展以及与景行资助的关系,并结合行业环境的发展变化分析景行的整体绩效。评估指出:76.20%的景行伙伴实现"质变性效应"或"明显的发展促进",71.44%表示景行"资金独特而难以替代",71.50%的资助实施于"一个非常特定的关键时刻"。

表附1-1 景行资助评估报告相关数据摘取

等级	资金不可替代性		找准关键阶段	
	含义	占比	含义	占比
很低	有更多的资金来源	14.28%	不存在或没找准	7.10%
中等	少量的替代者	14.28%	缓慢/漫长的关键发展期	21.40%
很高	资金独特而难以替代	71.44%	一个非常特定的关键时刻	71.50%

评估还指出:景行整体高绩效的原因在于抓住了公益行业升级换代发展的关键期,并率先提供了开放性资助和引领性资助。但随着越来越多资助方的出现,这种黄金期正在消失。报告提出未来进行资助的另一个有效的战略选择是:"开发出一些优秀项目的专业化模式,专门为这些模式进行广泛筹款,让这些模式得以有效运作。其运作产出一是模式的不断成熟;二是模式提供越来越高产的、形成规模的社会服务或公共服务;三是该模式向领域内其他组织身上转移,让更多组织带上更高成分的专业性因素,这样一个具体定位就把景行未来的方向明晰下来。"

与此同时,南都公益基金会新一轮战略规划也从2015年下半年开始制订,上一轮战略是2010~2015年期间战略。2016年9月理事会上提交的战略规划,包含行业基础设施、规模化社会创新、思想领导力三大板块,经过理事充分讨论,认为以南都目前的资源和影响,可以围绕一个核心打造新战略,于是将好公益平台作为战略核心,其他模块的工作围绕该核心来开展。

自此景行升级为好公益平台,重点通过平台的方式而非对个体机构资助的方式来促进目标的实现。景行过去的积累成为好公益平台的起点,并已经过重新整合,直接用于好公益平台品牌创立机构的尽职调查和甄选。而景行计划过往围绕机构发展和组织能力的部分将孵化为一个社会企业

（墨德瑞特咨询）继续开展。南都基金会进入第二个五年规划。

反思与学习：资助计划

1. 目标不能太多，尤其避免因手段相同而将目标合并。景行最初的目标是机构资助，推动对机构发展的支持，支持的机构分为支持型和引领型，后来由于对这两类机构都采取机构资助的方式，便将三个目标合在一起成为景行计划，导致所支持的机构差别很大，很难形成统一的标准。后来在实操中又两次提出将支持型和引领型分开支持，造成了很多反复。

2. 由资助方引导，资助被资助方做其没有强烈内在动力的事情，成功的可能性极低。一定要找到自己要做的领导人和团队。

3. 通过新项目的创立促进机构转型和升级，会由于机构的调整而使项目效果不佳，也丧失对机构的作用。尤其当新项目与机构原有积累的核心优势的延续性不强时，风险更大。

反思和学习：高潜力被资助对象的特质

根据对景行实验案例的反思，结合在行业中的其他观察，对高潜力资助团队的特质总结如下。

1. 创始人/领导人最重要的，尽量具备以下特质。

√ 年龄在35～45岁，具备对要做的事情的激情（持续做）和探索精神；

√ 领导人既个人能力强，有战斗力，同时又能知人善用，吸引有能力甚至比自己强的人共同工作；

√ 有丰富的相关经验和社会阅历，甚至有跨领域的做事经验；

√ 喜欢钻研问题，有超强学习力和执行力；

√ 善于整合各种资源，有一定的人脉积累；

√ 如果创始团队是"老+中"搭配，且"中"有自己的专业积累、主张，那么会比"老+轻"更易实现机构的平稳更迭和持续发展。

2. 具有结构合理且发挥实质作用的理事会是持续发展的重要保障。

√ 理事会的成员能够持续带入发展思路和资源；

√ 机构领导人和团队重视理事会的意见，能够调动理事会的实质参与。

第二节 景行计划各主要阶段原始文件（部分）

一 2012年景行计划立项时的项目策略

为什么要推出景行计划？

行业资源的结构性变化	1. 政府大力推动社会管理创新，加强对民间组织的服务购买和吸纳 2. 商业及民间资源大量涌入，对民间组织的有效性提出高要求 3. 国际公益资源逐渐撤出，民间组织原本仰赖的"洋奶"资源萎缩
民间公益组织状况不佳	1. 专业服务水平低：不能提供有别于政府、企业的独特价值的服务 2. 机构运营水平低：难以持续发展
民间公益组织发展需求	1. 方向引领：开拓视野，提高对社会问题的敏感度，建立民间组织的价值体系和作用空间 2. 灵活的钱：打破项目资助的局限性，正视管理成本等客观需求促进机构可持续发展 3. 能力提升：不同类型的专业机构帮助加速公益组织的能力提升，促进行业内外部的互相支持和生态系统的形成

景行计划的解决策略是什么？

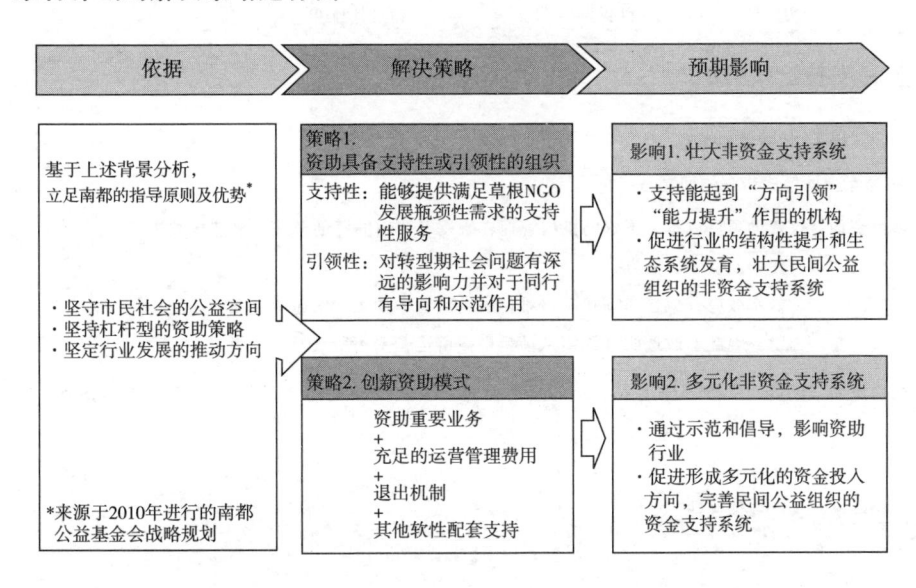

依据 → 解决策略 → 预期影响

依据

基于上述背景分析，立足南都的指导原则及优势*

· 坚守市民社会的公益空间
· 坚持杠杆型的资助策略
· 坚定行业发展的推动方向

*来源于2010年进行的南都公益基金会战略规划

策略1. 资助具备支持性或引领性的组织

支持性：能够提供满足草根NGO发展瓶颈性需求的支持性服务

引领性：对转型期社会问题有深远的影响力并对于同行有导向和示范作用

策略2. 创新资助模式

资助重要业务
+
充足的运营管理费用
+
退出机制
+
其他软性配套支持

影响1. 壮大非资金支持系统

· 支持能起到"方向引领""能力提升"作用的机构
· 促进行业的结构性提升和生态系统发育，壮大民间公益组织的非资金支持系统

影响2. 多元化非资金支持系统

· 通过示范和倡导，影响资助行业
· 促进形成多元化的资金投入方向，完善民间公益组织的资金支持系统

景行计划支持什么样的组织？

策略 1. 资助具备支持性或引领性的组织

▶ **组织特性**

首先，具备以下特性之一的民间组织都有可能成为资助对象

支持性： 领域性支持，如教育、劳工等
专业性支持，如财务、咨询等
行业性支持，如孵化器、信息平台等

引领性： 深层次解析社会问题，并提供系统性、结构性的解决方案
建立行业标准或示范
服务或管理模式、政策法规的创新、倡导和推广
发现被忽视或新的社会问题，引来社会关注或倡导政策出台

同一组织可能同时具备支持性和引领性，也可能仅具备其中之一，部分潜在组织举例如下：

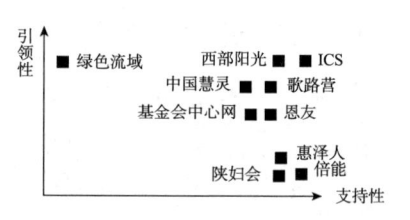

（图：引领性 / 支持性坐标图）
■ 绿色流域　　■ 西部阳光　　■ ICS
　　　　　　　■ 中国慧灵　　■ 歌路营
　　　　　　　■ 基金会中心网　■ 恩友
　　　　　　　　　　　　　　　■ 惠泽人
　　　　　　　■ 陕妇会　　　　■ 倍能

▶ **组织发展阶段**

其次，所资助组织基本处在组织自身已较为成熟、正向影响行业过渡的阶段

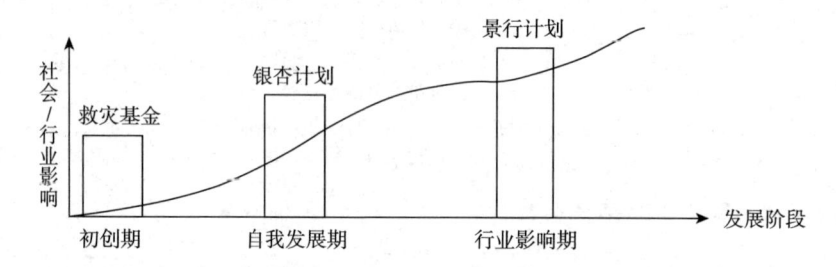

（图：社会／行业影响 vs 发展阶段）
救灾基金 —— 初创期
银杏计划 —— 自我发展期
景行计划 —— 行业影响期

怎样支持这些组织？

策略 2. 创新资助模式

▶ **通常资助模式带来的问题**

项目资助：仅资助项目成本，不资助机构管理、研发等费用的资助模式。易造成被资助民间组织
　　・使命屈从于资助方
　　・盐水效应：靠超负荷接项目维持机构运营，如喝盐水越喝越渴
　　・财务混乱不敢透明（因需从项目中截留运营费用所致）

机构资助：仅资助机构管理运营费用的资助模式。因缺少明确的衡量指标，易造成被资助民间组织
　　・业务僵化
　　・产生依赖性

> 景行计划的资助模式

资助重要业务 +	·具备前瞻性、行业标准、示范性的业务 ·机构转型期的关键业务探索及研发
充足的运营管理费用 +	·管理人员成本 ·机构管理提升及制度建设 ·员工学习成长 ·购买服务（如战略规划、评估、咨询等）
退出机制 +	·协助建立可持续资金渠道 ·影响力评估 ·财务透明建设
其他软性配套支持	·介绍资源－信息、行业认同

景行计划的成功指标有哪些？

· 在实施景行计划期间，将持续收集以下数据，以衡量景行计划的成绩与不足，作为进一步完善的基础和依据：

① **被资助机构的变化**
- 转型成功，如完成技术积累、完善业务结构
- 实现规模发展、影响到的合作伙伴增加、地域辐射更广、技术传播更深/广等
- 行业地位提高、作用增强
- 团队稳定&财务健康

② **被资助机构所在行业/领域的变化**
- 同领域机构的专业水平和技能得到提升
- 更多地域出现同类机构或得到提升
- 形成区域或领域内的联盟或合作
- 所在行业生态系统发生变化

③ **资助方的变化**
- 有更多基金会正视项目资助的弊端，合理接纳管理费
- 有资助机构采取类似的资助模式
- 引起行业舆论对资助模式的讨论和反馈

景行计划面临哪些挑战及如何应对？

- 景行计划针对的支持阶段、预期达到的资助效果，以及借鉴战略性投资探索社会投资的资助模式，决定了景行计划需要一定规模和水平的资金和人力投入。
- 但目前南都的实际资金和人力情况尚存在不小的差距。

挑战	应对
➤ 项目官员能力不足，重点体现在： · 对行业/领域的前瞻性 · 对机构潜力的判断力 · 外部资源整合能力 ➤ 由资助模式决定的，不易进行评估 ➤ 每年仅能投入300万元、1~1.5个项目人员	➤ 通过机制设计弥补项目官员能力不足，同时支持项目官员学习，体现在： · 邀请行业/领域专家提供意见 · 请理事会参与决策 · 建立项目官员的资源学习网络 ➤ 注重过程中机构整体变化的信息收集，尝试引入影响力评估的合作伙伴 ➤ 为被资助组织引荐其他资源，加强对资助同行的倡导

景行计划的项目发展曲线

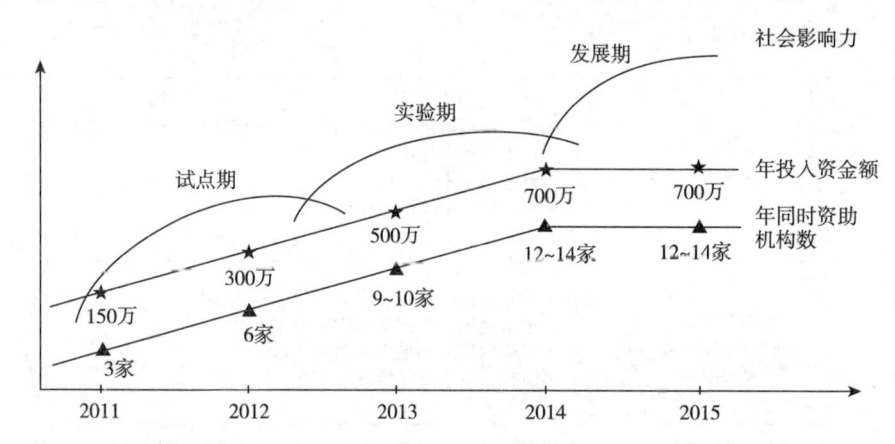

预期成果	· 完成项目概要及关键流程设计 · 尝试资助4~6家机构 · 引起行业对资助模式的讨论和反思	· 完成可持续机制、影响力评估、后续支持、资源对接等机制设计，形成景行的资源网络和品牌 · 80%的机构完成转型或规模扩张，成为行业领头羊，50%机构所在行业发生预期改变 · 资助行业初步建立机构管理成本意识，出现机构愿意为管理和提升成本买单	· 完善从选拔到支持到退出的整体设计 · 80%的机构持续发挥对行业的影响，初步形成了生态系统的关键点 · 有资助机构学习景行的资助理念、模式或者流程工具 · 业内形成健康资助的氛围

说明：
– 根据机构年预算稳定在2500万元进行测算，不包括景行开发前资助的机构（基金会中心网、乐平基金会、陕妇会、惠泽人，年资金额约300万，时间为2011~2013年，从2014年起，此笔资金可投入景行），如果机构总预算增长，可适当扩展规模
– 预计每年新增3家受资助机构，每家每年50万，持续资助3~5年
– 项目管理成本约为项目支出的10%

二 2015年聚焦后的定位——以机构资助助力社会影响力规模化

1. 背景及问题

社会问题广泛、严峻、多样，需要用创新的思路来解决，并将影响扩散到广泛的受影响人群，以实现真正的社会改变。公益机构是实现社会创新、解决社会问题、建设"人人怀有希望"的和谐社会的重要力量。近些年，公益事业在快速发展，涌现出了一批优秀的公益组织，已经探索出有效解决社会问题的服务/产品（解决方案），但是其影响与现有的社会问题和需求相比，相去甚远。这主要有以下几个原因。

首先，在意识上，公益行业普遍存在对创新的"执着"，重视不断研发解决问题的新方法、新项目，而对将创新推广并使其被更广泛采用的重视不足。

其次，在能力上，创新的推广扩散需要重点提升业务之外的能力，包括组织运营管理能力等。对此，公益机构普遍兴趣和能力不足。

最后，在资源投入上，很多资助方不愿意负担项目以外的诸如机构管理和运营发展等费用，更愿意将资金直接用在服务群体身上。[①]

这些原因互相影响，使得公益机构的发展陷入一种恶性循环。公益机构社会影响力小，导致社会对公益不了解、不信任，导致社会不愿意支持公益机构的发展成本，导致公益机构运营管理能力提升乏力，导致公益机构无法产生大的社会影响。这种恶性循环直接制约了公益机构和公益行业的发展，间接阻碍了公益机构创造更大的社会影响力和推动更大范围的社会改变。

2. 战略定位

聚焦后的景行计划的战略定位是"从优秀到卓越，提升行业影响力"（见图附1-2），借鉴战略性投资的理念，为有潜力产生大规模、系统性社会影响的公益机构提供长期资金、智力等深度的机构支持，协助它们更快地突破能力瓶颈，实现社会影响力提升，促进行业共同发展。同时，围绕"大规模社会影响的实现方式""机构能力瓶颈的突破方式"两个核心议题搭建资源网络，积累和引进国内外实践经验，支持相关研究和服务。同时，以此提高社会对公益的尊重和认可，进而为公益行业创造更具信任感和灵

---

① 主要观点引自 *Going to Scale: The Challenge of Replicating Social Programs*，http://ssir.org/articles/entry/going_to_scale。

活度的发展空间，也为行业树立榜样、创建标准、共享经验、培育人才。

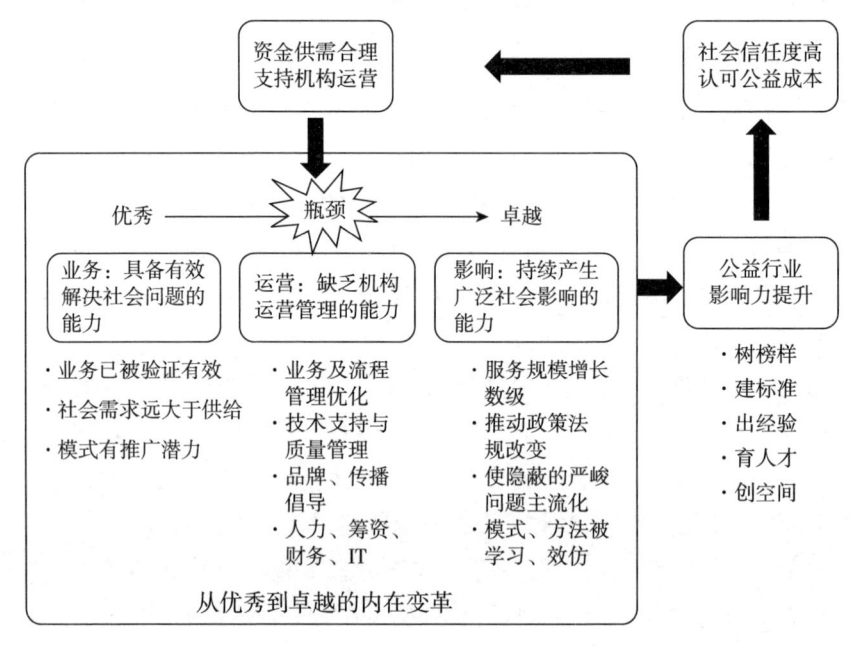

图附1-2 景行变革理论

三 2016年新机构战略下升级并入"好公益平台"

1. 定位

益次方——中国好公益平台（以下简称"中国好公益平台"）是由多家机构联合共建的中国第一个将优质公益产品与社会需求进行有效对接的平台，通过整合各界资源，加速公益项目产品化和公益产品规模化，高效、精准、大规模地解决社会问题。

2. 目标

中国好公益平台的目标是：①促进针对真实社会需求的公益产品的规模化；②提升民间公益组织的专业化水平，促进其可持续发展；③夯实公益信任体系，成为公众寻找可信赖公益产品的窗口；④成为民间公益与政府互补合作、共同解决社会问题的资源平台。

3. 功能

中国好公益平台有以下三个功能模块：①遴选及品牌认证模块，包括遴选优质公益产品及发牌认证，记录规模化的成功案例和信誉评价，对规模化表现优异者给予奖励等；②展示推广模块，包括线上展示平台、全国各地路演、年度发布会，搭建渠道联系各地伙伴，促成合作业务合作和资源对接等；③加速模块，包括开展公益项目产品化和公益产品规模化相关的培训、一对一专业服务、定制化的资金支持等。

4. 南都公益基金会的角色

作为中国好公益平台的倡议发起者和联合共建机构，南都公益基金会负责：①召集利益相关方共同搭建中国好公益平台；②牵头组织实施中国好公益平台的遴选及品牌认证、展示推广、加速三大功能模块；③牵头实施中国好公益平台的品牌传播；④投入资金和人力支持中国好公益平台的运作和发展。

第三节 关于"资助计划"如何设计和演进的启示

现在有越来越多的基金会在采用专门的"资助计划"方式来开展资助。其实"资助计划"就属于基金会的项目，其好处是具有品牌价值，包括可以更清晰地传递资助计划的定位、目标、范围，便于其划定某些范围实现聚焦，同时也容易产生品牌，易于传播和积累影响。在设计资助计划时就如民间公益组织在设计公益项目一样，也可以依据资助者考核被资助者的标准来衡量一下自己，既植根于基金会的价值观和核心优势，又紧扣外部需求，确定资助计划的核心价值。在进行资助计划的设计和演进中需要掌握几点平衡，那就是实践与研究的平衡、资助计划与机构战略的平衡、人的成长与机构成长的平衡。

一 实践与研究的平衡

前期系统调研对于设计项目是非常必要的。但景行四个月的调研下来，有了方向、理论、路径，却还是找不到怎么做这种资助的感觉，这时我们可以选择继续去调研那些未知或不能笃定的部分，但最终还是选择了先着手做起来，于是支持了第一批四家机构。一些景行机构不一定完全像景行现在阐述的这样，那是因为他们是跟景行相伴而生的，或者说他们帮助了景行的形成。三年来我们做了不少反思和调整，回看当时的项目历程，有很多地方是有问题的，也面临很多质疑和压力。但是很多事情不跳下来做，是不知道会发生什么的，而且就是要在某些限定条件下来开展的。正是这个真实投入实践又不断研究反思的过程塑造了今天的景行,而未来可能还会不停有变化,并且要不断地反思。基金会的资助都是尝试,因此尝试都是有价值的,失败和成功的经验都有用,类似景行。我们资助的机构确实不多,但是通过实践进行总结,知识和洞见的分享也是产生一种价值的方式。

二 资助计划与机构战略的平衡

任何项目的策略都是与机构使命和战略紧密结合的,不同项目间相互配合才能更好地配置资源,实现机构的整体目标。单个项目的完美不一定是最好的,而要整体组合起来是完美的、和谐的。比如,2011年项目前期调研时,我们对受资助机构的发展阶段并没有特别限定,包括初创期的支持型机构都在范围之内。实践中发现,不同发展期的机构需求不同,选择的标准也不同,同时开展对项目人员挑战很大。此外,2012年,南都进行了对整体战略布局的讨论,希望将"南都"的几个项目进行战略配合与衔接,各有专攻,又从整体实现支持民间公益的使命。将救灾项目服务对象定位在初创期的机构,银杏计划定位在正在跨越初创期进入发展期的机构,而景行计划定位在已经建立起模式、需要产生更大规模影响的机构。所以在南都是有战略布局的。同时如果一家基金会有多个资助计划也要考虑不同资助计划在人力资源和资金资源上的投入优先级,并根据投入做出合理的成果预期。

三 人的成长与机构成长的平衡

当前大家普遍关注资助型项目的运作方法,想着如何开发精确有效的流程、工具、指标。然而对于资助型项目,以至于资助型基金会,最重要的资源是运作项目的人,即每位实践中的资助者。因此,在资助项目实施中,应充分注重人的成长,让个人的经验和反思成为项目和机构可以不断传承的财富,同时每个人能够在项目和机构中不断学习成长。

同时,公益行业的发展日新月异,景行计划从调研、立项至2016年仅仅五年左右时间,却感觉跨越了两个时代,因此,资助计划还要具有变通的机制和能力,根据外部环境的发展变化以及自身对社会问题理解的加深、积累,不断进行优化调整,发挥好自己的有原则的变通力。

附录二 关于景行计划的第三方评估报告

北京师范大学社会发展与公共政策学院

社会公益服务中心

2016年由北京师范大学社发学院陶传进老师进行的景行计划的第三方评估,构建了机构评估的指标和方法,通过对景行伙伴的绩效评估衡量景行这类资助的价值、经验、存在的挑战和未来发展方向。这里既可以学习一种机构资助的评估方法,也可以从第三方视角看看机构资助在未来的可能性。由于评估在2016年实施,当年资助的4家机构未列入报告,共评估了2012~2015年资助的全部14家景行伙伴。报告原文如下。

景行项目评估报告

一 评估概况

(一)评估背景

由南都基金会出资运作的景行计划已经实施四年有余,总投资2000余万元,共完成对于14家处于引领者位置或具有支持型功能的社会组织的资助计划。

这是一个试图在社会公益领域里发挥关键性撬动作用的资助项目,项目的定位处于领域里的制高点位置,对于进行专业化、系统化评估的需求已经显示出来。

不仅如此,这样的评估对于南都基金会本身的战略重心调整也具有特定的指导意义。原因在于,随着整个社会向着社会治理思路的转变,以及在公益组织经历了第一阶段的粗放式发展之后,对于公益组织专业能力的需求上升到越来越重要的位置上。通过本次评估，可以看到在公益领域的引领者位置上，资金与专业性的支持该是一种怎样的面貌，应该执行怎样的操作。从而，通过本次评估可以把握当下公益组织的发展，让同样的资助资金更有效地发挥社会作用。

（二）评估目的

第一，对于领域里的引领性项目做一个有深度的剖析，揭示其性质、运作模式与社会效果。

第二，在评估中加入研究的性质，从而将这样一个运作四年的公益项目作为一个"社会实验"来看待，通过专业的资料收集与分析，揭示出其中所蕴含的领域发展性道理，并提供给整个公益领域分享。

第三，给资助人、决策者一个关于资助效果的交代。

第四，促使资助方对于项目本身形成一个深度认识，使后续改进工作有所依据。

（三）评估方法

1. 评估的方法论问题

评估的核心内容是景行资助的公益绩效。但绩效的测量有几种不同的方法。理论上，至少可以有以下几种测量绩效的方法。

第一种，将每一家组织在接受资助之后所产生的社会效果全部测量出来。这样的思路是不可行的，因为这样做的话，每一家机构的效果测量都将构成一个单独的话题；而且其结果到底如何，恐怕数据本身也很难阐述清楚，最终结果只能是看着数据堆积出来，但其实却并不清楚它代表着什么。

第二种，将组织在接受资助前与接受资助后的组织数据做一番对比，看一下其间多出了什么。这种测量能说明一些问题，但很多组织真正发生变化的是质，而不是或不只是量；即使从量的角度来看，也很难分出这种变化在什么程度上来自景行的资助，缺乏控制其他影响因素的手段。

第三种，让组织自我陈述对于景行资助是否满意。显然，类似的问题不管询问多少，都逃脱不了"太浅"的层次。

第四种，评估方为每一家组织打出一个纯粹主观判断的绩效分数，甚至划分为几个特定的方面来打分。如果这样做的话，评估便会既失去了客观性，又找不到其中的技术含量。

第五种，对每一家组织都进行一次深度的访谈，访谈都是有结构的，它沿特定的方向进入，循着特定的脉络展开，最终获得一整套的组织运作事实。这些事实是可以"说话"的，通过专业化的分析，就可以看出每个组织身上发生的变化是什么，能力的提升在哪里，该如何评价这份能力提升，等等。结果，对于每一家组织，关于它的绩效是什么、它位于什么方面都有一个专门的报告。从报告中可以找到绩效内容的事实证据与理论证据。正是每家组织这样一个单独的子报告可以体现出评估方的专业性来。

第五种方法就是我们这里使用的评估方法。

2. 需要以特定的理论为背景

在评估过程中涉及不同的公益运作领域，比如助残、环境保护、教育，在每一个领域，评估方都力图使自己拥有对整个领域发展脉络的把控，并拥有关于公益组织和公益项目的专业知识，通过这两个方面来挖掘组织运作的事实，对其进行初步加工，对其运作模式进行总结，然后确认项目资助款项的使用效果。

这就需要有一个自己的专业性依据，而在14家组织的子报告中，则可以看到其中专业性的体现。

3. 事实收集方法

（1）主要采用访谈法、文献资料收集法、专家分析法。

（2）访谈对象包括：受资助组织的负责人、组织的理事、特定的实习生，以及和组织发展相关的其他利益相关者、同行的竞争者与合作者等；还包括项目运作方相关人士。

访谈的目的是有效把控组织的整体状况，而并不要求对利益相关者进行全方位的访谈。

当涉及一些模糊、冲突的地方之时，我们会从不同侧面获得信息，加以对照然后做出综合判断。我们也会对同行组织、特定的参与人等相关的利益群体进行访谈，最终准确地把握事实。

（3）我们从项目运作方与资助对象两个方面，收集相关的档案文件资料与访谈资料。

（4）对所有的资料进行专业化的分析。

（四）主要评估结论

景行项目的资助定位独具特色，体现出了很强的资助个性。

这种个性化的选择使得景行计划资金实现了特殊的社会效果，在本次评估中这被称为"价值型资助"。

价值型资助的含义是：通过将自己的资金搭载到一份有着更高社会价值产出的载体上，最终实现了有更高价值的社会效果。

价值资助的两个条件分别是：第一，它所资助的对象需要拥有将资金转化为特殊社会效果的能力；第二，受助机构在特定的方面呈现资金稀缺的局面。

关于第一个条件：景行的最初定位就选择在这里，其中，领域里引领型和支持型的组织是其选择资助对象的基本条件。这样的机构通常可以将资金转化为一些更关键的社会效果。但如果仅仅满足这一个条件，未必能够实现独特的社会价值——有些时候，由于这些机构的独特身份，他们有可能会有更多的资金筹集渠道，因而并不缺乏资金的支持，这时，搭载上来的资助资金，其边际社会效益就会出现快速递减的情形，再行资助所实现的社会效果其实并不高，于是还需要第二个条件。

关于第二个条件：它说的是，好的机构仍然会缺少资助方，只有这样才能实现价值型资助。这一条件在当下时代越来越难以理解：既然组织优秀，既然项目具有更高的产出效率与效益，就不会缺乏支持。但是在一个特殊的公益领域发展阶段，这种情况却是出现过的。曾经有一个阶段，越是致力于基础性慈善工作的组织与项目越容易筹到款项，而那些试图进入领域或行业发展引领位置的机构，却缺少人们的关注。此外，组织进行社会服务时相对并不缺少资金支持，但是在组织的发展方面却缺少资金的支持。

上述两点使得景行计划抓住了领域里的资金紧缺地带，产生了某种社会效果的撬动作用，并且因此提供这样一份价值型资助。

与此同时，景行计划的资助还体现出了引领性和开放性的特点，前者是指它在领域内对于专业性和行业生态的引领作用；后者则是指它的资助更加开放，从而可以将资金用到组织最紧缺的方面。

二　绩效评估

（一）几个典型案例简介

我们首先从景行资助的组织案例入手，以便看出景行计划的社会效果。以下四个案例分别代表着四个不同的社会效果类型，它们是：第一，组织规模的扩张；第二，组织运作模式的升级换代；第三，组织运作模式的总结与领域推广；第四，组织边完善模式边进行社会服务。

1. 爱有戏：组织规模的扩张

爱有戏在 2013 年开始接受景行资助的时候，当年公益收入总额是 300 万元左右，还包括雅安地震救灾项目的款项。而到了 2015 年，全年的公益资金收入则达到了 1200 余万元（其中约四分之三是政府购买服务的资金），整个领域出现了急速膨胀的发展态势。其中景行资助的资金起到了关键性的撬动作用。

在爱有戏的组织发展中，最大的发展瓶颈就是组织的行政办公费用。在景行项目资助之前，爱有戏已经形成了一套自己的经验式的项目运作模式，它可以有效地解决社会问题。因而包括政府购买服务在内的许多资金渠道就愿意进入机构的支持行列，以此实现特定的公共服务效果。但在这些项目资金中，通常不包含或包含很低比重的组织运营成本，致使组织长期"带电作业"。景行的非限定性资金支持解决了其中的燃眉之急，从而最终促使组织快速膨胀。到了 2016 年，爱有戏已经形成了可观的规模，接下来的突破是对其项目运作能力的总结拔高和向领域里的推广作用，目前其他基金会的资助正在朝向这一目标努力。

2. 绿色潇湘：组织运作模式的升级换代

与爱有戏不同，绿色潇湘是在组织运作模式上的一次更新换代。这家组织接受景行资助也只有半年有余的时间，但是正是在这一时间点上他们实现了一个突破。

此前，组织的运作模式带有原始式环保公益组织的特点，组织的整体格局为一个核心加外围数百个志愿者，这样的模式在公众动员上颇具声势，但缺乏可持续性的保障，存在着各种运作风险甚至生存风险。

景行资金的进入让他们敢于去尝试创新性的探索，并且最终探索出一套有效的新型模式。这套新模式就是，把原来的外围环保志愿者朝向组织核心的服务与凝聚，转变成组织的核心层对于外围层的支持和服务，因而外围层在第一时间转化为无数个微型的自我生长点。于是，每一个积极从事环保的个人或小团队都可以成为绿色潇湘平台上的一个"微型组织"，绿色潇湘为这些微型组织提供一整套的服务，包括品牌使用、技能培训甚至微型资金支持等。

在这样一种新模式下，外围的无数新的原点被激活，成为一个微型环保组织的生长场所。至今为止，外围层中已经有 3 家组织产生出来，并正式登记注册；还有 10 家左右的微型组织已经具有了组织的初步形态，只是还没有登记注册而已；更多的生长点成为在原地生长的新型环保力量的源头。新型的模式促使组织的核心和外围相互促进、相互帮助，最终的均衡模式是更多的组织被孵化出来，而这些孵化的组织又都回过头来维护组织核心层的品牌利益。进而，组织的风险大大降低，组织的成长和扩张能力大大提高，可持续性地实现了一个质的方面的突破。

3. 慧灵：组织运作模式的总结与领域推广

这是一家为心智障碍孩子提供服务的机构，有着 20 多年的悠久历史，处于领域发展的前沿位置。

在慧灵成立之初的大约 10 年的时间里，组织的价值理念得到不断的灌输与发展，其中特殊的信仰以及随后接触到的社工服务技术，是输入组织的两项最重要的内容。在这一理念的引领下，组织注重对孩子的尊严和人性的关注，产生了"父母未必满意但孩子一定满意"的社会效果。

接下来，在第二个大约 10 年的发展历程中，慧灵则在服务手法上不断创新，在不同的服务场景下都探索出了一套有效的服务模式。这一阶段的主要特点可以称为创造性的服务。

经过了上述两个阶段之后，当下需要进行的是对其整个服务模式的总结和提升，而景行的资金支持恰好是做这样一份工作，通过总结提升然后将所产生的成果推向整个领域。在整个景行支持过程中，慧灵把自己此前长久年份里所从事的服务工作的模式进行了全盘的梳理，对不同的慧灵分部的服务模式进行汇总，最终产生了 6 本标准服务手册。整个服务手册的形成过程既是他们对此前所有的经验式服务模式的总结，又是他们对于服务模式的认识上的一次提升。最终的产出是对于一个有着长久服务历史并沿着一个正确方向运作的服务机构的服务模式的拔高式提炼，之后，这样一套服务模式又向慧灵的新成立机构以及领域里的"非慧灵"机构进行了推广。

在慧灵这里，看到的是组织的发展模式又向前延伸了一个阶段。由最初的爱有戏的组织规模的扩张，到绿色潇湘的组织运作模式的更新换代，再到这里组织运作模式的总结提炼和向领域里的推广，形成了一个依次向前递进的形式。

4. 自然大学：组织边完善模式边进行社会服务

这个案例将景行资金的使用模式又提升了一个层次，即边发展边服务，在服务提供中获得组织的发展。

自然大学的情况是，他们此前已经形成了一套较为成熟的模式，成为三种环保社会组织行动方式中的一类。三种方式分别是抗争、博弈和合作。

自然大学的环境保护工作非常类似于博弈，博弈有自己独特的行动模式。博弈的方式会在抗争和合作之外有一份额外的社会效果叠加值，有一份超出其他方式之外的新增效果。像自然大学这样一种异地博弈，比环保组织在其组织所在地进行博弈，又有一份额外的叠加值，这样我们就会看到景行资金在该组织上的投入，会实现一份有额外效益的社会效果。

需要加以注明的是，时下以博弈的方式从事环保的组织数量很少，尤其是异地博弈的更少，并且，自然大学已经可以从一个独特的视角上被认为是领域里的引领型组织。

（二）资助绩效表达

我们用一种特定的技巧来表达景行资助的社会绩效。

1. 绩效指标

绩效指标确定为四个方面，分别是：

第一，组织规模的发展，是指受助组织沿着健康方向发展自己的服务规模；

第二，组织的服务能力，包括项目运作模式的总结整理，服务模式的创造性产生，服务模式的更新换代；

第三，组织服务模式的推广，让领域获得学习的机会；

第四，纯粹的服务提供数量，即利用自己的特长为整个公共服务提供一份贡献。

衡量绩效使用一种特殊的方法，针对景行这样一种项目无法用受益人、培训次数、是否满意这样一些简单的量化指标来衡量，而必须有一种洞察深度的情况，尤其是它的效果在某种意义上具有一种深层次的组织发展的促进作用，我们就需要把这份作用呈现出来。

2. 绩效的赋值方法

在四个绩效指标方面，每一个方面都用四个等级的方式来表达最终绩效的结果。

第一，组织中规中矩地将钱使用完，资金促使组织在它应有的方向上进行了发展上的努力、能力上的探索和服务上的提供。"中规中矩"是其核心特色。

第二，组织借助于资金支持，在自身的规模、项目模式的形成与总结、领域内的能力推广以及服务提供等方面，产生了快速发展作用，资金的使用在这样一个特殊的地带里，展示出了独特的作用。

第三，组织将这笔资金运用到了自己发展的关键期，并因此而使组织获得了质变性的提升；或者向周围的社会领域提供了一个上台阶式的模式推广。

如果组织最终还不足以进入这三个台阶上，那么还要建构一个最低层次即表附2-1中的Ⅰ层级：在这里，组织的资金使用并不理想，没有实现既定目标；或者由于外因或由于当时项目设计方向的问题，当然如果涉及严重的财务问题或信用问题我们也会在此明确呈现出来。

表附2-1　景行资助项目公益绩效衡量标准

绩效层级	内涵	描述
Ⅳ	质变性效应	资金促使组织升级换代
Ⅲ	明显的发展促进	资金在关键位置上得到了有效的使用
Ⅱ	一般运作	中规中矩
Ⅰ	不及格或存在问题	无法达成目标，或存在明显的问题

这样一种表达方式是本评估中所特有的，其目的是适应景行资助的特点，即14家机构各自有不同的运作领域，各自有不同的结果衡量方式。

我们只对景行资助的一级效果负责，也就是在这个组织上所实现的社会效果，而不关注组织借助于景行项目而实现的二级效果的测量，如服务了多少人、服务了哪些方面、服务的质与量各自如何。

这样一种四等级测量的另外一个特点是，从Ⅰ到Ⅳ每上升一个台阶都具有一种质变性的变化，因而其衡量的绩效跨幅巨大。这样一种情形本身也是适应景行资助的特点而设定的，因为景行计划追求的是一种质变性的社会效果，它的最高点将具有某种卓越性的特点，但其最低点仍然是基准面上的。

最终，每个组织都在四个等级上获取了自己的取值，有的组织在两个不同的方面都有取值，这是因为它们的效果不局限于一个方面。

每个组织绩效结果确认，来自对该组织的一个单独的绩效分析体系。

3. 绩效的图示化表达

按照这样一种操作方式，我们最终得出了14家机构的绩效分布图，请见图附 2-1。为了尊重参评机构，每家组织使用代号的方式来加以表达。

图附 2-1 清晰明了地表现了 14 家机构在其所实现绩效轨道上的整体分布状况，其中纵向分为 4 个颜色的格子，它们分别表示组织发展、模式升级、行业推广和服务提供，而纵向则是 4 个依次递进的层级。

对此绩效分布图还需要加以解读：通常的公益资助所实现的社会效果，其最优值通常就是第三层级；第四层级则已经表达了一种超出人们预想的升级换代式的发展状态，这里已经不再是简单的优秀而是可以更形象地表现为优秀$^{+}$的一种存在状态。

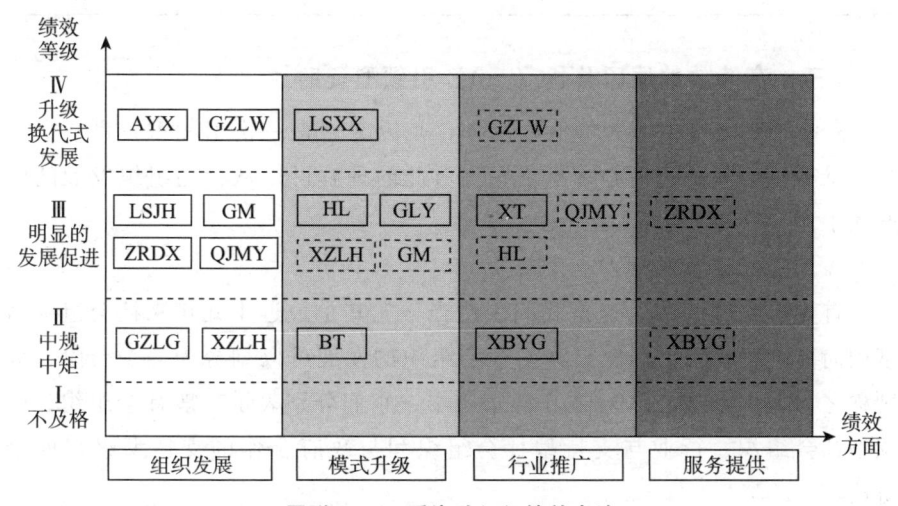

图附 2-1 受资助组织绩效表达

图附 2-1 的情形表明，景行资助至少在所评估的年份里已经起到巨大的社会作用，其部分效果是质变性的，给人以一种超预期的感觉，这就是价值型资助的独特表现。

4. 景行资助的不可替代性

在第一部分中我们说过，价值型资助需要满足两个条件：一是要将资助资金搭载在一个更卓越的组织之上；二是需要保证这份资助具有不可替代性的特点，也就是在此之外很少有别人的资金进入，而正是这样一个独特点使得景行项目具有一种不可替代的特征。

表附 2-2 表明景行对于 14 家机构资助的不可替代性。可以看出，景行项目在选择资助方的时候已经实现了四分之三左右组织具有很高的不可替代的特点，也就是说这份资助是唯一的；中等的和很低的情形共占约 30%。

顺便需要说明的是，这种不可替代的资金来源，尤其是针对卓越组织的这样一份不可替代性支持，在未来将越来越难以见到，因为更多的资助机构产生出来，而卓越的组织也越来越以优秀的面目出现在世人的面前。

表附2-2 景行资助资金的不可替代性情况

资金不可替代性		机构数（家）	占比（%）
等级	含义		
很低	有更多的资金来源	2	14.28
中等	少量的替代者	2	14.28
很高	资金独特而难以替代	10	71.44

（三）高绩效的原因分析（一）：引领型资助

景行计划之所以成为价值型资助，是因为它是一份引领型资助；引领性是景行计划资助的核心特点之一。对此的理解可以从社会组织发展的阶段入手。

1. 社会组织发展的四个阶段

首先看图附2-2，这是我们表达当下尤其是最近十几年来社会组织由基础向高端发展的格局图。其中社会组织的发展可以划分为四个台阶，分别称之为1.0、2.0、3.0、4.0四个版本，它们分别表示一般社会组织、引领型社会组织、行业与支持型社会组织和与政府合作的支持型组织四个阶段。

```
4.0版    与政购合作的支持型组织
           ↑
3.0版    行业与支持型社会组织
           ↑
2.0版    引领型社会组织
           ↑
1.0版    一般社会组织
```

图附2-2 社会组织由基础向高端发展格局

第一阶段，社会组织创造性地产生出来，现代社会组织的组织形态开始具备。

第二阶段，专业性被强调，社会组织解决问题的能力成为关键，社会治理也成了其中的核心词汇。

第三阶段，整个行业被看成一个完整的生态，除了直接提供服务的组织之外，一些行业性组织、领域支持性组织也得到发展。

第四阶段，社会组织与政府的合作成为热点领域，尤其是政府购买社会组织服务的过程，促使社会组织的发展开始与政府自上而下的体制转型对接起来，对于社会组织的各方面的要求又有进一步的提升。

以上每一次向上的递进发展，都是社会组织的质变式前行。

2. 社会组织快速发展中遇到的问题

在这个四阶段发展模式中，出现的一个问题是：领域里从下往上发展的需求超前于实际发展速度，实际发展的速度又超前于社会资源向相应部位的递送进程，最终导致领域向上发展的需求高但是相应的组织少，而相应的资源供应更加稀缺。

在特定的历史阶段里，引领性资助相对缺失的原因除了资源总量局限之外，还有以下两条原因。

第一，我们面对新型的社会第三部门，通常会把它的核心要点看成善，而不是看成治理和整个国家治理方式的变革，不是自下而上的奠基和政府职能的转型，于是我们就会忽视向上发展、进行体制性变革的那份力量。

第二，我们通常也会用"善"来取代专业，我们不认为这是一件专业的事情，而认为是人们善心的发挥，最终我们是靠"善"这个标志性的特征来吸引社会捐赠、吸引社会美誉度和媒体关注度的。于是，超越于其之外那些更精髓、更深层次的东西就很少能够进入人们的视野，人们更愿意认为那是国家治理上的事情，而并不是自己需要参与其中进行努力的事情。

3. 引领型资助的价值选择产生

这就产生了一个资助策略上的选择：领域引领型资助 vs. 一般公益服务性资助。前者致力于纵向序列中的向上提升；后者则更注重整个公益领域里的所有组织提供的公益服务，尤其是公益服务的量。

这表明有两个方向可以促使公益服务的发育：其一促使整个公益服务在全社会中所占的比例增加，社会公众借此而获得满足程度的增加；其二则注重领域的整体发展，尤其是关注那些能够处于引领位置或支持位置组织的发展。

在这一背景下，景行项目恰好瞄准了这一资源稀缺的空白地带，将自己的资助确定为一种引领型资助，即引领整个社会组织发展沿着纵轴自下向上生长。

于是，产生了这样一种发展原则：在领域内服务组织能力参差不齐和整体水平低下的背景下，我们要把资源集中投入那些少数的、更具有能力特长的组织身上。尽管它可能会带有领域发展的不平衡性，但正是这样一种格局，才会使领域获得最高的活力和最快的发展速度。

这样一种定位最终导致了价值型资助的出现并实现了其独特的社会效果。

4. 引领型资助的重要意义

有三个角度可以看到这种资助的重要意义。

（1）领域发展速度的要求

改革开放的特定时期开启了现代社会组织的独特发育，这个领域的发育遭遇如此巨大的挑战，不管是组织的发生、发展还是服务能力的提升都是如此，这是一种会遭受排异反应的情形，因而对于组织本身发展的支持就显得格外重要。

这样一种新的发展是如此的快速，从第一阶段到第四阶段所用时间之短令人惊叹。

关键是这样一种速度是必需的，它能够在短时间内让人们看到一类新型的组成部分是有希望的，是有胜任能力的，这才能够让乐观的情绪占据足够的比例；也只有这样才能让政府的公共财政资金与职能转入进来。

引领型社会组织与引领型资助就具有了特定的意义：不管社会组织数量的多少，但至少有一部分哪怕是不高的比例的组织给我们带来了信心以及未来整个领域发展的希望。

（2）领域体系化完善的要求

新形成的社会组织领域"麻雀虽小"但"五脏俱全"，健全的体系能保证它自身有一个完整的功能体系，从而为自己的可持续性生存扎下了根系，而不至于随时会受制于社会的其他力量。

第三、第四层级在这里的作用被确认。

从这一角度讲，一种引领型资助具有独特的意义。

景行计划所在的南都基金会在其成立的数年时间里所完成的那些其他资助性的事件，同样也能表明它如此这般的定位以及它对于领域组成部分弥补所具有的独特作用。

(3) 组织自身的需求

从访谈中看到，14 家景行机构在接受资助的时间段里，对于组织自身的发展的愿望极度强烈。其中发展的意愿是指组织要提升自己，即在图附 2-2 的四阶段序列中，向上发展的意愿。14 家机构中，有 12 家都表现为"意愿强烈"，此外一家因香港"占中"问题而产生转折，另一家已经发展到了自己的相对成熟期。

实际上，资源的进入马上就会转化为被组织吸收的能量，从而让组织快速壮大起来。

（四）高绩效的原因分析（二）：开放型资助

这是第二个判断维度，它要说的是，景行项目之所以成为价值型资助，其另一个原因在于它是一个开放型资助，即对于组织综合发展的非限定性资助。

1. 图示化表达

图附 2-3 表明景行计划支持的另外一个特点，即开放性。开放性是指资金支持更愿意定位到图附 2-3 中左端的那些需求方面，尤其是一般化的非限定性支持。这样一个定位使得景行计划具有了最重要的独特性，并且让其价值型资助的那一份独特效果最终产生出来。

| 非限定性支持 | ← | 组织发展型支持 | ← | 技术提升型支持 | ← | 行业推广型支持 | ← | 实际提供服务支持 |

图附 2-3　2.0 版社会组织需求谱系

图附 2-3 中表示出一个从左到右的序列，它意味着一个组织不同的发展需求方面。从左到右依次为：①非限定性支持；②组织发展型支持（类似于人员、办公经费等）；③技术提升型支持，包括项目能力增长、项目模式研发等；④行业推广型支持；⑤实际提供服务支持。

2. 资助的定位问题被又一次提出

在图附 2-3 中，很显然的是，从左到右，项目越来越成熟，组织提供服务的社会效果会越来越大。这就是人们一般更愿意选择右端进行资助的原因所在。

但是，对于组织自身来说，左端的需求却是更为强烈，于是产生了第二个资助策略上的选择：更靠近右端的资助 vs. 更靠近左端的资助。

（1）人们通常更愿意资助那些更右端的活动内容

越往左端越是难以获得有效资助，原因包含但不局限于以下两条。

第一，资助组织的使命确定问题，通常我们更愿意让自己的资金起到特定的服务效果，看到它在社会慈善、社会温暖、直接解决社会问题等方面发挥作用，而不愿意看到它的相对模糊的不明确的作用。

第二，在人们的通常思维中会看到，如果进行人员与机构资助甚至非限定性资助，会导致人们的两个担心：①是否会产生资金"抽逃"（没有真正用于公益目的）现象？②是否会产生养懒现象？

（2）组织自身更需要位居左端的资助内容

从右往左一个组织的需求强度越来越强，这与人们的资助意愿通常呈反向的关系。

一个矛盾出现了：我们是依据自己认为重要的方向进行资助，还是依据组织本身认为重要的方向进行资助？

这种越靠近左端需求越迫切的情形，来自中国公益领域当前的发展状态。

第一，从项目能力上看，这些公益组织哪怕是引领型的公益组织，其运作历史也并不很长，其起点处通常并没有一套成熟的运作模式。尽管其中少数组织有来自国际的视野、经验或技术手法，但即使如此也需要在中国的土壤上进行适应；更多的组织纯粹是依靠自己的探索而成长的。

第二，在这些组织的运作过程中，运作的经费通常是项目经费，人员经费的比重偏低，进行研究与自我总结的经费就更少了。

第三，只有那些拥有自身非限定性资金的组织（通常是少数有资助色彩的运作型基金会），才能够腾出手把资金用于自身项目模式的总结、发展和完善；但这并不等于说其能够解决自己的人力资源成本问题。

组织对于非限定性资金的需求强烈程度（相对于定向于服务的支持资金）如下。

很低或无：1/14。

有一些： 5/14。

很高： 8/14。其中至少 4 家组织表现出了对于非限定性支持的极其强烈的需求。

景行资金支持的使用情况如下。

非限定或组织发展：8/14。

模式升级： 4/14。

行业推广： 2/14。

服务提供： n/14（n 是指多数机构都在这里有附带的效果）。

3. 开放型资助是一种要求更高的资助

开放性评估对资助方能力有特殊要求。

（1）开放型资助对信任的更高要求

开放型资助在相当程度上基于一种信任，这个时候资助方实际上被定义了一种特殊的性质，这种性质在现实中并不常见，但它却独具特色，对此可以这样来表达（这也正是受资助方视野下的一种观点）。

（2）找准目标组织是至关重要的

有一批组织在领域中不仅位于引领者的位置，而且处于一种快速发展的阶段，在其发展过程中极缺一些开放性的资源，如果这些资源能够获得，其首选一定是去追求自身的发展，这对当事人来说会获得更高的自身利益。当然并不是说他们更高尚，而是说在此前的数年的努力中已经证明他们把组织目标的发展当成自己的不懈投入的一份事业来做。资源投入后最重要的目标就是使这种"箭在弦上"般的需求进入被满足的轨道。

（3）要找准组织的特定发展阶段

这种资助类型不仅要找准对应类型的组织，还要找准其特定的发展阶段。资助时间点要恰到好处，而组织的发展通常存在着一些关键性的节点，它们可以是组织运作模式升级换代的关键期，也可以是组织扩张的关键期。找准这样的点，资助会更有效。

眼下公益行业规模越来越大，引领型的、枢纽型的组织也越来越多，泛泛地一概加以资助将导致资助效率的直线下降，实际上很多组织在接受资助的时间点上都有一种关键的位置，很多组织对此有过表述。

能否找准这个关键时间点是资助效果从第二等级到第四等级区别的关键所在。

表附 2-3 受资助方的发展关键点瞄准状况

找准关键阶段	机构数	占比
不存在或没找准	1	7.1%
缓慢的（漫长的）关键发展期	3	21.4%
一个非常特定的关键时刻	10	71.5%

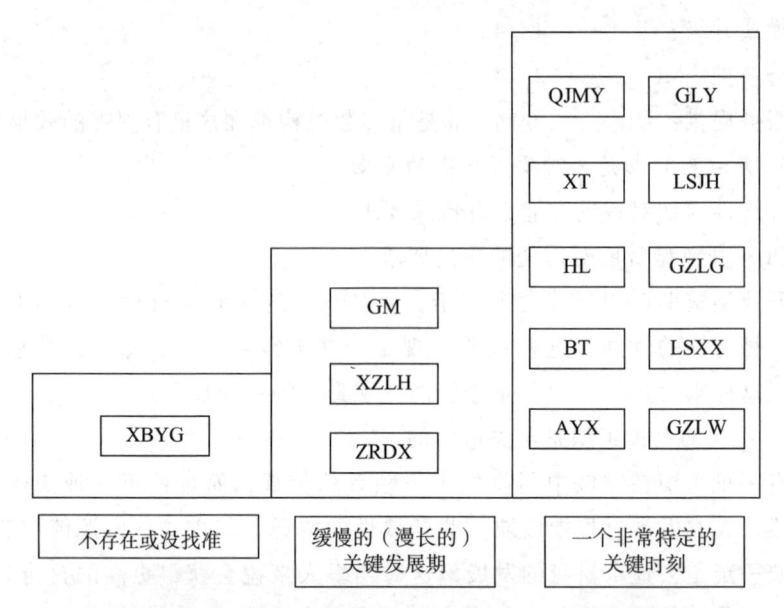

```
                                    ┌─────────┬─────────┐
                                    │  QJMY   │   GLY   │
                                    ├─────────┼─────────┤
                                    │   XT    │  LSJH   │
                                    ├─────────┼─────────┤
                          ┌─────────┤   HL    │  GZLG   │
                          │   GM    ├─────────┼─────────┤
                          ├─────────┤   BT    │  LSXX   │
                          │  XZLH   ├─────────┼─────────┤
              ┌─────────┐ ├─────────┤   AYX   │  GZLW   │
              │  XBYG   │ │  ZRDX   │         │         │
              └─────────┘ └─────────┘─────────┴─────────┘
              ┌─────────┐ ┌─────────┐ ┌─────────────────┐
              │不存在或没找准│ │缓慢的（漫长的）│ │一个非常特定的    │
              │         │ │关键发展期   │ │关键时刻         │
              └─────────┘ └─────────┘ └─────────────────┘
```

图附 2-4 各受资助方的发展关键点瞄准状分布图

三 战略思考

（一）资助的黄金期正在消失

一方面，整个领域发展的重要性已经摆在更多的资助方面前。可以看到，更多的资助型资金会将资源投向这里；除此之外，当下一种新型的筹款方式——互联网筹款已经进入这一地带。

另一方面，领域的发展也开始踏入新的阶段，景行计划该做何种调整就成了摆在我们面前的一项战略任务。

（二）三个新的机遇

1. 领域的最新发展

当下社会组织的升级换代速度之快令人惊叹，在此前几年还颇为领先的 2.0、3.0 版本的社会组织，眼下已经又有了新的发展，4.0 版本的社会组织正在出现并且对其的需求已经达到了十分急迫的程度。4.0 版本是指整个社会组织体系与政府的有效合作阶段，政府通过购买服务和职能转移而呼唤社会组织的有效介入。但在这一领域，社会的有效资源介入程度还远远不足，弄清如何能瞄准这一领域是我们眼下的当务之急。

2. 景行的四年积累

景行计划此前四年的资助不仅产生了足够明显的社会效果，而且形成了一批对于景行来说可视为资源的有效积累，这些积累在以后的发展过程中可以得到有效利用。

（1）基于组织研发能力的提升而进行的帮助

在我们资助这些组织之后，组织已经进入一个新的阶段。新的阶段不仅不意味着其有效需求的终止，反而可以看到继续进行资助的特殊意义。实际上，14家景行资助机构对于新资源（包括资金、专业能力和行业视野）的需求更加急迫。做出这样一种判断来源于我们对于整个公益领域的把握，即使那些最为前沿的组织，在能力的发展、服务模式的提供方面仍然处于发展之中，其社会服务能力远远不能与其名望相匹配。这是对当下社会组织的一个判断，而专业能力的提升将是一项长久的任务。

从中可以看到，一旦真正拥有专业化能力，胜任社会治理时代的需求，那就意味着整个社会的一次突变，意味着一种自下而上的奠基，意味着公共服务提供的质变。这绝不是一个仅仅依据数年的发展就能够完成的任务，也不是一个简单的几百万资金资助能够完成的任务，它是社会自我能力的锻炼，是远远超出现有的品牌声望、需要有真刀实枪能力的事情。

在这个意义上，我们此前的所有工作只能看作一个阶段性的积累，如何基于此而进入下一个阶段进而产生新的突破，是摆在我们面前的一项新的任务。对此任务的想象可总结为：第一，着眼于组织的研发能力；第二，一种更加广泛化的社会筹资渠道的开发；第三，更加专业化能力的提供。

（2）进入社会组织的4.0版本阶段

在社会组织与政府合作过程中，大量的草根社会组织介入进来，但这些组织暂时缺乏胜任力。如何利用景行项目的机构资助，将专业化的能力运用到政府采购服务的第一现场，进行现实性的帮助，是一项急迫的任务。例如，一对一的帮助，一对一的能力提升。这样就可以让整个社会组织领域获得有足够的专业能力的帮助来源。

3. 景行团队本身的能力在成长

通过四年的资助，整个项目运作团队在不停地思考和探索，这一点给评估机构留下了非常深刻的印象。他们在整个探索过程中的讨论录音也全方位地提供给了评估机构，从中能够看出景行项目的运作是在积累式成长的。

通过这次评估和对于每家机构进行的专业化分析，可以看到受资助机构都形成了自己在组织或项目方面的特殊品牌，其项目模式、组织运行模式已经得到了一定程度的梳理和总结，这样一些资源对于景行项目运作本身来说也可以加以吸收利用，在日后的运作过程中，可以增强对受助机构和整体项目运作的把握能力。

（三）专业性因素需要引入视野

1. 既往项目运作中专业性没有得到有效的体现

可以把景行项目的环节简化为三个。第一是项目的选择过程，这是一个长期的摸底探索过程，看哪家机构可以进入资助的视野；第二是项目的入围评审过程，这是通过严格的民主程序、用一票否决制的方式来决定哪一个项目入围；第三是项目入围之后的交流互动、能力增长过程。三个环节在既往的项目运作过程中都做得有声有色，颇具南都本身追求卓越、追求极致的特征，但专业性在其中的体现并没有进入最佳位置。其中在第二个环节，也就是项目的入围环节，专家队伍被充分调动起来并且展示出极为民主化的特色，但在这个环节对公正性的需求远远超出对于专业性的需求，专业队伍在这个环节的投入实际上浪费了专家资源；因为这一环节过程短期无法充分展开，人们更需要通过一些领域里的经验性的知识体系来加以判断。

而在第一个环节则颇为需要一个专业性的视角，它不仅需要到下面不同的机构去蹲点、收集事实和了解机构，而且还需要对这些不同的事实进行把握、判断、分析，从而找准受资助的机构，判断出其专业化的模式，掌握其专业化运作脉络，从而能够将资源有效地滴灌到所需要的脉络中。在项目入围之后的第三个环节，也对专业性提出了很高的要求，专业队伍介入这个环节可以和景行的资金资助一同形成一个强有力的支持体系，最终对受助机构形成全方位的服务。

2. 受助机构对于专业性的需求

在景行项目中，受助方对专业性的需求程度不亚于对资金的需求程度。14个景行项目对于资金与专业能力上的帮助的需求各不相同，有的仅仅需要资金而不需要在能力上的介入，例如自然大学，他们已经有了自己成熟的项目运作模式，只需要资金支持，任何能力上的、观点上的介入都被视同于干预。第二种情形则是对资金需求并不强烈但对能力帮助需求非常强烈，例如西部阳光基金会，他们有较为丰富的非限定性资金，但缺乏足够的能力来为自己的发展把脉，并对发展进行促进。

更多的机构是两种资源都需求强烈，其中最典型的是心智联会，他们在做助残领域里的行业服务型工作，在其起点处既十分需要资金支持又十分需要能力上的帮助，眼下资金的支持已经使他们的组织运作进入正规化状态，在形式上已经开展了有声有色的行业治理性的服务。但在专业能力上他们却远远不足，以至于要提供真正切实有效的服务却无从下手。他们对于自己的未来发展以及眼下的服务路径探索有着很多的努力，但都难以保证这份努力是有效的或者是有益的。而恰好在他们这一位置上，眼下行业的快速发展促使对于行业协会性质组织功能发挥的需求极其强烈，对于他们能够在专业能力上给大家帮助、能够发挥出一定的专业引领作用的需求极其强烈，但眼下却很难有效地做到这一点，甚至在一些服务模式的探索上都有走入误区的危险。例如，他们试图探索一种行业内的组织评估工作方式，但是当自身能力不足的时候一种评估很容易流入形式化，流入对过程负责的渠道中，而这样一种做法将可能使领域陷入僵化、教条甚至官僚化的泥潭中。

3. 未来对于专业性的需求程度在上升

未来领域的发展对资金的需求相对宽松一些，而对专业的需求则越来越强烈，专业性的提供将成为未来领域发展的最为关键的制约因素，而能力的提供将成为未来资助方的最重要的优势体现场所，于是是否拥有特定的能力并且将此运用于现实运作中，将成为决定景行项目甚至南都基金会未来战略成败的至关重要的一个要素。

（四）未来的发展思路

基于上述分析，未来景行的定位甚至南都基金会的定位，或许已经有了一个相对明晰的脉络，就是此前评估团队与南都基金会一同沟通过的一种新思路——"好项目"的思路。该思路指出了未来进行资助的一个有效的战略选择，就是：开发出一些优秀项目的专业化模式，然后专门为这些模式进行广泛筹款，让这些模式得以有效运作。

其运作的产出，第一是自己模式的不断成熟；第二是该模式提供越来越高产的、越来越形成规模的社会服务或公共服务；第三是该模式向领域内其他组织身上转移，让更多的组织带上更高成分的专业性因素，这样一个具体的定位就使景行未来的方向明晰起来。

附录三 第三方评估视角下的组织变革
——以景行伙伴绿色潇湘为例

张丛丛

绿色潇湘是从 2015 年年底才开始接受景行资助的,属于既有的资助中最新的一批。从道理上讲,很难指望在半年稍多一些的时间里能够产生怎样的突变。然而正是在这样一种背景下,绿色潇湘给人带来了一份惊喜,这份惊喜简单来说就是"河流守望者"(曾为"湘江守望者")这一项目运作模式的升级换代,而景行的资助给了绿色潇湘一种探索转型的勇气。本案例将呈现这一转变的过程。

一 绿色潇湘

绿色潇湘是湖南本地的民间环保公益组织,由一群热爱家乡环境的湖南人于 2007 年发起成立,2011 年正式在民政部门注册。绿色潇湘的使命是致力于湖南省生态环境保护,提倡有价值的环保生活。绿色潇湘目前主要开展湘资沅澧四水守望者行动网络计划及政府环境信息公开、绿行周末、绿行家等项目,通过动员湖南在地公众参与行动,共同保护家乡环境。

二 河流守望者行动网络

(一) 项目缘起与简介

河流的健康与饮水安全息息相关。很早之前有一个数据:湖南的工业企业每天产生超过四百万吨的工业废水直排湘江,而在湘、资、沅、澧四水流域,实际的污染排放量会更大。以湘江长沙段为例,面临的问题包括:建坝形成库区造成水流变缓,河流自净能力变差;库区内雨污未分流;截污工程滞后,水上餐饮、河流垃圾堆积;一级保护区内存在游泳、钓鱼、种菜等人为活动。这些问题的存在给河流造成了极大的威胁。然而,本土公众是否了解自己每天喝的水源自何处，是否知道身边的河流正在遭受污染和破坏？

绿色潇湘为了保护湖南本土的环境，2011年4月，启动了"守望母亲河"湘江流域民间观察和行动网络项目（湘江守望者行动网络），先后在湘江流域沿岸招募了近百名在地志愿者。他们通过定点的日常环境监测、工业排污监督、环境执法和政府部门环境信息公开推动等方式，解决湘江流域的环境污染问题，这些志愿者被称为"湘江守望者"。

2014年，绿色潇湘将湘江网络的模式全面扩展到湘、资、沅、澧四水流域，在湖南全省范围内招募在地守望者，采用"本地问题本地人解决"的策略，引导本地人守望自己家乡的河流，推动河流污染问题的解决。绿色潇湘以这样的志愿者组成的行动网络为基础，通过提升以守望者为核心的民间环保力量环境监督和行动的能力，支持、协助和推动他们应对和解决湖南四水流域的环境问题，由此构建起了一个由湖南在地环保志愿者组成的"河流守望者行动网络"。

愿景
·有河流的地方就有守望者

使命
·搭建河流守望者行动网络，推动本地人解决本地环境问题

价值观
·直面环境问题，坚持在地视角，注重互动合作，践行环保生活

规范
·守望者公约

图附3-1 河流守望者行动网络的愿景、使命、价值观、规范

（二）项目内容

在政府环境监测体系之外，绿色潇湘组建并有效运营了一个民间环保监测体系，组织"河流守望者"开展流域日常监测、工业排污监督、环境执法推动、政府环境信息公开推动、公众参与等工作。

1. 日常环境监测

在当地环境风险点开展日常监测，这里所说的监测就是观察。通过肉

眼观察和基础酸碱度检测判断监测点周边环境状态。环境风险点的重点第一个是水源地和自来水厂的取水口，第二个是污水处理厂的排污口，第三个是当地的重污染企业的排污口。组织线上线下基础水质监测教学活动，发放初级日常监测工具包，以团队为单位，呼吁在地守望者认领便于其监测的监测点，结合公众活动的开展，纪录河流变化及工业排污情况，倡导公众成为参与并推动河流保护的重要力量。

（1）招募选拔：面向社会招募关心家乡环境的守望者；

（2）工具发放：发放基础日常监测工具；

（3）基础培训：通过线上线下基础水质监测相关知识培训学习；

（4）实地监测：多数以结伴形式开展初期实地监测行动，对监测点观察记录。

2. 推动当地环境问题的解决

通过提升公众的行动能力和监督水平，增加企业违规排污的成本，进而减少工业污染的排放。通过日常监测—排污监督—推动执法—推动信息公开—公众参与—能力提升这些步骤实现上述目标。

（1）污染举报：发现问题联系绿色潇湘，或拨打12369，或直接投诉到当地环保部门；

（2）网络发布：通过网络渠道发布监测发现的污染问题；

（3）保存证据：污染问题特别严重且担心环保局处理速度来不及的情况下，现场监测，取样，保存证据；

（4）申请信息公开：公民有权利要求环保部门公开处罚情况，并根据公开的信息去看企业是否按照要求进行了整改。

3. 在当地组织公众参与环保活动

带本地家庭了解水源地并参与饮用水源地保护行动。活动中，守望者会现场教家长和孩子如何拨打12369环保热线举报，如何观察判断水质，如何动手检测水质，等等，并呼吁参与活动的小朋友将活动感想通过明信片形式进行记录，经过一系列的亲身体验，有更多人了解水源地现状，并愿意支持守望者工作，与守望者一起保护水源地。

（1）招募选拔：面向社会、学校招募对环保感兴趣的家庭参与活动；

（2）培训学习：参与活动的守望者接受相关培训，了解活动目标、活动手法、工作内容；

（3）活动开展：带领家庭进行水源地探访活动，现场拨打环保热线进行水质监测。

(三)"中心化"的网络关系呼唤战略转型

在战略转型之前,守望者行动网络的运作模式相当于一个核心组织加上外围的一批志愿者,这些志愿者大致在湖南省内,分布于各个不同的地域,大家形成合力一同来致力于保护江河的工作。

绿色潇湘的团队从2012年开始,便一直在思考"绿色潇湘在这个行动网络中的定位到底应该是什么"的问题。

> 到了2012年,行动网络已运营了一年,随着守望者成员的增加,个人行动能力、经验的提升,行动网络规模的扩大,要使其继续有效运转对我们的管理能力提出了巨大挑战,初创时期所使用的运营管理方式已不能再适用当前的状态。可以说,这是面对批评与质疑最多的一年,同时也是充满各种试错与反思的一年。然而,这个过程却给了我一个重要启发,那就是绿色潇湘在这个行动网络中的定位到底应该是什么?管理者与服务者,是非此即彼的选择,还是二者之间的平衡?虽然这在当时并没有完全理清楚,但我们第一次有了角色定位的概念,开始了我们自己与守望者之间关系的思考,第一次,我们不再仅止于"埋头做事",而开始学习"抬头看路"。
>
> ——绿色潇湘项目总监唐贺

随着2013~2015年守望者行动网络的不断发展壮大,绿色潇湘与守望者们之间越来越明显地形成了一种"中心与外围"的关系。在这样一种"核心组织+志愿者"的网络关系中,守望者将绿色潇湘看作"总部",自己则是各地的"分部"。对于绿色潇湘来说,他们的核心任务是动员志愿者一起来参与水环保工作;而对于志愿者来说,他们的核心目标就是帮助组织一起来做水环保工作。行动网络的整体运作呈现图附3-2中"以绿色潇湘为中心(总部)辐射每个区域团队(分部)"的模式,"总部"对于"分部"呈现出"管理与控制"的状态。

这种运作模式带有初始式环保公益组织的特点:组织的整体格局为一个核心加外围数百个志愿者。这样的模式在声势上、在公众动员上都颇具优势,但缺乏可持续性的保障,存在着各种运作风险甚至生存风险。

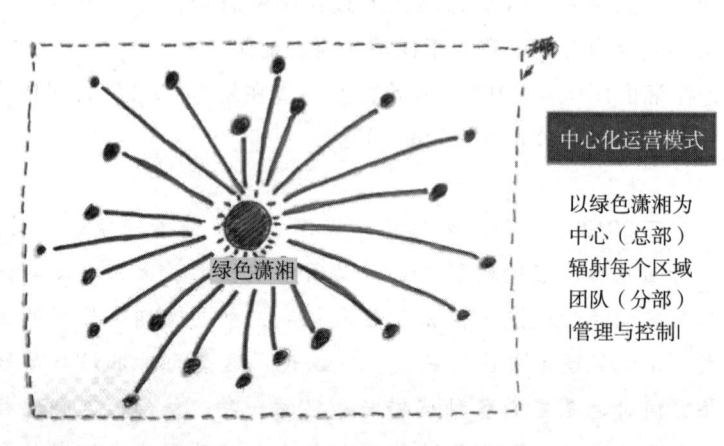

图附 3-2 "中心化"的运作模式

绿色潇湘的团队也意识到这一模式存在的问题：地方团队对"总部"有较强的依赖性，在行动计划、对外传播等方面，部分依赖于"总部"的指导。在过去，"总部"能够不断地跟在地守望者进行沟通，并设计和发布具体任务让在地守望者共同行动。但随着守望者队伍的壮大，"一对多"的模式显得难以为继。①

> 绿色潇湘是一个民间草根机构，具备的资源和能力很有限，以现有的资源不足以支撑行动网络按照以往的"中心化"模式进行规模拓展，中心化运作的模式有非常大的局限性，网络发展迫切需要我们做出改变。
>
> ——绿色潇湘项目总监唐贺

（四）转型后的新模式

在这样的背景下，绿色潇湘团队决定进行战略转型。在五年的积累以

---

① 刘长春：《"创业"五年，草根环保组织"绿色潇湘"寻求自我革命》，http://www.shanda960.com/shandaguan/article/9205。

及景行资助的基础上，绿色潇湘最终摸索出一套有效的新型模式。这套新模式就是，把原来朝向组织核心进行服务与凝聚的外围环保志愿者，最终转变成组织的核心层，也就是说，绿色潇湘希望在地河流守望者团队"自行管理自己"，成为各个区域的中心。

这一"去中心化"的转型思路并不代表绿色潇湘的分解和削弱，而是绿色潇湘与守望者共同拥有"河流守望者"的品牌、价值观、愿景、使命以及规范，但对于守望者而言，他们将更加需要对自己的行为负责，更加自主地去动员当地资源进行环保行动，将会获得更多的支持，并被鼓励登记注册"自立门户"。

图附 3-3 "去中心化"的运作模式

同时，绿色潇湘会继续为外围层提供支持，因而外围层在第一时间转化为无数个微型的自我生长点。于是，每一个积极从事环保的个人或小团队都可以成为绿色潇湘平台上的一个"微型组织"。绿色潇湘为这些微型组织提供一整套的服务，包括品牌使用、能力建设，甚至小型资金支持等。

转型后的项目模式具体体现在以下几点。

1. 绿色潇湘的角色转型："平台"而非"总部"

在这一模式下，绿色潇湘不断探索具体的行动策略、研发行动工具包，为平台上的守望者们提供支持,工作重心更多地放在"服务"与"支持"上,分化了"管理"与"控制"的压力,与守望者之间呈"支持与同行"的关系。绿色潇湘是提供品牌、能力、资源的"平台",而非自上而下的"总部"。

但这个统一品牌下的统一资源也体现出了自己独特的作用,正是这样一份统一性给了无数组织一个共同需要的资源,这些无数微型组织又给这一份共同资源增加筹码做出贡献。从中可以预见到未来环境保护组织中会有明显的分化,一些大型的组织能够成为统一模式的组织,或许正会在这样一种方式下生存下来、壮大起来。

首先,绿色潇湘通过河流守望者行动网络创造了协作运营行动网络,协助建立相互支持与陪伴的关系。其次,绿色潇湘为守望者提供能力建设,在积极发展空白地区、成立守望者团队的同时,有意识培养在地守望者团队负责人的行动及管理能力,促使部分守望者团队开始独立注册机构并自主运营。绿色潇湘通过在地宣讲会、在地陪伴调研、线上专业课程、线下行动课程、团队负责人能力培训等方式,全方位多角度地对在地守望者进行各项技能的培训,同时建立"守望者学院",力图将其打造为"湖南环保湘军的黄埔军校"。再次,绿色潇湘通过"'春风助长'环保行动资助计划"以及"'谷雨同行'环保人才资助计划",对在地行动者的行动以及环保伙伴进行资助。此外,绿色潇湘进行议题统筹,聚焦河流守望者们最关心的水环境议题,从行动网络的层面制订问题对应和解决策略,协调各区域团队共同完成倡导目标。最后,绿色潇湘还会为守望者们提供行动工具包以及诸如统一的文化衫等品牌化产品。

2. 守望者的身份变化:做自己的中心,并非一定是"绿色潇湘的人"

对于新网络模式中的"守望者"来说,他们在各个地方都是自己的中心,都可以成为一个独立的团队,甚至是登记注册的组织,而绿色潇湘也愿意提供支持。同时,他们不一定是绿色潇湘的志愿者,只要能在当地解决问题,绿色潇湘就愿意提供支持,这一支持可以是对其环保行动的支持,也可以是对其作为环保人才进行团队组建、登记注册、整合资源等方面的支持。同时,在这里,一个核心改变就是,绿色潇湘平台上的守望者不再是帮助核心组织进行简单的环保工作的志愿者,他们实际上成了平台上的一个被帮助的对象,他们在平台上可以获得自身扎根生长创业的空间,最后目标是形成一个属于自己的微型组织。

事实上,他们已经不是"绿色潇湘的人",而是在该平台上进行创业的微型种子。这些守望者分布于湖南诸多的地方,从事于河流污染防治、城市河流治理和垃圾分类等诸多工作。地域上和功能上的多样化使得创业的机会很多,而在绿色潇湘这个统一的平台上则获得了更好的生存空间,在这个平台上还能获得统一的品牌、统一的筹款通道和筹款依托。

3. 网络关系的变化:"多中心"取代"单一中心"

在这样一种新模式下,外围的无数新的原点被激活,成为一个微型环保组织的生长场所。至今为止,在这些成员中,共有 10 位守望者已有登记注册的组织,2016 年已经有 3 位守望者正式登记注册社会组织;还有一些微型组织虽并未登记注册,但已经萌芽,开始形成自己的组织雏形。更多的生长点成为在原地生长的新型环保力量的源头。而已经登记注册的组织依然会在这一平台上一同工作,这就是他们所形成的创新型模式。

新型的模式促使组织的核心和外围相互促进、相互帮助,最终的均衡模式是更多的组织被孵化出来,而这些孵化的组织又都回过头来维护组织核心层的品牌利益。进而,组织的风险大大降低,组织的成长和扩张能力大大提高,可持续性实现了一个质的突破。

(五) 行动网络取得的成效

1. 守望者行动网络的壮大

"去中心化"是一次大胆尝试,也使得更大范围和规模的河流守望行动成为可能。从这个意义上来说,这是绿色潇湘另一种形式的发展壮大。

截至 2016 年 9 月的守望者年会,"河流守望者"行动网络共发展了河流守望者 396 名,组建在地守望者团队 44 个,遍布全省 64 个县市,提升了湖南省民间环保力量的规模和组织化水平。

从 2011 年至今,守望者的增长速度明显加快——守望者从 1 个到 30 个用了 3 个月的时间,30 个到 100 个用了 2 年的时间,100 个到 400 余个也只用了 2 年的时间。其增长趋势如图附 3-4:

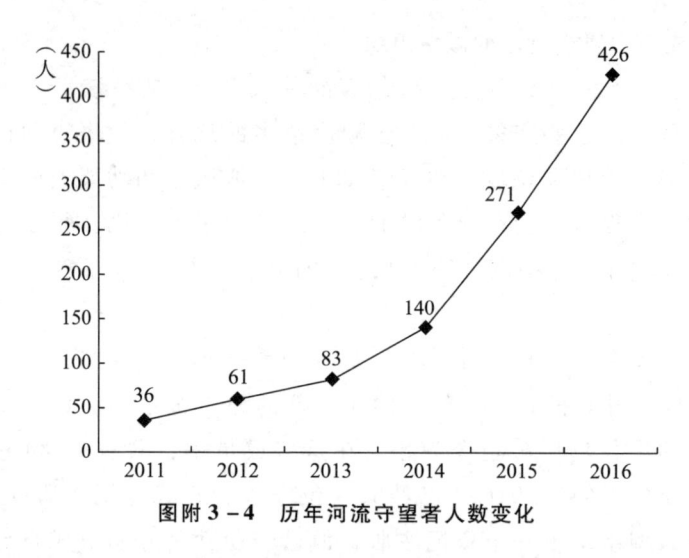

图附 3-4　历年河流守望者人数变化

2. 行动产出：日常监测与推动水污染问题解决

5 年来，河流守望者以平均每年至少 2000 次的频率，积累日常监测数据超过 10 000 条，补充了政府监测体系的不足。他们通过日常监测，实时监测河流排污口情况，观察河流水质情况、沿岸垃圾情况，用 pH 试纸检测酸碱度，拍照、上传微博进行记录，并在发现污染时拨打 12345 市长热线或者 12369 环保热线来进行监督举报，寻找排污源，及时跟进污染情况。

绿色潇湘在进行行动网络拓展和引导守望者坚持开展日常监测的同时，培训和支持各地守望者直接推动解决污染案例，以平均每周一起的效率 5 年来累计解决污染问题超过 300 例，有效促进了政府执法体系的完善。

以 2015 年为例，各地守望者通过实地调研发现的污染问题近 100 起，其中通过 12369 举报案例跟进 68 起，涵盖长沙、湘潭、永州、益阳、株洲、邵阳、娄底、郴州、岳阳 9 个地市的 26 个区县，涉及水土污染、养殖业污染、粉尘污染、大气污染、扬尘污染、生态破坏 6 个污染类型。其中，43 起案例已处理，8 起案例整改跟进中，16 起案例未回复待持续跟进中，1 起案例处理后出现问题持续跟进中。

此外，由绿色潇湘执行团队项目组成员直接跟进的污染案例 30 起，涵盖株洲、长沙、郴州、永州、衡阳、益阳、常德、娄底、岳阳、湘潭 10 个地市的 22 个区县，涉及水土污染、粉尘污染、大气污染、扬尘污染、生态破坏、非法捕捞（电捕鱼、风网、锋勾、矮围、采砂、企业排污等）6 个污染类型。其中，13 起案例已完结，6 起案例整改中，11 起案例在持续跟进中。

守望者跟进案例以"发现污染—记录取证—现场举报—跟进职能部门执法—媒体曝光—监督成效"等几个主要策略推动问题解决；而重大污染案例则启动环境信息公开、政策倡导、多方座谈、职能部门对话、媒体发布会、深度报告等方式推进，在主动搭建政府、企业及公众三方互动渠道的同时，积极开展各类环保公众参与活动。

3. 项目模式的总结和工具包的开发

自2012年开发研制第一款守望者日常监测行动工具包以来，每一位守望者网络核心成员都获得了工具支持，并借助工具包在当地持续开展行动。工具包的应用，使得守望者的行动具有很强的复制性，为各地防治江河流域水污染问题的守望者提供了可供使用的工具以及可掌握的行动策略。

工具包的开发是整个过程中关键性的"一步"，它是在守望者"规模化"过程中的重要台阶，这个台阶让更多的人可以参与进来，有了专业化的工具。而专业化的工具恰是通过绿色潇湘过去多年的积累的研发成果。所以，守望者的网络并不仅仅依托人员调动，而且在这个网络体系中，"绿色潇湘"提供的是专业化的技术支持，它进行研发探索，提供整个网络的专业技术支持体系。

三 景行资助的效果与贡献

（一）效果

在组织此前的运作过程中最为紧迫的任务就是去试图开发新的项目类别和项目模式，以便能够使组织获得可持续性的发展，因为这种单一的模式被认为是存在风险的，这里的风险包括守望者在环保行动中面临的风险、筹款的困难，但真正的风险是如何形成真正的可持续的项目运作模式。

景行项目的支持使他们多出了一份探索的勇气，他们看到，即使出现短期内的失败也不会使组织出现灭顶之灾，于是他们大胆创新，最终在几个月内一种新的模式给组织带来了巨大的希望，这种新模式就是在原有的模式之上进行一种创新性改造的结果。

（二）独特贡献

绿色潇湘项目更新换代的转折期，恰好也是景行资金介入的时期，景行的资金量并不大，但是所抓住的关键点却恰到好处，通过这样一种关键点的把控使得受助方有勇气去进行一种创新型的尝试，并进而获得了一种自我肯定新模式下所具有的活力以及自我造血的功能，使得他们开始认识到自己已经迈上了一个新的台阶，因而自信心与乐观展望的状态都向前提升了一步。

我们作为第三方事后来看，这样一种变化在原初起点处就该大胆地尝试，眼下河流守望者项目的行动内容看起来并没有变化，但是他们却完全拥有了安全感，最初那份不安全感是因为项目运作模式不具有可持续性，而眼下则完全发生了改观。

（三）价值型资助

这属于一份价值型资助，这样一份资助所产生的是一种质变的效果，组织的更新换代促使组织的发展速度加快。

但在眼下的初始阶段仅仅从服务的量上还根本无法反映出组织的实质性变化，即使是绿色潇湘的核心加上外围的数百名守望者，原来的服务量和现在的服务量或许并没有质上的差异，甚至完全可以等同；但眼下最令人乐观的是一种新的成长模式，是组织本身在生存活力、对未来前景的展望、服务的质量以及未来孕育着的微型组织的数量等方面都有了完全质变的效果。这正是景行资助通过把控特定阶段的组织和组织在特定阶段上的发展需要而产生的独特效果，这种独特效果或许正是在历史的这一瞬才能够独特地产生。

四　总结

历经 5 年的发展，绿色潇湘走过了从起航（2011）到探索（2012）到突破（2013）到创新（2014）再到开拓（2015）的历程，最终，2016 年，他们进行了彻底的变革。绿色潇湘的战略转型并非体现在守望者行动内容的变化上，而是项目的运作模式发生了质的变化，核心体现在绿色潇湘在"河流守望者行动网络"中定位的变化，以及带来的绿色潇湘与守望者的关系变化。

相较于转型前"中心化"的运作模式，转型后的河流守望者行动网络，是一个绿色潇湘与众多守望者产生联结的平台，也是守望者之间产生联结的平台。在这个平台上的"守望者们"与绿色潇湘一样，各为中心，彼此陪伴同行。

这种模式的最重要特点可以归为以下几个方面。第一，守望者与绿色潇湘这种母体和众多的子体之间是相互支持的关系，一方面有一个共同的核心，另一方面母体又成了子体的孵化平台。第二，其实未来环境保护领域里呼唤着这种新模式的出现，一方面它需要有一个环保领域的航空母舰，类似于绿色潇湘这样一个平台型的机构，另一方面这个航空母舰又需要得到诸多的外围力量的支持。

但更为重要的是第三点，就是在这个平台上，需要的不再是一家单一的孤军奋战的组织，而是众多的组织的汇聚场所。这些组织既有统一的平台又有独立的基础。这样一种模式又给了绿色潇湘一种信心，那就是其实不管是资源约束下的生存风险还是政治环境下的生存风险都大大降低了，因为他们既可以形成合力又分化成无数的独立的根苗，即使是其中出了问题大家也可以分散承担。

这个统一品牌下的统一资源也体现出了自己独特的作用，正是这样一份统一性给了无数组织共同需要的资源，这些无数微型组织又给这一份共同资源增加筹码做出贡献。从中可以预见到未来环境保护组织中会有明显的分化，一些大型的组织能够成为统一模式的组织，或许正会在这样一种方式下生存下来、壮大起来。

其实从他们本身所经历的一件事情中也能看出这一点，在过去一些外来组织对他们进行帮助的时候，比如对他们的志愿者进行培训，他们一方面欢迎，另一方面也担忧。他们担忧自己的整个志愿者队伍会被其他机构吸引离开，但当下他们有了充分的自信，愿意别人来帮他们，帮助他们只会使其整体队伍更加强大。而组织平台上这样一种在资金能力和归属感、品牌等方面的统一服务能力，则使得在其上孵化的个人和微型组织产生了强烈的归属感。

附录四 揭开机构成长的"黑箱"

——以歌路营为例探讨社会创业机构在发展阶段的主要挑战和所需支持

Aha 社会创新学院　顾　远

前　言

在人类长期的历史中，成年人一直将儿童视作自己的"微缩版"，儿童除了个头小了点，其他内在的各方面并无区别。直到近代，随着认知科学、脑科学、儿童心理学等领域的发展，人们才逐渐意识到儿童时期是人生的一个独立阶段，儿童在这个阶段有着独特的需求和成长过程，需要成人有意识地加以保护、引导和支持，以帮助其顺利地长大成为一个活泼的人。

机构的成长和人的成长很相似。一个机构在初创时期和成熟时期的区别远远不只体现在人员、市场和社会影响力等的规模上，而是在组织架构、管理方式、运营流程、激励机制、领导力、市场开拓等方面本质上的差异。最近几年，在社会领域里最可喜也最让人期待的变化之一，是出现了越来越多的社会创业机构。它们尝试用更具创造性的解决方案去应对那些根深蒂固的大规模社会问题。一些具有前瞻性的公益基金会和社会投资人被这些社会创业机构的努力和成果所吸引，开始探索如何更有效地支持这些机构的成长。

资金资助无疑是一种重要的支持方式。然而，一些资助方对资助结果有着过分简单和理想化的期待。在他们看来，一家社会创业机构从服务100个人到服务1万个人只需要在资金、人力的投入上成比例增加即可。然而，伴随着量的增长，社会创业机构的内部势必会发生一系列质的变化。这种内部变化如果不能与外部需求和期待的增长相匹配，将会给机构带来巨大的张力，严重影响机构的可持续发展。

能力建设是另一种常见的支持方式，往往以培训的形式提供。经常出现的情况是，社会创业机构觉得自己缺了什么，或是资助方觉得它们缺了什么，于是安排相应主题的培训内容。殊不知，任何机构都是一个有机体，仅仅在某个单项的技能和技巧上去做改善往往很难有大的作为。如果不能从整体上理解机构发展时出现的变化和挑战，便很难从系统上提升机构的绩效。

由此可知，只有首先揭开机构发展的"黑箱"，深入机构成长的动态过程中去，充分理解社会创业机构在内外部变化时所要面临的挑战，才有可能对这些机构以合适的方式提供合适的支持，帮助它们在成长的同时创造出更大规模和更持久的社会影响力。

2015年1月到2016年1月，在南都基金会"机构伙伴景行计划"项目的支持下，Aha社会创新学院（以下简称"Aha"）和歌路营教育咨询中心（以下简称"歌路营"）紧密合作，在1年的实践中探索了社会创业机构应该如何有效地进行产品研发、如何实现社会影响力规模化以及如何应对机构成长过程中的种种挑战等议题，为揭开社会创业机构发展的"黑箱"积累了丰富的经验。

本案例将试图充分展现这个探索的过程，从中梳理我们的发现和经验，并提出有针对性的建议。对那些正在或者想要通过机构的发展来实现社会影响力规模化的社会创业机构，以及那些想要为这些社会创业机构提供支持的公益基金会和社会投资机构，我们真切地希望本案例能够成为一份既体现深刻洞察又具有实践价值的有力参考。

一　项目背景

1. 三家机构简介

南都公益基金会（以下简称"南都"）是一家非公募基金会，成立于2007年，是中国社会领域最重要的资助型基金会之一。长期以来，南都一直坚守着"支持民间公益"的使命，积极促进跨界合作创新，努力建设一个健康发展的公益生态系统，以实现"人人怀有希望"的愿景。作为其重要的策略手段之一，南都于2013年推出了"机构伙伴景行计划"（以下简称"景行计划"）。该计划意在借鉴战略性投资的理念，为有潜力产生大规模、系统性社会影响的公益机构提供长期资金、智力等深度的机构支持，协助它们更快地突破能力瓶颈，实现社会影响力提升，促进行业共同发展。同时，景行计划也围绕"大规模社会影响的实现方式""机构能力瓶颈的突破方式"两个核心议题搭建资源网络、引进国外经验、积累中国实践、支持相关研究和服务。

歌路营在 2008 年成立于北京，致力于以青少年喜爱的方式开展促进他们生命成长的教育。在成立后的 3 年间，歌路营先后设计并实施了十多个教育公益项目，覆盖了数千名大中小学生，其研发能力和服务的专业性受到广泛认可。2012 年，歌路营在农村进行调研时发现，农村留守寄宿儿童普遍存在着课后活动、心理等方面的问题，于是开始将工作的重心逐渐聚焦于这个群体。经过长期深入的调研，歌路营开发出了一款名为"新 1001 夜"的产品，通过为孩子们提供每日的睡前故事，来帮助改善他们的心理状况，并提升语言表达、社交等方面的能力。严格的实证评估显示，这款产品的效果十分明显，并因其简便易用等特性而广受欢迎。2015 年，歌路营将机构发展的长期战略定位在"以信息化技术手段为农村住校留守儿童提供有效的课后和心理解决方案"，并在"新 1001 夜"产品的基础上开始研发新的系列产品。

Aha 社会创新学院于 2011 年成立于上海，是中国社会创新与社会企业领域最重要的教育及研究机构之一，致力于帮助个人和组织掌握创新与创业的方法以更有效地解决社会问题。同时，Aha 也是中国最早的社会创业加速器，为包括教育领域在内的社会创业机构提供创业辅导、创业者成长和社会投资等多方位的支持，帮助机构将自己对社会问题的洞见发展成为一个成熟的解决方案，为世界带来可持续的改变。迄今，Aha 已为 30 余家社会创业机构提供了天使投资和创业辅导。

2. 项目缘起

2014 年年初，歌路营确定机构的发展战略为"以信息化技术手段为农村住校留守儿童提供有效的课后和心理解决方案"。经过 2015 年的发展，歌路营认为此战略符合国家各项发展方向，符合农村学校和学生（客户）的成长需要，符合（农村）教育的发展方向。与此同时，歌路营设计开发的"新 1001 夜"睡前故事产品得到了越来越多资助方和潜在用户的关注，外界普遍期待歌路营能够快速地将该产品推向更大规模的人群。

从歌路营的角度，一方面希望满足外界的这种期待；另一方面无论从机构可持续发展的角度，还是机构自身的核心能力与兴趣的角度，都希望能持续地主动研发新的系列产品。过去，歌路营是一个小而美、专精尖的以研发和小规模实施为主要工作的机构。而现在，它要开始扩大机构规模、市场规模，整合多方资源，兼顾成熟产品和新产品……这些并非歌路营所长，因而他们感觉到了发展道路上所要面临的重重挑战，于是想要寻求外部顾问的支持。

2014年，歌路营正式入选南都的景行计划，将在其后连续5年内获得共计150万元的非定向资金支持。从南都的角度看，景行计划实施3年以来，在一定程度上起到了原先设定的目标。然而，这样一大笔"非定向的"发展资金，究竟对被支持机构发挥了多大作用，又是如何发挥作用的，并不明确。南都意识到，为了更有效地实现景行计划的最终目的，除了提供资金，还应该匹配被支持机构在发展过程中所需要的能力上的支持，并在特定的发展事项上使其获得实质性的帮助。

具体到歌路营这个机构，南都原先设定的支持方式是在2015年一次性拨付给歌路营30万元，用于IT系统的建设、"新1001夜"项目招募推广主管和筹资等用途。在实际运行中，南都和歌路营发现，在项目推广优化、新项目研发实施、公众筹款能力提升等方面，无法仅凭歌路营的努力完成。于是南都支持歌路营将这批资助的用途改为聘请第三方顾问，获得服务以协助完成上述目标，同时在这个过程中提高机构在这些方面的能力。随后，南都帮助歌路营与Aha进行联系，并最终促成了这项合作。

3. 项目的目标及变化

在经过近3个月的洽谈和磨合之后（这样长的时间是有意为之，后文会再提及），Aha与"歌路营"将未来一年里Aha主要参与的工作初步定为"帮助歌路营优化产品、现场测试、制定规模化后的产品优化策略和相应的支持系统建设（主要指研发能力的迁移，使歌路营整个团队掌握相应的方法和工具）"。很明显，该项目最初设定的目标集中在产品研发上。

有趣的是，随着项目的实际开展，项目的目标开始发生了重大而深刻的变化。

从研发的角度来看，歌路营不断地在深挖需求的基础上主动研发系列新产品。此时它具有初创机构的特点，做的是"从0到1"的工作。与此同时，歌路营还有一款名为"心理课"的微课产品，已经有了研发成果，需要做小规模测试，寻找初期用户。此时，它做的是"从1到10"的工作。而从"新1001夜"这款产品的角度，歌路营需要快速地扩大产品规模，满足更大范围的需求。此时，它做的是"从10到100"的工作，应该具备机构快速发展和市场快速拓展的能力。

如此不同的工作需要不同的能力和配套基础设施，却全都集中在一家机构之内，内在的张力和挑战可想而知。于是，新产品研发再也不是单纯的研发工作，而是必须相应地调整机构组织架构、人员岗位职责、工作流程，甚至机构文化、领导力、筹款能力、社群动员力等。加上团队2~3位核心人员已经工作了3~5年，随着机构的变动，团队出现不稳定的风险也在变大，而新的工作内容又要求团队及时吸纳合格的新成员。

基于对这些问题的清醒认识，这个项目的工作内容和重点逐渐发生变化，超出了原先设定的范围，从产品研发"蔓延"到了机构内部各个方面的调整优化和各种能力的提升上。这种变化一方面是因为机构发展的"黑箱"被逐渐揭开，对机构发展的各方面需要有了更深入的了解；另一方面也在很大程度上折射出当前的资助环境和公益环境的现状，其中有很多值得反思和探讨的地方。

这个项目的性质最终变为："我们应该如何帮助一个步入发展期的社会创业机构快速成长并扩大社会影响力？"解决这个问题，既需要帮助社会创业机构进行各种内部变化和能力提升，也需要帮助公益基金会和社会投资机构明了如何为所支持的机构提供非资金支持，使资金在有限的资助期内产生更大的成效。

最后，景行、歌路营和Aha都希望这个项目可以起到一定的行业示范作用，将景行伙伴个体机构变革的经验变为可共享的知识，供业内其他机构借鉴学习。于是，也就有了这篇案例。

二　项目实施的具体过程和内容

2015年3月，Aha和歌路营的紧密合作正式开始。此后的1年中，几乎每个月双方都会有一段在一起工作的时间，少则一天，多则三四天，地点要么在歌路营的办公室，要么在项目实施地。工作方式取决于当期面临的主要任务，大多采用工作坊和实地调研的形式。每一次参与的人员除了Aha和歌路营的工作同事，有时还会包括来自资助方的项目官员。

围绕歌路营的新产品研发，Aha主要应用了精益创业和设计思维的方法、工具。这两种方法论都可以帮助创业、创新的机构在快速变化和高度不确定的环境下，通过深入挖掘用户需求产生创造性的解决方案，并在不断的和用户测试反馈的过程中实现产品的迭代式开发，以最精简有效的方式设计出满足用户需要的产品。

与具体的方法和工具相比，精益创业和设计思维背后的理念和思维方式更加重要。它们都强调对用户需求和用户使用情境的精准理解，避免对社会问题和解决方案做出想当然的判断。它们都鼓励拥抱不确定性，不惧怕未知，通过不断地试错来界定准确的问题，探索可能的解决方案，并从中持续学习。它们都强调原型的重要性，把自己的想法动手做出来、呈现出来，以便各利益相关方准确理解，而不是仅仅靠语言上的沟通。它们都有系统的步骤指导创业者、设计师区分工作的优先级、产品特性的开发优先级，把最重要的部分先做出原型去测试，验证有效后再去做次一级的工作，开发次一级的特性。

不难发现，能够有效应用上述内容的社会创业机构在机构文化上会更鼓励创新、更宽容失误，员工会更加积极主动地工作，领导者则更加放权和信任。同时，机构的组织架构和工作流程也需要变得更加灵活、有弹性，便于工作人员更容易地接触和倾听最终用户，并对工作做出相应调整。这些变化正是歌路营在机构发展和响应外部需求与变化时所必需的。而在机构做出这些变化时，同样可以应用精益创业和设计思维的理念和方法，只不过此时需要了解的不是外部用户的需求，而是机构自身的需求；需要设计的不是针对外部问题的解决方案，而是机构内部的变革。

下面的内容将会按照不同的详略程度逐一介绍 Aha 和歌路营每一次共同工作的经历，包括响应的需求/需要面对的挑战、工作的内容和工作的成果及发现。从中可以明显地看出项目目标和内容的变化，前期侧重产品研发，后期侧重机构内部成长。前期的工作加深了对歌路营内外部现状的了解，同时普及了精益创业和设计思维的理念和方法，为后期在机构变革上的应用打下基础。在整个过程中，歌路营作为被咨询和辅导方，其需求和要解决的最迫切问题并非在项目之初就能够全然明确，而是随着项目的推进，在 Aha 和歌路营双方共同的探索下，渐次呈现、明了。

需要指出的是，Aha 与歌路营的沟通并非仅仅发生在每一次面对面的工作中，还包括了大量的以邮件、电话、微信等方式进行的沟通。沟通的内容涉及人员的选用育留、在线教育产品的未来趋势、产品开发中的要点、如何平衡不同业务间的投入、如何平衡不同利益相关方的意见建议、机构发展等多方面议题。这些沟通保证了 Aha 对歌路营成长过程中各类需求的及时回应。因为此类沟通频繁而琐碎，所以下文中不再单独列出。

第 0 次　2015.1　北京　工作坊 + 分享会

为什么是第"0"次，因为此时合作协议并未签署。理论上讲，项目尚未正式启动。事实上，从 2015 年 11 月份南都第一次联结 Aha 和歌路营，到此时已经两个月过去了。其间，Aha 仔细阅读了南都发来的关于歌路营的各种文件资料，包括详细的景行计划尽职调查报告和评估意见，以及歌路营发来的战略规划和资助协议等。同时，Aha 和歌路营也多次沟通了机构的发展需求和合作的内容以及双方的期待。

2016 年 1 月某日，Aha 提出到歌路营做一次免费的工作坊，同时参加歌路营的一次内部会议，以便双方更加全面直观地了解对方。当天，Aha 引导歌路营的全体同事通过一个产品设计活动体验了设计思维的全部流程。歌路营的同事则举行了一次学习分享会，有三位同事分别就脑科学、游戏化学习和自媒体传播等主题做了有趣的分享，充分展现了歌路营作为一个学习型组织的独特气质。

之所以用这么长的时间、这么深入的方式去了解和磨合，是因为考虑到这个项目的特性。这样的合作一旦确立，就必然是"深度"陪伴式的。对于双方而言，都要付出许多的时间和精力。另外，这个项目对于双方来说——其实也包括对于南都来说，都是全新的，并无前例可循，双方有必要在前期就能够充分了解和建立信任。对于 Aha 来说，还有更多一层考虑。因为我们在合作中将要应用的方法论对于社会领域中的大多数组织而言都是陌生的，我们需要判断与之合作的机构是否具备足够的创新意识，是否有足够强的意愿去变革，是否有足够的勇气在不确定的环境下工作。

其实能够知识迁移的读者可能很快就意识到了，这个沟通磨合的过程本身就体现了前面提到的精益创业和设计思维的理念。合作双方的价值观、理念、工作方式等仅靠语言文字传达是不够的，一次真实的接触就是在把这些抽象的内容变得"可视化"，可以被真切地感知到，而这样的一次工作坊和交流会也是未来双方工作形式的一次原型测试。

测试结果当然是双方满意，于是便有了下面的第 N 次。

第 1 次　2015.3.11 ~ 3.15　北京 & 河北青龙　工作坊 + 实地调研

这是 Aha 和歌路营正式合作后的第一次面对面工作。第一天，我们在北京歌路营的办公室里做了一整天的工作坊，通过活动、案例研讨和实践练习帮助歌路营的全体同事理解精益创业和设计思维的基本理念、方法和流程。在这个过程中，Aha 也可以更清楚地判断歌路营每一位同事的特质、在相关领域的基础和工作期待，以及整个团队之间的工作氛围和沟通特点。随后的一天，歌路营团队负责产品研发和"新1001夜"推广的同事分别对各自的业务做了详细的介绍，然后我们共同设计了去项目学校实地调研的内容、流程、分工和所需的辅助材料。然后我们一行，连同南都的项目官员刘晓雪和澳门同济慈善会北京办主任陈函思作为观察员，共同前往河北青龙。在那里有一位歌路营的理事，负责联系了当地的3所学校，供我们进行需求调研。在此期间，我们对校长、老师和学生等不同角色做了多轮访谈，也在真实的应用情境下观察了"心理课"这款产品的使用过程和效果。

在调研的最后一天，项目组中的每一个人都阐述了自己基于访谈和观察得到的发现和洞察，并基于此提出了歌路营新一款产品的"概念图"，包括新发现的需求、产品可能的形态、核心功能、潜在风险等，也提出了进行下一轮实地工作时需要测试的主要假设。

在这一过程中，歌路营的同事通过实践应用，更深入地理解了精益创业和设计思维的理念和方法，也进一步提升了访谈、观察的能力和技巧。大家普遍反映最大的收获是更深入地理解了用户的需求，能够从和用户的真实接触中提炼出关于他们的需求的洞察，这一点让大家兴奋不已。而最后的新产品概念图，让大家看到了有效工作方法的力量，对团队的设计能力也充满自信。

我认为还有一点很重要的收获值得提出。在这次实地工作中，歌路营的团队，特别是作为团队领导者的杜爽，在两个问题上有了意识上的变化。①机构在某个知识领域里的专业能力不等于在研发产品时的专业能力，前者并不会自动迁移为后者，就像一个IT技术高手并不会天然地是一个好的产品经理一样。②设计一款好的产品，除了关注产品的技术本身，更需要考虑产品在使用中的真实情境。比如，我们在实地走访时发现，农村学校虽然已经普遍配备了多媒体设备，但是由于教育部门只负责设备的一次性采购，而不负责后期的维护和零配件更换费用，所以很多教室里的投影设备都已严重老化，坐在中后排的学生根本无法看清屏幕上显示的内容。加上学校经常不配备窗帘，屏幕显示的效果就更加糟糕。在这样的使用情境下，"心理课"这样的视频类产品就不能只关注视频内容是否受到学生老师的欢迎，还必须在使用方式上多加考虑。至于如何将产品"嵌入"现行的教育系统之内，使之可以常态化地被使用并发挥积极作用，则是更为关键的思考点。这一点在后期的产品开发中还会反复地出现。

第 2 次　2015.4.24　北京　工作坊 + 咨询式对话

这一次工作在歌路营的办公室里进行，主要从整个机构的层面对歌路营正在同时进行的 3 个项目（分别对应着 3 款产品）进行梳理。在这个过程中，我们发现歌路营的现有组织架构和作业流程难以应对同时操作多个项目/产品的情况，内部沟通较为低效，人员的工作量分配也很不均衡。因此，我们提出了按照"项目/产品"形成工作小组的新组织架构。每一位员工都可以同时进入多个工作小组，并在不同小组中承担不同的工作和工作量。随后我们共同设计了 3 个工作小组，也评估了小组内的工作类型和人员匹配性。同时，我们还提供了"看板"管理工具，便于协调不同工作小组之间的工作进度和人员分配。另外，我们也在上一轮实地调研时设计的"概念图"基础上，进一步细化了新产品的设计细节、原型制作的方式和材料。同时，我们明确了下一轮测试将主要围绕"使用情境"进行测试，也对具体的工作内容和工作步骤进行了规划。

在这次工作中，一些产品研发之外的影响因素开始浮出表面。歌路营同时操作 3 款产品，且这 3 款产品分别处在不同的生命周期，如何设计有效的工作流程来协调围绕三者进行的工作是一个很大的挑战。伴随而来的是歌路营多项目管理的能力必须进一步提高，这就对现有人员的能力和工作习惯提出了挑战。由此也引出了一个后来长期困扰歌路营的问题：原来的员工如何适应新工作岗位的要求？如何招募到合适的新（岗位）员工？

第 3 次　2015.5.21~5.23　河北青龙　原型制作 + 现场安装 + 实地测试 + 用户调研

这次工作全部在河北青龙实地进行，是令所有参与者都倍感兴奋而又印象深刻的一次。去实地之前，歌路营团队按照原先的构想在办公室里搭建了一个新产品的原型。这里有一件趣事值得一说。在设计原型时，歌路营的同事们花了整整两天的时间精心手绘了一幅大的儿童画，打算用在新产品的外观上。结果这幅精美的画作在完成后仅仅存在了不到 1 分钟，就"垮塌"了，完全不适合用在新产品上。这件事情的好处在于，它给歌路营的同事们上了完美的一课，让大家充分理解了什么是"原型"，什么是"测试"，为什么在产品研发的初期"完成比完美"更重要，为什么要区分产品不同特性的优先级。这幅垮塌的画作后来被长期存放在歌路营的办公室，成为我们谈笑的对象。

回到青龙现场。我们一起在学校里拼装了两部"微课"产品的原型。然后针对校长、老师做了访谈和观察，了解他们的认知、使用难度、对产品的期待和使用方面的建议，从中获得了不少洞察。最有意思的是学生的实际使用，让我们发现了许多事先没有考虑到或者不确定的地方，对产品的后期改进有重要价值。我们甚至会基于测试中得到的某些反馈，现场就对产品做出了一些调整，然后再次验证。整个过程充分应用了设计思维的理念和方法，也让大家深切体验了产品迭代式开发的流程，并为遵循这样的流程所能带来的改变而感到兴奋和骄傲。

这次基于真实的"使用情境"而做的开发测试让我们积累了丰富的经验和数据，新产品的受欢迎程度让我们备受鼓舞，来自校方的期待也给我们提出了新的挑战。更为重要的是，透过这样的实践，"深入了解需求、通过原型进行测试、迭代式开发、过程中学习、持续改进"……这样的工作理念和工作习惯，开始在歌路营同事们的身上深刻内化。

第 4 次　　2015.7.14　　北京　　咨询式对话 + 协同设计

我们上次的实地测试把原型产品留在了当地学校两周，以便在一个"自然"的状态下观察和记录学生的使用情况。所以这次工作首先对测试的数据做了分析，我们的结论是产品的受欢迎程度超出预期，同时在使用情境上也打破了我们原有的假设。我们原本期望孩子们可以完全自主式地学习，但从实际情况来看，由学校统一安排并由老师现场管理的方式会更加有效。这也就意味着，产品设计时要考虑到如何便利学校的管理，同时不增加老师的负担，只有这样才能保证产品可以"嵌入"学校的系统内。

一年过半，所以我们紧接着同步了歌路营的机构发展现状和产品开发的进度。这时，"人力"作为制约歌路营快速发展的重要因素凸显了出来。虽然歌路营一直在积极地进行对外招聘，收到的简历却一直不多，合格的更少。

于是，我们先仔细梳理了拟招聘的岗位在未来一年内所需从事的工作和技能，制定了合理的招募条件；然后我们协同设计了一款新的招募启事，一改歌路营过去严肃（甚至有些沉闷）的形象，采用了更加活泼、更加有趣的呈现方式。不仅如此，我们还特意在招募启事中安排了几位歌路营的同事出镜，用很轻松、有创意的方式介绍自己的工作，希望吸引有趣又能干的人加入，并由招聘开始逐渐改变歌路营整体的文化和气质。这次尝试的结果让我们有些啼笑皆非，从后来收到的反馈来看，很多人都喜欢这则招募启事，却只有很少的人会投简历，因为在他们看来这家机构太与众不同了，自己恐怕不够资格加入。

这次工作的最后一部分内容是和歌路营负责"微课"产品开发的同事共同探讨如何采用"社会化协同"的方式加快视频开发的速度。视频是歌路营开发的新产品中重要的部分，以往，这些视频都由歌路营自行开发完成，速度远跟不上需求。我们探讨了如何招募社会志愿者、如何培训他们参与视频制作开发等问题。在这个"社会化"的流程设计中，歌路营同样可以应用精益创业和设计思维的理念和方法。

第 5 次　2015. 9. 22 ~ 9. 23　北京　中期总结会 + 工作坊

眨眼项目合作期过半，南都、歌路营和 Aha 三方联合做了一次中期总结会。会上，歌路营分别介绍了三大业务进展和下阶段规划。杜爽作为机构负责人重点介绍了歌路营在机构运营层面和人员招聘方面面临的重大挑战。此时的歌路营一方面多个项目处在不同发展阶段，协调工作和分配资源非常不易；另一方面，在人员上，有老员工离职或转为兼职，两位上岗的新员工还在熟悉阶段，所以人员的数量和能力与机构发展之间的差距变得非常突出。

Aha 结合上半年的合作从新产品研发和机构发展两方面进行了总结，并在会上做了题为《发展期社会机构"创业加速"支持行动初探》的报告，详细阐述了 Aha 对于社会创业机构在快速发展阶段面临的挑战和所需支持的观察与反思，明确提出从"发展期"到"快速成长期"的变化不是量变而是质变，处于发展期的机构在产品研发和影响力规模化方面会同时受到内部和外部的制约，需要有外部力量帮助其"跨越鸿沟"。关于 Aha 提出的具体观点和建议将在本案例的"发现与反思"与"给资助者的建议"两个部分中具体阐述。

除了总结分享，Aha 还做了一天的"精益创业"工作坊，帮助歌路营的同事从"产品研发"的阶段步入"业务模式研发"的阶段。此时，不仅需要考虑产品本身，更要从系统的层面考虑如何将产品带来的价值持续地、稳定地和大规模地提供给用户。

由此引出了对于歌路营筹款模式和社群化建设的话题研讨。歌路营对"为爱走一夜"这款筹款产品进行了总结，然后我们提出了可以改进的意见和可以尝试的新的操作方式——社群化运作的方式。歌路营过去一直是一个具有研发优势并且以此为骄傲的团队，随着业务规模扩大，开始不得不越来越多地从事运营和市场推广的工作。这些工作并非歌路营所长，因此必须考虑动员社群的力量，而这种动员能力恰恰是歌路营所欠缺的。在这次研讨中，我们共同分析了歌路营可能去影响和动员的几类人群，并设计了将他们组织起来的方式和机制，还为这样的群体取名为"歌友会"。

第 6 次　2015.10.23　北京　工作坊＋咨询式对话＋原型设计

这次工作除了同步信息和跟进前次列出的与机构发展有关的几个工作事项，最重要的成果是将歌路营的 3 款产品以及未来想要开发的产品整合进了一个整体的框架之中，我们将之命名为"沉浸式校园"系列产品。

歌路营已有的 3 款产品中，"新 1001 夜"是在睡前的时间，发生在学生宿舍；"心理课"和"微课"类产品都是在课余时间，发生在教学楼或者教室。我们仔细分析了农村寄宿学校一天的时间安排和空间布置，发现歌路营未来可以开发一系列产品"占领"一天中更多的学生时间，这些产品可以不同的形式和载体，出现在校园的更多空间内。比如，早上起床到上课前的时间里可以播放音乐，中午午餐的食堂里可以播放为孩子们定制的新闻和短片，校园的墙壁上可以定期更换主题内容的漫画，等等。这样，农村寄宿学校里的孩子们便可以"沉浸"在校园内，接触到更多与自己的身心健康和未来发展有关的信息，方便他们以不同的方式进行学习。

有了这个想法之后，歌路营的全体同事分组进行了"沉浸式校园"的草图设计，并提出了自己的产品设计建议。在统一的设计框架下，歌路营的现有产品和未来产品不再一个个孤立，而是有了内在的联系。在未来的业务模式上，歌路营除了可以提供单个产品，也可以为学校提供整个产品包，或者对产品包进行整体规划并寻找不同的内容提供商联合提供。

一天的工作坊结束，大家都很兴奋，笑言"中国教育公益领域的第一支'独角兽'就这么诞生了"。

第 7 次　2015.11.8　北京　原型搭建

这一次我们借来京出差之机，来到歌路营的办公室和同事们一起搭建出了我们构想中的"沉浸式校园"的原型。歌路营搬到新办公室后，在我们的建议下，腾出了一块完整的空间作为机构内部的"创客空间"。在这个空间内，歌路营用纸板箱、泡沫塑料、贴纸等简易的材料把自己对于产品的构想制作出来，方便激发同事们的创造力，对外部利益相关方来说，也能够很直观地理解歌路营的想法。

第 8 次　2015.12.15　北京　理事会

时至一年将尽，到了该总结回顾全年的时候。我在此前已很荣幸地受邀成为歌路营新一届理事会的成员，所以这次工作是以理事会的形式进行的。

2015年是歌路营快速发展的一年，外部表现为服务学校和人数增加、合作伙伴数量增加、品牌影响力初步形成，内部表现为筹款数和员工岗位人数增加。内外部表现均好于原计划。2015年预计筹款额度增长40%～50%，也即达到250万～280万，实际增长为220%，达到464万。服务学校数，年初预计为300～500所，实际达到667所，累计服务学校数突破1000所。从产品角度，以成熟产品"新1001夜"推广为主要工作，同时兼顾了"心理课"和"微课"这两个新产品的研发，形成了"农村学校课后 & 心理信息化、沉浸式解决方案"的雏形。

与此同时，也应该看到歌路营内部面临的重重挑战。"新1001夜"产品随着知名度越来越大，增长开始加快，但同时该产品的运营流程相当烦琐，人力消耗很大，效率亟待提升。新产品研发进展顺利，但是否要在次年大规模推广还取决于一系列内外部制约条件。筹款方面，从总量上说远远好于预期，但从筹款产品和筹款能力上来说仍需进一步提升。IT系统的建设相对机构的业务发展大大滞后，缺少筹款人信息制约了筹款产品的设计，而学校信息的管理目前仍以手工操作的方式进行，极为低效。

从机构发展的角度来看，社会化协同的能力一直薄弱，虽然有了工作思路，但人员能力和经验却难以快速提升，工作流程亟待梳理和优化。只有基于此，才能区分哪些工作应该保留在歌路营内部由全职员工来承担，哪些是兼职或者实习生/志愿者可以完成，哪些则根本应该外包或者砍掉。然后，才有可能更合理地设计岗位职责，招募到合适的人才。

在这里，我想直接引用Aha的另一位同事周贤在2015年年末写给杜爽的一封信。从中，既可以看到我们对于这一年来的总结和未来的展望，也可以管窥这一年来Aha和歌路营之间合作的情况。

新人做新事

2015年就是歌路营从小作坊走向小工厂的时间，其本质已经发生了变化，外部的客户多了，原有的手工加工方式不能应对了，所以用的机器要升级到电子化了,但是关键岗位上会操作机器的人还没到位……大概就是这样一种状态吧。

在任何一个体系里,都有无数的情境;而每一个情境,都有自己的用户,这些用户都有自己的痛点;帮这个用户打造产品,提供价值,解决问题,也就让这个情境产生了价值,从而帮助整个体系产生了价值。

爽啊,你不是在管理,你是在帮助每个人"学会为他的用户创造价值"。

为孩子创造产品,当然是一种教育;帮助员工学会创造,不也是一种教育过程的设计吗?不恰恰也是你最擅长、最敢干、最乐于干的事吗?

我的建议总结成两段。

第一段,在歌路营"产品"本身层面,做限定性发展,有意控制规模,不求大,但求稳。

第二段,更大的重点放在"打造新团队、培养新能力、激发新文化"上。(当然,这不是指具体工作不做了;而是做中学,学中做,边做边打造。)

否则的话,规模越大,空白越多,缺失越多,大家越疲惫,人员越不稳定。到最后,连你都疲极而去,梅冬无力支撑,这个"规模化"就变成了"催命化"了。那就太可惜了。

相反,2016年稳一稳、定一定,是为了让我们2017年走得更宽敞、更开心、更有力。

祝好!

第9次　2016.1.19　北京　工作坊+协同设计+总结会

这是新年里的第一次工作,也是整个项目里 Aha 和歌路营同事们的最后一次面对面工作。

虽然只是一天,但我们高强度地处理了三项工作。首先,我们对"新1001夜"这款成熟产品的业务流程做了仔细的梳理,并将整个流程按照"体验地图"的方式完整地呈现在了一张图上,然后逐一分析了其中每一个环节存在的目的、所需的人力、带来的效用和可以优化的地方。经过这番梳理,原本烦琐耗时的工作流程被简化为三大模块:售前模块IT化,零人工客服；售中模块主要由歌路营人工完成，IT系统辅助；售后模块则简化并重新定义其意义，歌路营在将其标准化后，交由志愿者处理。这个梳理过程的另一层意义在于让歌路营的同事们意识到了流程梳理和优化的重要性，并通过这次实践学习了相应的方法，为以后自行开展类似工作打下了基础。

第二项工作围绕"新1001夜"的筹款和宣传工作进行。起初，我们也在梳理这项工作的流程，但是很快就发现作为机构负责人的杜爽和具体负责筹款宣传工作的同事对这项工作的目的有着完全不同的看法。后者仅将其视作为机构筹款，而前者更看重的是对机构品牌的推广和对要处理的社会议题的倡导。于是我们的工作从梳理流程转为"产品设计"——设计一款能够广泛动员社群力量、便利社群参与并主动进行推广的筹款产品。在新的产品中，宣传推广的工作渗透进了流程中的每一个环节。

第三项工作探讨了2016年歌路营新产品研发的规划和目标。最后形成的共识是，歌路营的使命和服务对象保持不变，始终关注的是农村寄宿制学校的留守儿童身心灵成长。歌路营未来的"沉浸式校园"产品系列将明确体现三个特性：场景化、易复制、综合信息。在产品开发方式上，将更加强调社会协同，便于公众参与。同时决定，在2016年内"心理课"和"微课"这两款产品都保留10所学校作为不断测试想法和迭代原型的基地。

三 这一年的合作成果

请容我直接引述南都项目官员刘晓雪的报告原文。

> 业务发展：歌路营的品牌项目"新1001夜故事"在2015年已覆盖至全国25省、184县、1136所学校、近30万农村住校生，其中2015年新增学校667所，增长率达到58%。同时，新1001夜在线微课堂项目和在线心理故事项目也正式推出。对住校生的服务时间从原来的每天15分钟扩展至60分钟，内容也从故事延伸到心理、学科补充、音乐等，极大地丰富了农村住校生的校园生活和社会视野。

> 团队建设：2015年歌路营总人数是8位全职+3位兼职（项目总监、品牌传播顾问、IT技术），随着"新1001夜"项目的规模化增长，原有以研发和项目人员为主的团队，开始新增专业职能岗位的人员，分别是传播筹款、品牌传播、IT技术、研究专员（主要负责项目评估、

数据研究，以及倡导型研究）各 1 人。其中 IT 技术帮助歌路营建立项目学校的申请、审批、筹款资金匹配、故事播放情况跟踪等在线系统，替代原来全部通过手动和 EXCEL 表格的管理方式，提高学校申请审批效率、资金匹配效率和团队工作效率，并试图建立基于数据的项目管理，为项目的规模化提供了基础，品牌传播筹款人员的加入也直接带动了机构资金的增长。因此，从学校增长数量和众筹资金额度的增长看，以上岗位人员的增加，为机构增加了非常大的绩效。2015 年歌路营进行工资调整，平均薪酬上涨了 20%~30%。此工资水平仍然很低，难以招到资深项目人员和品牌传播人士，目前这类人员以兼职或顾问方式参与工作。

资金筹集：歌路营 2015 年收入 464 万，比 2014 年收入 227 万增长 104%。来自基金会和社会公众的资金有大幅度增长，来自企业和政府的资金从金额和比例上均有所降低。公众筹款能力增长最快，在瑞森德筹款顾问的支持下，通过"为爱走一夜"等筹款产品使众筹金额从 2014 年的 24 万元增加到 2015 年的 147 万。未来两三年歌路营还将筹款增长和能力提升的重点集中在众筹上，形成丰富的筹款产品和支持体系，再考虑其他资金来源方的挖掘。此外，2015 年度新增资助方 12 家，追加新资助的老资助方 7 家，在资助方数量和重复资助两方面都表现良好。在支出结构上，成本（薪酬、项目支出）增长 112%，费用（管理费、筹资费、第三方服务费、其他）增长 365%，这与增加 IT 系统和筹款产品、第三方咨询服务等的投入有关。但与此同时，其服务学校数和学生数也分别增长了 352% 和 500%。可以看到，对费用投入的增长带来了服务规模的增长，如果没有此类费用的投入建立起规模增长的运营支持体系，要实现这种快速增长会非常困难而漫长。

歌路营是典型的"小规模大影响"的机构，过去一年虽然人数并未显著增加但服务规模实现了高速的增长。更重要的是在规模增长的同时机构内部能力得到提升，包括以精益创业迭代的思维及方式工作、产品研发、公众筹款等，也体现出歌路营是一个非常具有学习能力、探索精神的团队，这些是歌路营未来持续发展的真正基石。

2016 年歌路营将稳健式发展，规模扩张的速度保持去年的水平，年底计划总学校数达到 1700 所，服务人数达到 35 万~40 万。将加强对机构的能力建设，以夯实基础支撑后面几年更快的发展，防止速度节奏过快，内部支持系统跟不上，导致崩盘。

我们无意将歌路营在过去一年里所取得的成就全都揽在自己身上、视作这次项目合作的成果。在我们看来，这一年的合作中最让我们自己满意的是下面这四个方面，如果歌路营的成就中真的有一些我们的功劳，那么它也主要体现在这样四个方面。

第一，人员能力提升。经过这一年的合作，歌路营内部已经普遍接受了精益创业和设计思维的理念和原则，在实践中应用了其方法、工具和技巧。如同南都的项目官员刘晓雪所言："其精益创业的思维方式和工作方法也已转化为歌路营自身的能力，在歌路营各项工作中都有所渗透，包括筹款产品的打造等也极大使用了这套思想和工作方法。"（这里说一则趣事：杜爽曾受邀在知名软件公司 ThoughtWorks 发表演讲，受到高度评价。事后 ThoughtWorks 的同事反馈说："歌路营是我们接触过的社会组织中对于创业方法论最熟悉的，可以在一个话语平台上很舒服地沟通。"后来在歌路营"为爱走一夜"的筹款活动中，ThoughtWorks 组织了四支队伍参加，并联合成为捐款人数最多、筹款总额第二的队伍。）

第二，在机构发展的主要领域和主要关口，有机会和歌路营一同探讨，共同成长。

第三，和歌路营的同事们不断地交换、分享关于在线教育发展动向的资讯和思考、对于教育不公平议题的洞察，以及对于教育本身的观点。

第四，我想分享硅谷著名风险投资人霍洛维茨在 2015 年的畅销书《创业维艰》中写下的一段话："人一生应该拥有两种朋友。第一种朋友是当你遇到好事的时候，你会毫不犹豫地第一时间告诉他，而他会由衷地替你高兴，甚至比你还高兴；第二种朋友是当你遇到严重的困难时你会毫不犹豫给他打电话——当你人生处于最危急的时刻而你只能打一个电话，你会给谁打？"我希望自己能够做到是这两种朋友的合体。

四　发现与反思

在项目的中期总结会上，我把半年来项目实际发生的工作和原定的计划做了对比，指出在项目的进展过程中，目标和内容开始从单纯的产品研发逐渐转向了机构成长的各个方面。这种转变其实在第一次实地辅导之后就已经开始发生，因为机构内部的各种问题从一开始就在制约着原定计划的实施。这种转变使我们有机会深入歌路营成长的"黑箱"之中，探索社会创业机构在快速成长期所必然经历的各种变化和挑战，在如何回应这些挑战、及时地给予支持方面积累了经验。

总体而言，一家社会创业机构在步入快速发展期时往往需要对机构原有的模块和功能做出质的调整，同时还会面临一些在更为初始的发展阶段所不会或很少面对的挑战。

当社会创业机构处于初创阶段，团队规模有限，管理方式和沟通方式都相对简单，团队成员关系紧密，薪资福利等简单透明，机构的组织架构扁平，决策效率高，主要的日常工作以研发为主，产品单一，早期的用户往往来自熟人推荐或者主动上门；筹款来源相对单一，往往有一两个稳定的资助方便可应对日常之需；机构品牌意识往往不强，市场推广能力有限。

但是当机构的产品受到用户欢迎、机构开始获得更多的关注和资源时，机构就开始步入了快速发展期，外部市场规模和内部机构规模同时扩大。机构规模的扩大势必意味着管理的复杂性增加，对领导力和管理能力的要求变得更高，团队需要招募到足够数量和足够能力的人才，组织架构变得复杂，对运营管理、流程设计和 IT 系统提出了更高的要求。与此同时，随着市场规模的扩大，品牌知名度和市场推广能力变得更加重要，机构的筹款能力需要快速提升，资金的来源和形式要更加多样，动员社会资本的能力需要大幅提升，而这些都意味着外部的利益相关方将变得更多，其对机构的影响也会更大。

对于社会创业机构在快速发展期所要经历的变化已经有了一些研究，发现了一些共性的需求，而具体到特定的机构，因为机构所处的领域、机构的能力和特质以及外部环境等的不同，面临的挑战和需求会有很大的差异。下面的部分将围绕歌路营的案例展开。考虑到只是针对单一个案的研究，所以并不试图从本案例中提炼出某种更具通用意义的框架，但每一点实践经验都会对某个特定的机构有参考意义。

1. 成熟产品的规模化

一般而言，社会创业机构在初创期往往是"作坊式"的作业模式，产量是小规模的，销售是小范围的，供需之间没有明显差异。而当机构步入快速发展期时，供给和需求的规模都必须快速扩大。目前社会领域对于规模化的研究和实践大多集中在如何扩大需求方面。这很好理解，因为响应大规模的需求正是社会创业机构将自身的影响力规模化的最主要方式。

通常而言，社会领域产品规模化的主要方式包括建立分支机构、特许经营、发许可证和开源等模式。歌路营的"新1001夜"这款成熟产品，需求把握精准，产品简单易用，因而极其受到学校（用户）的欢迎。随着歌路营品牌知名度的提升，主动寻求合作的学校日益增多。同时，地方政府和一些基金会/NGO作为渠道，也会帮助歌路营批量性地获得更多用户。2016年开始，还出现了新的情况。已经有地方上的教育公益组织希望可以获得歌路营的授权，在当地代理这款产品。因此，从总体而言，歌路营在需求的规模化上并不存在问题。事实上，在过去的一年里，歌路营一直有意识地控制着需求量的增加，原因是机构内部的供给不足。

供给的规模化是一个很容易被忽视的问题。供给量的增加并不仅仅依靠在要素投入上的线性增加，而更需要机构主动调整和优化原有的作业模式和工作流程，才能够实现稳定、持续和高效的供给。在2016年年初的工作坊上，我们和歌路营的同事一起梳理了整个流程，发现其中大多数环节的效率和员工的成就感都很低，却迟迟没有得到改进，甚至机构已经将这种情况下意识地视作既定事实而不再积极寻求改变。造成这种现象的原因在于，因为需求的快速增加，员工即便意识到流程上存在问题，也会因为疲于应付日常工作，响应纷至沓来的需求和各个利益相关方（特别是资助方）的要求，而无暇停下来梳理和调整，造成问题长期积压。"新1001夜"这款产品原本应该在机构的业务中扮演"现金牛"的角色——也就是这项业务稳定高效，投入产出比很高，能够成为机构筹款的利器和收入的主要来源。然而因为供给环节存在的严重问题，这款产品的潜力一直没有得到充分发挥，不仅难以匹配巨大的需求，还牵扯了机构过多的精力，抑制了新产品的研发和机构发展中理应做出的种种调整。

2. 新产品研发

管理思想家查尔斯·汉迪提出过一个著名的"S曲线理论"，指出那些能够持久保持卓越的机构不会一直停留在既定的发展曲线上，任由自己的明星产品从曲线的顶端（S曲线的顶点）慢慢滑落，而是会在一款产品处于最高峰时就主动想到去研发下一款产品，开创一条新的S曲线。所以，和那些试图"一招鲜，吃遍天"的机构不同，歌路营并不会躺在自己的明星产品"新1001夜"上自满，而是主动地开始研发新的产品。

产品研发有相应的步骤、方法和工具。过去的一年里，歌路营一直在应用设计思维和精益创业的理念进行"心理课"和"微课"两款产品的研发。在这个过程中，歌路营的同事们不仅掌握了实践技能，更重要的是理解了背后的理念和原则。这些理念和原则呼应了快速变化、充满不确定的环境，不仅适用于产品研发，也适用于机构的组织变革。

好的产品除了技术过硬外，要想真正解决问题满足需求，务必在研发时要充分考虑产品的使用情境，将产品置于用户的真实处境和完整的使用流程中去设计。好的产品一定能够有效地"嵌入"现有的系统中，或者帮助用户从现有系统中"平滑"地迁移到一个新的系统之中。比如，歌路营正在开发的"微课"产品，从实地测试的反馈来看，视频内容并不是主要问题，如何使用才是真正的挑战：如何在不增加老师管理负担的情况下，让老师成为产品使用的推动力而非阻力？如何与学校现有的时间空间管理相匹配，以便学生更好地利用课余时间？如何兼顾学生的成长需求以及学校对于提高成绩和保证学生安全的需求？等等。

更进一步的，就像产品研发不等于技术研发，模式的打造也不等于产品研发。有了一款受到欢迎的产品是构建一个有效的业务模式的必要条件，但不是充分条件。在社会领域，人们往往很容易为一款看上去新奇特的产品叫好并给予资助等支持。殊不知，要想将一款产品的价值持续、稳定和高效地提供给用户还有许多的工作要做。

3. 项目管理

如果是一家处于成熟期的机构，进行产品研发时为了避免干扰，往往会将研发工作置于一定程度的隔离状态，成立专门的研发小组，拨出专门的设备和资金等。如果是一家初创机构，那么它最主要的日常工作就是产品的研发测试，可以心无旁骛。而歌路营作为一家处于快速发展阶段又不断主动进行创新的机构，情况却要更加复杂。

在前文的"项目背景"中，我曾这样写道："从研发的角度来看，歌路营不断地在深挖需求的基础上主动研发系列新产品。此时它具有初创机构的特点，做的是'从0到1'的工作。与此同时，歌路营还有一款名为'心理课'的微课产品，已经有了研发成果，需要做小规模测试，寻找初期用户。此时，它做的是'从1到10'的工作。而从'新1001夜'这款产品的角度，歌路营需要快速地扩大产品规模，满足更大范围的需求。此时，它做的是'从10到100'的工作，应该具备机构快速发展和市场快速拓展的能力。"

同时管理和运作三个处于不同生命周期的产品，机构必须具备高超的项目管理能力，才能保持项目间的充分沟通，有效地分配人力、资金、精力等资源，并且将不同的项目保持在最合适的节奏上。对于歌路营而言，这几乎是机构在过去一年里面临的最大挑战之一。

在和歌路营的工作中，我们很早就意识到了这个问题。在2015年4月的第二次辅导中，我们帮助歌路营设计了以"项目/产品"为导向的小组工作方式，并对原有的组织架构进行了调整。在每个项目/产品下分别设立产品经理、研发、传播筹款、运营管理、合作推广、行政财务和IT支持等岗位。机构的员工可在不同项目中兼任不同岗位。项目的生命周期结束，则员工进入其他项目组任职。同时，我们仔细核算了每个项目/产品下不同岗位职能所占比重和人员配比情况，还提供了"看板"工具来增强不同小组和不同员工之间的信息沟通的密切度。

后来我们发现，尽管问题的界定是精准的，解决方案的思路也是正确的，但是我们对于机构的准备度估计不足。在新的组织架构下，员工必须能够适应高度灵活变动的工作状态，必须具备很强的时间管理能力，同时机构内部的沟通也必须非常顺畅。由于变化剧烈而快速，员工难以很快适应。同时，新的组织架构也必须有新的工作流程相匹配。我们在当时没有相应地对流程进行梳理，而歌路营的同事们也（如上文"成熟产品的规模化"部分所说的）疲于应对日常事务，缺乏对流程的反思和优化。在这样的背景下，这次调整在运行了几个月后暂停。在2016年机构做好充分准备的情况下，有望重新恢复。

4. 人力资源

与人力资源相关的问题在过去的一年中也深深地阻碍着歌路营的发展。当歌路营还是一个小规模的初创机构时，团队成员的同质性很高，彼此熟悉，工作配合默契，每个人都能胜任自己的工作。当歌路营发展壮大时，老员工中开始面临职业倦怠和职业发展瓶颈的问题。在机构快速发展时，领导者的主要精力势必会更多地放在机构的发展和工作上，而难以照顾到每一位员工的情绪和发展。这有可能会被一些员工视作对原有的"心理契约"的违背。在这些情况下，歌路营在2015年一年间先后有3位员工因各种原因离职，更加剧了人力上的紧张状况。

另外，新员工的招募工作进展缓慢。这里有社会领域整体行业性的原因，也有具体的招聘技巧方面的原因——有吸引力的招募启事、合理的岗位设置和能力要求、有效的面试评估手段、专业的人力资源管理方法等，还有因为机构工作过度繁忙而无暇他顾的原因。

在我们看来，人力配置的前提是机构的战略明确并且流程清晰。只有这样，才可以更好地梳理工作内容，确定哪些工作需要留在机构内部，哪些可以兼职或者外包。同时，也只有这样，才能更具体地设定岗位职责和能力要求，而不是一个笼统的头衔和宽泛的要求。

现实情况却是一个恶性循环。因为人员始终不足，制约了组织架构的变革。前文提到的年初拟定的项目/产品制工作方式无法有效实施，原因之一就是试行了几个月后因为合格的项目经理始终不到位而使项目难以继续。

也是因为人员始终不足、工作量过度饱和，领导者不再像过去那样有耐心去培养新人，而是更愿意招聘到熟手，可以立刻上岗工作。这样既加大了招聘的难度，也不利于新员工的融入。同时，歌路营曾经有过的一些有利于员工成长的做法也难以落实到位或者大幅缩水。比如，歌路营的同事们以往每人每年都会有 200 小时的成长时间，并且会定期举办机构内部的学习分享会，而 2015 年因为工作太忙，定期的读书分享交流全年只做了两次。

类似的人力问题恐怕在很多处于快速发展期的社会创业机构都或多或少地存在。想要去应对，就必须做好预留，既要做好人才的储备，不要到了有需要才想到要去招；也要做好工资福利方面的储备，毕竟工资也是要随着机构的发展而提升的。另外，机构务必明白，虽然自己已经处在快速发展期，但仍是一家小型机构，仍然在不断面临"创业"的挑战，在持续地开发新产品，所以招人必须非常看重创业者气质而非单纯的专业能力。新员工必须能够适应变化，不惧怕模糊与未知，乐于迎接挑战，而不是打算在一家稳定的机构里按部就班地工作。

5. 利益相关方

过去的一年里歌路营所取得的成就有目共睹，受到外界的广泛好评。然而，通过上面的分析我们会发现这一年的增长在很大程度上是通过歌路营同事们高负荷的工作换来的。未来如果想要保持可持续的增长，一方面需要搭建好内部各类运营支持体系，提高效率；另一方面需要补充具有新职能、新技能的高效团队。这就需要外界的利益相关方能够充分理解歌路营的处境，在看到其成就的同时，也能意识到内部存在的巨大张力，给歌路营留出空间，保持发展的节奏，练好内功。

作为一家社会创业机构，歌路营目前的资金来源主要是各个资助方，它们是对歌路营影响最大的利益相关方。歌路营先后有过的资助方多达60余个，每个资助方都可能对歌路营有不同的期待，提出不同的诉求，在每一笔资助的进度、目标、日常沟通的频率和方式，以及财务要求上也不尽相同。这种情况使得歌路营的管理者花费了巨大的时间精力去应对和这些资助方的沟通。

资助方提出各种要求是可以理解的，他们也面临审计的问题，需要这些报告。有些项目官员也希望通过报告和反复的沟通了解机构的项目，帮助机构梳理思路。然而，当一家机构要应对的资助方数量过多时，机构将会疲于响应外界的要求，难以有时间和精力停下来对自己的工作进行分析、评估和计划，即便制订了目标和计划，也很容易受到干扰而难以实现。有时，各资助方对机构的期望并不相同，甚至根本不是机构的发展目标，而又都想通过自己的资助对机构施加影响，这只会更加让机构难以应对。

在2016年，歌路营计划在人员配备完成之后，将项目层面的报告交由项目经理/项目总监撰写，CEO只需要审核即可，只有涉及机构层面的报告才会由CEO来完成。这或许会在一定程度上缓解多利益相关方带来的困扰。更为根本的改善则需要歌路营进一步提升对利益相关方进行管理的能力，也需要利益相关方，特别是资助方能够充分理解被资助机构的处境，主动做出调整。

与此同时，多利益相关方的存在也有其明显的好处。除了"不把鸡蛋放在一个篮子里"的防风险作用，最大的好处莫过于能够使机构保持相对的独立性。设想一下，如果某个利益相关方的影响过大（如资助金额占比非常高），那么它完全有能力去干涉机构的发展方向和工作重心。

6. 融资

当社会创业机构步入快速发展期后，与市场规模和机构规模增长相匹配的是资金需求量和融资量都会上升。然而，对于这个发展阶段的机构而言，绝不能仅仅关注资金的绝对数量，还需要综合考虑资金来源结构、性质、使用效率等诸多问题，这些问题往往是机构在发展初期无须多考虑的。

歌路营在2014年的收入是227万元，原计划在2015年增长60%~80%。歌路营在2015年的实际收入为464万元，增幅大大超过预期。收入意味着需求和期待，在机构能力尚未匹配时，歌路营事实上是在有意识地控制着收入的上升。从收入来源的角度，2015年歌路营新增资助方12家，追加资助的有7家。基金会和公众筹款的增幅最大，占比也最大；而面向企业的筹款几乎为零。究其原因，是因为企业更愿意在公众热点事件上进行捐赠，而歌路营所关注的农村留守寄宿生问题尚未被企业普遍认为是热点。随着歌路营对该社会议题的不断倡导，以及政府层面的投入力度加大，这两年企业的关注度有望提升，来自企业的捐款应该会有所上升。

在几种筹款来源中，歌路营最看重的是对公众的筹款。与基金会、企业和政府建立的是 to B 的关系。关系一旦建立，以后的工作就是日常维护。与公众则是 to C 的关系，需要把筹款本身设计成一款产品。优秀的公众筹款产品会带来一种良性循环：在筹款的同时带来巨大的传播效应，引发更多人关注农村留守寄宿生的议题，也扩大了歌路营的品牌知名度，进而带来更多的筹款。

从支出的角度，2015 年歌路营在项目运作和机构管理上的开支增幅为 300%，快于收入的增长。这种情况是处于快速发展期的机构常见的现象，在歌路营这种情况预计还会至少持续 2~3 年。从成本收益上看，积极作用非常明显：歌路营在 2015 年服务的学校数量增长了 352%，服务人数则增长了 500%。

因为有这样良好的资金使用效率，歌路营得以在最近的几年里一直能够从预算中结余出一些储备资金，用于机构主动进行研发工作。虽然歌路营也希望可以将一部分结余资金用于提高员工的待遇水平，但并不现实。工资的增加是刚性的，如果在提升之后，无法获得持续的资金来源支持，将会使机构处于很艰难的困境。

最后，从歌路营的案例中可以看出，当社会创业机构步入快速发展阶段后，对财务管理的要求会更高也更复杂。财务管理不再只是简单的证账钱相符和三大报表的分析，而要能够把财务数据和财务指标当作机构运营的指示器，指导机构的日常管理和效率提升，同时财务的规划和预测能够有力地支撑机构的未来发展。

7. 传播和倡导

任何高影响力的社会创业机构都必然会同时关注服务和倡导两个方面。在发展初期，产品研发和提供服务是机构的主要工作，而到了快速发展期，倡导工作对于机构的重要性会大大增加。这不仅是因为倡导是机构对行业和社会担当的一种有力体现，也因为倡导在经过精心设计的情况下，会成为机构传播自身品牌和服务的有效工具，有利于机构自身的发展。

歌路营在 2015 年进行过几次很有力量的倡导活动。年初歌路营发布了

《中国农村住校生调查报告》，引起很大反响，被许多媒体报道，还被《经济学人》引用。年中，贵州毕节留守儿童悲剧事件引发了社会对于这个群体的广泛关注。杜爽适时地推出了自己的系列文章，不仅分析问题，还指出了不同的解决问题的角度。年末，歌路营在中国教育公益组织年会上设计实施了"留守儿童"论坛并发起成立关注留守儿童联盟，将行业内围绕同一议题的各个社会组织和利益相关方联结在了一起。

一方面，这些倡导活动引发了更多公众对农村留守寄宿儿童的社会议题的关注，引来了众多媒体的报道，也引起了政府部门的高度重视，对推动这一社会问题的解决起到了深远影响。另一方面，这些倡导活动也扩大了歌路营品牌的知名度和影响力，为歌路营业务的推广带来了直接的好处。

除了直接推广业务，有力的倡导还能为机构带来为数众多而坚定的支持群体。以这个社群为基础，社会创业机构将有可能重新打造自己的业务流程，以更为"社会化"的方式开展工作。当然，这也就对机构的社群维护运营能力提出了很高的要求。如果机构在这种能力和经验上没有积累，即便有了社群，往往也难以充分发挥它的作用。以歌路营为例，它的筹款产品"为爱走一夜"深受参与者的欢迎。平均每一个参与者会带来25个捐款者，这个比例远远高于行业平均水平（1:7）。然而，歌路营一直没有能够很好地将这些热情的参与者组织成社群，为他们提供服务，支持他们做出更多贡献。2015年年底，歌路营尝试成立了"歌友会"，将北京地区的一些支持者聚集在了一起，组织成本很高，却不知道该让他们如何参与机构的工作。

社会创业机构要想实现倡导对于社会议题和机构自身的双重价值，必须对所关注的社会议题领域保持高度的关注，对热点保持敏感，还需要有借助社会热点事件发动倡议和设定议程的能力——这种能力对于大多数的社会机构，特别是以产品服务（而非权利倡导）起家的机构都是欠缺的。

有必要指出的一点是，社会创业机构的品牌推广如果完全脱离了对所关注的社会议题的倡导，往往不会带来持久的影响力，也不会为自己的服务人群带来实际的改变。在某种程度上，机构的品牌推广和社会议题倡导的结合程度，可以看作社会创业机构是否坚持初心的试金石。

8. 领导力

最后，在社会创业机构步入快速发展期之时，机构领导者的领导力必须随之发生转变。这种转变将直接决定机构发展的快慢和质量。在这一阶段，领导者在三个方面的能力显得尤为重要。第一个是团队建设能力：能够在新老交替、团队规模扩大的同时，识别团队所处的阶段，主动从"对人"和"对事"两个维度推动团队向更高阶段发展。第二个是平衡决策的能力：如何在多个项目/产品间平衡、如何在机构的"未来之星"（机构的未来）和"现金牛"（机构的现状）之间平衡、如何在计划与机会之间平衡、如何在不同利益相关方的期待之间平衡等。第三个是领导变革的能力：我们已经反复强调过，机构步入快速发展期绝不仅是数量上的增长，更意味着机构内部会发生很多根本性的变化——组织架构的变化、作业流程的调整、管理风格和机构文化的重建等，这些工作是领导者最该投入精力的地方。

社会创业机构步入快速发展期后并不会突然发生，而是呈现一个渐变的过程。上面分析的八个方面是歌路营的成长"黑箱"中最为突出的地方。虽然是个案，但是对其他处于同一发展阶段的社会创业机构不无借鉴意义。这八个方面是一个有机的整体，在机构的成长过程中相互关联，互有影响，所以在机构的转变阶段需要综合地考量这些因素；而在做出具体的调整改变时，机构则可以根据自身的特点对这些方面做出先后侧重之分。

五 给资助者的建议

前文的分析主要是从社会创业机构的角度，揭开了它们成长的黑箱，明晰了必须应对的种种挑战。在本案例的最后一部分，将从资助者的角度，就如何帮助社会创业机构快速成长给出一些建议。

1. 非限定性资金对于步入快速发展期的社会创业机构至关重要

社会创业机构在早期阶段所获得的资助基本上都是针对项目的，每笔项目资助中会留有一定比例的行政性费用以支持项目运作阶段的机构开支。当这些机构步入快速发展阶段时，机构内部必须经历许多重大的变革，全面提升机构的能力，才能响应更大规模的需求，创造更大的社会影响力。此时，资助方应该资助与机构所提供的产品和服务无关的"非限定性"资金，帮助它们顺利度过这一时期。这笔"非限定性"资金与传统的项目资助相比，更像是一种投资行为，因为它所能创造的价值远远大于自身。社会创业机构在获得这笔资金后，在使用上拥有很大的自由度，既可以用于自身的能力提升，也可以用来招募新的人才，还可以作为产品的研发资金等。

南都景行计划所提供的正是这种类型的资金。在拨付和使用上，景行计划可以考虑采用"精益投资"的理念，按照机构发展的里程碑来分批拨付资金。在这种方式下，景行计划可以在资助期的一开始便与社会创业机构共同商讨资助期末机构要实现的发展目标，然后据此来设定在资助期内的不同发展阶段和机构所要完成的一个个里程碑。资金的拨付时间和金额不再是现在这样的平均分配，而是会根据每一个里程碑目标的实际需要而定。比如，一家机构的第一个发展里程碑是优化产品开发流程，并构建社群化开发模式，计划在八个月内完成，需要 10 万资金，于是景行计划拨付了 10 万元；在该里程碑完成后，下一个里程碑是找到有效的市场推广模式，并将用户基数扩大 3 倍，计划在五个月内完成，需要资金 8 万。这样的资金拨付方式好处在于将资金的拨付和机构的发展紧密结合，有力地支持了机构每一步的发展，也使得资助的效果清晰可见，并减少了资金使用的风险。同时，这种资助模式对资助方和社会创业机构也都提出了很高的要求，双方必须经过充分的沟通、仔细的分析，才能对每一个里程碑达成共识，保证合作的顺利进行。另外，这样的资助模式也会在一定程度上增加资助方项目官员的工作量。（关于这种资助模式可以参见 Monitor 公司出品的研究报告 From Blueprint to Scale，其中包括一个详细的案例分析。）

2. 有效的资助必须匹配专业的第三方服务

前文分析过社会创业机构在步入快速发展期后所要面临的各种挑战和要进行的变革。其中的很多工作仅靠机构原有的能力和经验储备往往并不足以完成。在既招不到能干的人，机构自己又没干过或者干不好的情况下，从专业第三方那里寻求支持就成为一种很好的选择，对推进机构的各项工作十分必要。景行计划在对歌路营 2015 年发展所做的内部评估中也明确提到，在歌路营过去一年的发展中，景行在两个方面发挥了作用，其一便是引入了适合的第三支持方来协助歌路营提升机构能力。

在将来，景行计划可以更早地将专业第三方纳入自己的资助计划中。比如，在对候选机构做尽职调查时，便可以邀请专业第三方一同前往。后者会对候选机构在发展阶段时的各项准备度，以及景行计划资助所能带来的改变可能性方面做出评估。或者，在对某一家社会创业机构的资助确定之后，便邀请专业第三方对社会创业机构进行机构诊断和需求调研，和被资助机构共同分析现状、未来变化中会出现的挑战，以及所需要的支持。如果需求单纯由被资助机构提出，往往会出现"头疼医头脚疼医脚"的情况，而并不能准确反映机构的深层次需求，进而影响后期的资助效果。另外，前文提到的"里程碑式的资助方式"也可以邀请专业第三方参与，和被资助机构一同探讨未来发展的各个里程碑。在每个里程碑结束之后，专业第三方也可以参与对里程碑的评估工作。

专业第三方在为社会创业机构提供支持时，最有效的方式是"深度陪伴式的辅导"。与一般的"项目咨询"或是"能力建设培训"相比，这种深度陪伴式的辅导参与的程度更深，持续的时间更长，对被支持机构的问题理解得更透彻，给予的支持也会更及时和更具实践性，效果也会更好。除了帮助机构解决具体的问题，这种支持方式还会在一次次具体的实践应用中将解决问题的理念、思路、方法、工具、技巧等迁移到被支持机构的内部，转化为机构的能力。

这种对机构的深度陪伴往往也意味着对机构负责人的深度陪伴，此时专业第三方扮演的角色更像是一个"教练"。教练的最大价值不在于输出技能和解决方案，而是帮助对方看清自己、保持内省、发现优势。教练最经常做的是三件事情：提问、倾听、鼓励。处在快速发展期的机构领导者每天都会遇到巨大的挑战和工作压力，有这样一位值得信赖、愿意付出的教练在身边，能够感受到自己的情绪起伏，适时地提供建议和支持，会对领导者的个人成长起到非常大的作用，进而给机构的发展带来积极的作用。

这样的深度合作意味着专业第三方和社会创业机构之间首先要培养起高度的信任和默契。这就需要景行计划尽可能地在早期阶段就促成专业第三方与未来可能会合作的社会创业机构产生联结，在真实的工作交往中相互了解和熟悉。这样深度的合作也意味着景行计划要足够容忍合作的模糊和不确定。因为机构的很多需求和问题并不会在早期就完全暴露，很多时候被支持机构自己也无法说清或者意识不到存在哪些问题，需求的渐次呈现才是最真实的情况。这样的深度合作只能在既定目标达成共识的前提下，在工作的过程之中逐渐明晰问题、明晰解决的路径。

专业第三方的引入不仅会为景行计划支持的机构带去帮助，也会推动整个社会领域的发展。社会领域的发展有赖于一个健康完整的行业生态系统。目前在国内的行业生态系统中，严重缺少提供支持性服务的专业第三方机构。其实，并不是真的没有供给，而是因为行业内的有效需求严重不足。需求其实大量存在，但是社会创业机构往往难以有支付能力来满足需求。所以景行计划通过为自己支持的机构匹配第三方专业服务，实际上有助于催生供给，进而催生出整个第三方服务的市场，对整个社会领域的可持续发展有深远意义。

3. 不同的资助方之间应该加强联系与合作

前文曾提到多利益相关方——特别是资助方的管理往往会给社会创业机构带来很大的困扰，占据其非常多的时间和精力。在与资助方的沟通中，不同的资助方对被资助机构提出的很多要求和问题其实都是一样的或者类似的，被资助机构不得不一次次重复地沟通相同的内容。行业内是否可以像商业投资领域那样，有一个投资人管理平台？在这个平台上，被资助机构可以发布很多通用的信息，这些信息是每一个资助人都会关心的。同时，平台上也可以看到每一个资助方的资助信息，便于它们彼此间的交流和合作。

处在快速发展期的社会创业机构通常会有不止一个资助方。这些资助方可能都接受上面两条建议，也就是为机构的发展提供"非限定性资金"，并"匹配专业第三方的服务"。在理想的情况下，这些资助方可以合作，共同商讨对机构的支持方案。拿歌路营来说，南都景行计划的一笔非限定资金用于资助歌路营新产品研发的第一阶段，里程碑是做出原型；澳门同济慈善会的一笔非限定性资金用于支持产品研发的第二阶段，里程碑是产品找到首批用户并试点；福特基金会的一笔非限定性资金用于支持产品规模化的阶段。同时，三家基金会为歌路营在机构发展的三个关键领域分别匹配不同的第三方服务。三家基金会定期沟通资助的进程和效果，并和歌路营一同商定下一阶段的支持计划。

毫无疑问，上面描述的情况与现实的差别非常之大。现在的资助模式和社会领域的整体结构与氛围，都与上面提到的模式违和。比如，对很多的资助方而言，都会希望把被资助对象的成长和社会影响力归于自己的资助成果，同时社会创业机构往往又很难评估自己的绩效和社会影响力，难以说清每一种资助带来的变化究竟为何。在这种情况下，各家资助方该如何进行合作呢？景行计划会成为主动联系其他资助方并探索合作模式的那一个吗？

4. 景行计划的团队需要深入理解精益创业的理念

现在主流的传统资助方式非常追求确定性和细节，往往要求申请资助的机构详细写明未来要做的每一项工作、要花的每一笔预算、能取得的每一个成果，并且在资助后要求被资助机构严格遵照计划执行。如果申请资助的机构是在一个一成不变的环境里做一个重复过多次的项目，那么这些资助要求或许是有效的。然而，世界不是不变的，同时，总有些机构想要尝试一些创新的、探索性的项目。此时，这样的资助方式不仅无效，还是一种阻碍。

景行计划所支持的机构都是处于快速发展期的，它们所处的发展阶段是变化的，所做的事情很多都是新的，产品服务也是需要研发的。景行计划的项目官员需要在对此有清楚理解的基础上，摸索出与之相匹配的资助方式。

精益创业不仅是创业和产品研发的方法论，其背后贯穿的理念更是在许多领域普遍适用的，包括资助。这些理念包括：拥抱不确定性，深入了解需求，用最小可用产品去测试用户反馈，在持续迭代开发的过程中不断学习，不断丰富对问题和解决方案的理解……项目官员对这些理念有所了解，不仅有利于理解被支持机构的日常工作，也可以遵循同样的理念探索和实践精益资助的模式和方法，更有效地借助资助来帮助这些机构发展。

基金会起初可能难以适应这样的变化。那么最好的方式就是宽容被支持机构所做的尝试，深入了解和参与，在亲历中加深感知和信心。事实上，在和歌路营的合作中，景行计划的同事们做得非常好。他们首先宽容了合作的项目计划书上对于工作内容的模糊性，接受这是一个逐步明确的过程。在第一次和第二次的实地辅导中，景行计划的项目官员和歌路营的另一个重要资助方澳门同济慈善会的项目官员都曾亲自前往。在亲眼目睹了新的工作方式和所带来的效果后，他们都给予了更大的信任和支持。这就是一个很好的思想变革的范例。

六　鸣谢

在本案例的最后，请容我向南都景行计划的各位伙伴以及歌路营的各位伙伴表达深深的谢意。

歌路营在我看来是目前国内教育领域中为数不多的善于发现教育问题并提供专业性、创新性解决方案的社会创业机构。它们在快速发展期所面临的诸多问题和挑战也是很多同一发展阶段的社会创业机构所共同面临的。如何有效支持这类机构将自己的创新性解决方案发展成一个可持续的业务模式，进而创造更大规模的社会影响力，这需要有一套成熟的机构发展分析框架和为它们提供支持的实践经验，而这些正是我们这次合作的期望所在。

南都景行计划开创了国内社会领域针对机构发展进行支持的先河。这次由景行计划促成的 Aha 和歌路营的合作则是景行计划在原有基础上做出的一次大胆尝试和自我革新。这种精神非常令人钦佩和尊敬。在这次合作中，景行计划的各位伙伴表现出了充分的信任和支持，为合作的顺利进行和成果的取得创造了良好条件。

附录五　中国的公益组织快速成长的密码：从项目导向转变为业务导向

——以新途为例

中国农业大学人文与发展学院　董　强

2016年11月，南都公益基金会联合多家机构共建中国好公益平台，致力于将优质公益产品与社会需求进行有效对接。围绕着"规模化"与"小而美"，公益界展开了各方观点的讨论与争锋。从组织研究领域来看，这个问题其实就是在讨论"大组织"与"小组织"的关系。无论是政府组织，还是商业组织，关于组织规模的问题都是有所讨论的。从此次讨论来看，持应该注重大组织发展的观点认为，小组织难以大规模有效回应社会问题，无法在一个以国家为主导的社会中体现公益的影响力；持应该注重小组织发展的观点认为，大组织可能会削弱乃至损害公益的多元价值基础。这两方面的观点都有其合理性，我们是否可以在"规模化"与"小而美"之间达成一种动态的平衡关系，让想要扩大服务规模的公益组织有其成长的行业环境，让想要局限在一个社区做服务的公益组织也有其存在的行业环境。据统计，美国年筹款额超过5000万美元的公益组织有150家左右；英国年筹款额超过500万英镑的公益组织数量有2110家，占比为1.3%。从中国现实情况来看，中国公益组织规模化的数量还是偏少。尽管最近几年一线、二线城市的社工机构在政府购买大规模服务的助推下正在成为规模化的组织，但完全依赖政府资金长大的社工组织存在的问题也不容小觑。

从2014年起，中国农业大学人文与发展学院在南都公益基金会景行计划的支持下，选择了重庆两江、上海百特、厦门担当者、上海新途、广州慧灵、成都爱有戏6家快速发展的公益组织作为案例，系统深入地研究了公益组织是如何长大的。我们研究发现，从组织内部的视角来看，公益组织能否长大的首要因素是从项目导向转变为业务导向，同时辅之以机构创始人、机构团队、机构筹款方面的协同。公益组织的业务最初形成都是从对一个很小的具体的社会问题的回应展开的，这样一种回应能力也是机构现有的资源条件（人力、资金）可以承受的。公益组织在对业务切入点的深刻理解基础之上，并保持长期极度"专注"，业务突破与升级是要围绕业务切入点形成一套有体系的业务模式，从而能够全面深刻地回应某一特定的社会问题。机构创始人在机构快速成长中要发挥最基础的动力，在不同的阶段要承担不同的责任：初创期要解决机构的生存性筹款，发展期要把握方向、形成业务、筹款单一化、搭建团队，扩张期要扩张业务、筹款多元化、塑造组织文化。机构筹款在业务形成阶段主要依靠单一筹款，公益组织必须要找到一个关注机构业务切入点的资助方，从而能够获得业务切入点的实验资助。在业务升级阶段依靠多元筹款，公益组织在切入点实验初步成功之后，能找到稳定的一个或多个资助方（不超过三个），并能预估资助方对这一业务模式高度认可且将给予长期大额资助。公益组织在团队方面，不要苛求一下就组建出长期发展的团队。公益组织的团队基本上按照生存型团队、发展型团队、扩张型团队三种类型逐级提升。在提升的过程中要注重团队专业化程度以及组织内部的架构变革，以适应组织的发展速度。

尽管在我们的案例研究中，没有将公益组织的外部环境作为一个研究变量，但是不可否认外部环境对于公益组织规模化发展的重要性。比如，重庆两江在发展初期，遇到最大的问题就是筹资渠道狭窄，找不到稳定的大额资助方。重庆两江在 SEE 基金会确定其战略资助方向之后，获得长期稳定的资助承诺。成都爱有戏和上海新途这两家机构都是以社区服务为主的公益组织。这类公益组织的成长特别需要开放的社区服务空间。上海在社区服务放松管制方面相对于成都要早，所以上海新途就获得了比成都爱有戏更早的政策机遇。

未来中国的公益组织多元化发展的一个方向就是：一定数量的公益组织会成长为规模庞大的组织。近年来，公益界在推动公益组织发展方面出现了多个行业支持平台：景行计划、爱佑益+、敦和种子基金、劲草同行计划、中国好公益平台等。目前，这些支持性的平台主要的支持方式是：通过资金和专业支持帮助公益组织将成型的业务在更大范围内扩散，实现规模化地解决社会问题。无疑，这些行业支持平台对于公益组织成长乃至公益产品扩散发挥积极作用。

案例：

上海新途社区健康促进社：为人群健康问题提供基于社区的综合解决方案

成长数据

1. 创办年份

2006年5月，上海新途社区健康促进社（以下简称新途）在上海注册成立。

2. 核心业务

➢ 核心方向：以预防为主的社区健康促进；以家庭为中心开展社区服务；以生活馆模式实践社区发展；组建会员（患者）互助俱乐部促进自我健康管理。

➢ 工作领域

常青藤：慢性病预防社区解决方案

咏年楼：失能预防社区解决方案

新市民：促进流动人口健康与社会融合

斯迪克：残疾人社区康复综合解决方案

清心驿站：精神健康社区解决方案

宜立方：健康社区的综合营造

3. 团队规模

2006年1名员工，2015年31名员工。

4. 筹款数额

2006年筹款额14万元，2015年筹款额1032万元。

5. 组织绩效

2015年，上海新途在6个城市的47个社区开展工作，管理和参与运营40个场馆，培育384支俱乐部和兴趣小组，发展1446名健康大使，支持21994个家庭。

一 龙飞、郭小牧：医学专业背景与服务专业背景的双创始人将国际项目落地为一家关注社区健康的公益组织

1. 龙飞：具有扎实的医学背景和丰富的国际组织经验

龙飞从本科开始就接受了系统的医学及健康领域的专业训练，此后在

多个国际学术机构有过深造的经历。龙飞本科毕业于华西医科大学公共卫生专业，接着在该校继续深造获营养学硕士学位。硕士毕业之后，龙飞曾在重庆医科大学预防医学系当了七年的教师，升任教研室副主任。此后，他又赴澳大利亚昆士兰大学攻读人群健康学博士学位，并在英国食品研究院和伦敦大学热带医学与卫生学院做过访问学者。他通过系统的医学教育具有了深厚的医学专长和训练有素的学术思维，同时他对于国内外医学发展前沿有着敏锐的关注，这些个人优势不断转化成上海新途的公共健康专业优势。

龙飞拥有丰富的国内外基金会和国际组织的项目工作经验，熟知国际组织的运作模式，善于将国际经验与中国实际结合。2002年，他在博士毕业之后，回国担任国际奥比斯中国项目高级项目经理、中国培训网络项目经理。2006年他担任澳大利亚霍洛基金会中国首席代表。这期间他带领的工作团队和获得的社会资源成就了上海新途的核心工作团队和理事会。2006年，他怀着将国际奥比斯的工作方法与经验本地化的初衷，联合发起上海新途社区健康促进社，成为主要创办人之一。此前，他花了半年时间对上海新途的成立做出详尽的规划。

2. 郭小牧：具有九年特殊教育工作经历以及国际机构的社区参与式培训经验

1993年郭小牧毕业于华东师范大学特殊教育专业，之后进入上海市盲校工作。她从普通老师做起，最终做到了学校的教导主任。在上海盲校，她主要负责多重残疾儿童的教育，即视力障碍和智力障碍儿童的教育。在上海盲校，她不仅仅参与教学，同时还负责科研以及学校的项目试点。上海盲校与国内其他盲校的交流也很多。她也给全国的教育多重残疾儿童的老师做培训。因为上海盲校是中国最好的盲校之一，因此有许多国际交流的机会。她在此期间参加了美国帕金斯盲校（全球最大的盲校）的一个特殊计划——培养全球青年领导人才。这个为期一年的职业培训扩展了她的视野。她发现美国的社会服务框架跟中国在理念层面有很大的差异。中国对于盲人的教育主要强调残疾人要自信、自立、自强，然后回归、融入社会中去；而美国则提倡社会要包容残疾人，让残疾人平等地参与竞争，为残疾人营造一个公平的社会氛围。这种理念的转变为她以后的工作思想打下了基础。在上海盲校期间，她认识了在爱德基金会做防盲的庄爱玲。2002年，庄爱玲到国际奥比斯担任副首代时将郭小牧招进奥比斯。

国际奥比斯组织（Project Orbis – ORBIS）是一个致力于为世界各国盲人和眼疾患者恢复光明的国际性慈善机构。2002年郭小牧进入奥比斯中国办事处后，在龙飞带领下参与中国培训网络项目。该项目主要的工作内容就是帮助奥比斯在中国完成项目从以病人为中心向以社区为基础、以预防为导向的转型。在奥比斯的5年，她熟练地掌握了社区参与式培训方法，并在西部的农村社区开展了大量的培训以及帮助培训对象建立社区的预防、筛查、转介等一体的防盲系统。这为她后来开拓上海新途的业务（如对如何进入社区、如何培训健康大使等）奠定了良好的技术基础。在国际奥比斯5年的工作经历让她清楚了一个国际公益组织如何运作，并熟练掌握了参与式培训方法论，对社区发展产生浓厚兴趣。

2011年，郭小牧被市民政局推荐担任上海市社会工作协会秘书长。在她犹豫是否要承担这个工作时，新途理事会认为她到更好的平台任职将助力于机构未来的发展。由于无法招聘到新途负责人，从2012年由龙飞暂时担任机构的负责人。郭小牧从2011年一直服务到2016年下半年，才重新全职回归到新途。尽管在这4年时间里，对上海新途的工作参与减少，但是她借助上海社工协会以及市政协委员的身份，为机构的发展提供了多方面的支持。

3. 双创始人在上海新途运作中的合力：协同合作，求同存异，相得益彰

从2002年开始，龙飞和郭小牧即在国际奥比斯合作开展工作，到2016年已有14年的合作。在中国公益领域，双创始人的机构并不太多，这其实是反映了双创始人在合作推动组织发展中的冲突难以克服。上海新途恰恰给我们提供了一个双创始人如何能够协力推动公益组织发展的典型案例。

通过研究上海新途双创始人的职责分工，其实可以看到上海新途最大限度地发挥了龙飞和郭小牧的个人专长。尽管两人在业务发展的方向与业务发展的手法方面有着专业上的冲突，但是两个创始人在机构内部形成了一个业务的"二分模式"：战略方向与工作方法。龙飞主要负责业务的战略方向与战略拓展，郭小牧则负责成型业务的研发与推进。这样的二分模式恰恰又是结合了两人的优势，规避了两人的劣势。龙飞的专业优势是医学与健康领域，他会设计基于专业医学的健康干预服务体系以及专业健康机构的发展路径；而在社区进行业务的二次研发以及社区关系的动员与维护方面则是郭小牧的优势所在。龙飞始终把握着新途发展的大方向，他给新途制订了一个非常宏大、具有前瞻性的发展框架。在这个框架下，郭小牧

可以将她强大的应变能力、结合能力和研发能力发挥出来，同时也弥补了她思维过于发散的缺点。龙飞和郭小牧在新途的发展过程中相得益彰，他们根据组织发展不同阶段的需求不断互换角色，使得机构的影响力得以产生和提升。

表附5-1 龙飞、郭小牧在上海新途各个发展时期的职责划分

	龙飞：关注新途在健康领域的专业性	郭小牧：关注新途在社区的发展
2006~2011年	制订新途发展框架，为关键项目提供咨询	负责新途的实际运营，打造新途四大品牌业务
2012~2014年	重新搭建新途发展框架，主导新途全国扩张	主管新途上海业务
2014年至今	退出新途执行层，开拓业务新领域，为新途国际化做准备	接管新途全国业务，为新途全国扩张提供持续力量

龙飞：为上海新途提前规划发展方向，并拓展机构业务宽度，推动区域的扩张。2006年上海新途成立初期，龙飞提出机构的发展体系——新途最终的服务要进入家庭。基于对参与式培训项目的认识和对解决社区问题的方法的认识，龙飞认为新途最大的特点应该是赋权，将权力交还给社区，社区人群是新途的受益人群，而受益人群是新途的资源。上海新途要做的就是实现层层赋权，构建系统的赋权体系，这个体系的终端就应该是家庭。做出这样的判断，是因为龙飞认为医疗体系也会跟随工业发展一样经历从简单到复杂、再由复杂变简单的过程。工业化之前医生到家里为病人看病，工业化带来专业分工，医院随之产生，病人开始到医院看病。而互联网时代追求个性化，以后医疗系统的节点应该是家庭，家庭中才有弱势群体。2012年上海新途探索出生活馆—健康大使—俱乐部—家庭的社区模式之后，遇到业务发展瓶颈。如果新途仅仅依靠四个品牌在上海发展，绩效将增长缓慢，甚至出现萎缩的迹象。龙飞开始为上海新途重新梳理发展框架。他非常看重医疗和健康方面的专业服务进入社区，包括疾病的检测、筛查和转介等。他认为上海新途已经找到并逐步搭建起进入家庭的渠道，上海新途未来的发展方向是增加社区服务的专业干预，对医院到家庭的各个环节进行整合，构建开放性的社区健康干预平台。2012年开始，上海新途的品牌与项目开始分化，同时开始走出上海。他主导成立了项目部和筹资部。项目部主要承接机构层面的医疗健康专业干预类项目。筹资部则是在机构层面主要针对公众筹款。这样的分化让新途内部朝着更专业的方向发展，

专门的人做专门的事。在他的设想中，未来的上海新途将以联盟的方式扩张，将会围绕其使命催生出更多的分支机构以及独立注册的机构，形成产业链。新途将在产业链中发挥整合的价值与功能。为了实现新途在全国的扩张，他在2012年之后承担起上海之外的业务扩张工作，主要负责品牌落地与区域机构的搭建。2012年，在资助方葛兰素史克支持下，新市民品牌落地北京。2013年，他通过青岛市李沧区民政局，将咏年楼品牌引入青岛。同年，成都的一家社区服务中心购买了新途的常青藤品牌的服务，常青藤品牌开始进入成都。2014年，重庆市沙坪坝区渝碚路街道办事处达成与新途的合作。同年，在葛兰素史克的支持下，新途的新市民品牌拓展到广州。

2014年后，龙飞推进新途开发新的品牌项目，并为新途国际化做准备。他对接各种资源开发机构层面的项目。2014年8月，他申请到百特国际基金会的社区老年人防跌倒项目，该项目计划依托新途的社区生活馆，分别在上海、北京、青岛和成都4个城市的社区开展。这个项目已经具备逐渐发展为新途又一品牌项目的条件。2014年10月，清晰世界农村视力矫正项目是新途与医院合作的项目，分别在云南大姚县、内蒙古包头市和广东省汕尾市的农村地区形成社区防盲网络。依靠这个项目，龙飞正带领新途探索农村健康社区运作模式，为机构未来进入农村社区做准备，成为新途下一个品牌项目。2015年，当郭小牧回归新途后，龙飞和郭小牧实现角色互换。龙飞又开始为新途国际化做准备。

2015年，龙飞承担了墨尔本大学澳洲眼科中心的亚太研究加速器项目中国首席代表，与上海新途合作在广州开展精准医疗和转化医学的项目，同时与机构理事开始策划机构走出中国的国际项目。

郭小牧：上海新途使命落实、品牌创建、社区链接、政府筹资的第一执行人。郭小牧基于过去的专业训练和体制内与体制外机构的工作经历，具有很强的管理经验。2006年上海新途成立以来，郭小牧将积累的管理经验不断应用到机构的运作中。在机构成立初期，龙飞给新途指出了发展方向和整体的规划，郭小牧开始了对这一系列想法的实践。她在实践中摸索出场馆、俱乐部、健康大使模式以及最后进入家庭的模式，并将多个针对不同群体的服务项目逐渐转化为品牌业务。2008年，她与葛兰素史克谈成新途的第一个品牌——新市民。随后，她在上海逐渐建立常青藤品牌、咏年楼品牌和斯迪克品牌，这三个品牌与新市民品牌一起形成了新途的四个主打品牌项目。品牌业务的模式清晰，易于复制，这也为新途的扩张奠定了基础。她能够将合作方提出的项目初期想法与新途的使命结合，最后形成高于资助方要求，同时适合新途发展的项目。郭小牧善于变通，她对于参与式培训方法和社区有着深刻的理解。在设计项目的时候不是自己去想要干什么事，而是始终跟社区共建，让尽量多的相关方一起参与设计一个模式，这使得新途的项目差不多都是资助者、政府和社区共建的。郭小牧的善于变通还体现在她带领新途在承接政府项目时，虽然看起来什么类型的项目都在做，既有建社会组织服务中心的，又有开展社会组织党建的，但这些都不会影响她对于新途使命的追求——对接社区卫生健康项目。

郭小牧有超强的执行力，对政策信息敏感，擅长与政府合作。她能够利用好政治环境，让新途借势发展。她带领新途在上海实现不断扩张，得到政府信任，承接了大量政府购买项目。新途筹款中的政府资金大部分都是由她筹集的。2012年后，上海新途开始全国扩张。当龙飞在新的地区找到区域负责人，并筹到第一笔资金后便移交给她进行管理。她主要负责区域的财务和项目统筹管理。2015年之后，郭小牧开始接手新途在全国的业务管理工作。

龙飞与郭小牧的管理风格塑造出了上海新途的"失控文化"。龙飞与郭小牧将他们在国际奥比斯中国培训网络的工作氛围带到了新途。新途的团队文化是一种失控文化。龙飞感兴趣的是还没有发生的事，对已经能做的事不感兴趣。因此，他对组织的实际管理很少。而郭小牧认为不能勉强人去做不相信或者不擅长的事情，也就是说只要找到志同道合的人以后，就要充分发挥人的主观能动性。郭小牧在机构管理方面没有控制欲，她甚至都不看机构的财务报表。她的这种自信一方面源自对于财务总监的信任，另一方面她认为在员工人数尚少，制定KPI、质量监控、督导的意义都不大。郭小牧的这种管理风格使得上海自上而下都是这种失控文化，每一层都充分赋权，从而保证新途的员工在机构限定的边界内都能做自己最感兴趣和干得好的事，他们有权对机构的安排说不。

二 上海新途的使命具有独特长远的视角，在机构的不同发展时期引领业务模式的调整

上海新途从发起成立时就形成了具有独特长远视角的使命：通过社区健康促进项目和对社区服务机构开展能力建设，促进社区成员尤其是弱势人群的健康与发展。新途的使命能够在2006年成立时便如此独特长远，得

益于创始成员在国际奥比斯期间的实践。创始团队在国际奥比斯期间主要围绕防盲，在农村地区开展培训项目，做医生、卫生员、卫生部门相关人员的能力建设。到2006年，中国培训网络项目结束，共培训了600名的医院院长、医生以及社区工作者。当年，中国培训网络在上海召开了一次战略规划会议，讨论后续的行动。在此次会议上，大家都认为现在中国医疗系统的问题主要是社区没有动员起来，社区和病人没有承担起健康的责任，应该让社区和病人组织起来，自我服务、自我管理。此次会议同时达成一个共识：成立一个新的机构传承中国培训网络的理念和方法。新途的创始团队通过5年的国际奥比斯中国培训网络的工作实践，对于社区健康干预有着高度一致的理解。从2006年成立以来，新途的使命从未发生变化。新途认为使命揭示出其存在的意义与价值，业务模式始终围绕使命进行调整。新途的使命就是关注社区、关注人群健康，因此业务一直都有别于传统的卫生领域健康促进模式。新途是用自下而上的方式，以患者或者其他服务对象自助模式来促进人群的健康。新途建立的品牌以及专业项目投放到社区都始终由使命驱动。

正是因为拥有独特长远的使命，新途才能够在业务发展中遇到众多分歧的时候保持清醒的判断。当机构大量承接政府项目、满足政府需求的时候，新途明白其目的是利用政府资源进入社区，搭建新途的体系。当新途在社区建立场馆开展社区活动的时候，新途明白自己是健康促进组织，因此始终引进健康专业项目。当新途接触到直接服务，如开展直接日间照料的时候，清楚自己要做的是能力建设组织，因此，会独立注册新的机构去做。因为新途定位为能力建设机构，不留恋将品牌在上海地区进行简单的复制扩张，而是愿意选择走向全国，培育地区团队，让新途总部的重点转移到培训、孵化、输出新途理念与品牌的角色。

三 上海新途形成了生活馆—健康大使—俱乐部—家庭的健康干预方法论，并塑造了针对不同群体的品牌业务，通过品牌业务+专业项目推动机构在上海乃至全国的扩张

上海新途将国际奥比斯中国培训网络项目的方法论创造性地移植到城市社区，打通了机构进入城市社区的通道。从2002年，新途的创始人以及核心成员就开始在农村尝试建立预防、筛查、转介为一体的防盲体系。2006年，新途在浦东新区注册之后，开始转向关注城市社区的健康干预议题。

新途将国际奥比斯中国培训网络项目的防盲体系构建思路引入城市社区。新途最初面对城市社区的健康促进，遭遇到一个重大的挑战：卫生系统没有与社会互动的理念，由于卫生系统具有三级预防和治疗的体系，长期以来保持封闭的状态。在这样的挑战下，新途同时也发现了曲线救国的路径：与积极推动公益组织发展的民政部门合作，在社区层面以社区建设和社区服务作为进入切入点。新途首先引入的就是社区组织能力建设以及社区健康领袖的培养。不同于农村社区，新途在城市社区中发现场馆的重要性。通过运营场馆，新途得到了政府高度的认同，同时也将机构的想法实体化。新途通过新市民和常青藤两个项目的不断打磨，最终形成了从生活馆、健康大使、俱乐部到家庭的健康干预方法论。新途通过在社区建立生活馆，招募社区志愿者，将其培养成健康大使，由健康大使组建患者和家属俱乐部，并进入家庭服务弱势群体。因此，在一定程度上来讲，新途的社区健康干预方法论是与民政部门合作设计出来的，渗透了民政体系下注重社区营造和社区服务的逻辑。

新途根据城市社区中五类适宜健康干预的居民群体建立了五个品牌业务，研发出不同品牌业务的干预策略与思路。新途对于品牌业务并没有预先的设定，全部是在执行项目中发现了项目服务群体的特定需求，并提炼出适宜该群体的干预服务。由此可以看出，新途对于特定群体的健康需求有着专业思考与分析，并能够寻求到有效的回应办法。这样一种专业的思考在很大程度上是由有健康学博士背景的龙飞主导的。在完成品牌业务的研发之后，新途会选择一个试点街道进行完善，在成熟之后会大规模地复制与推广。

新途在上海扩张依靠品牌业务，在全国扩张则是依靠品牌业务＋专业项目。新途在不同阶段的扩张策略不一样，目的都是实现扩张资源的稳定性。在上海扩张阶段，品牌业务大规模的覆盖背后是上海各级政府对于人群健康问题的关注与支持。在全国扩张阶段，新途基本上都是选择了一线、二线城市，从而可以很好地利用这些城市的政府购买资金。同时经过在上海大量使用政府资金，新途看到了政府资金比例过高的负面影响。因此，新途试图在全国扩张阶段规避政府资金的风险，从而开发并申请更多的覆盖多个城市的专业健康项目。

1. 品牌业务的形成：新途将中国培训网络项目的工作经验落地上海，从项目摸索阶段过渡到品牌建立阶段，并形成以品牌发展为主的业务模式

2006年，国际奥比斯中国培训网络项目即将结束，项目团队通过该项

目探索出了一整套的社区健康促进的参与式方法。项目团队成员都认为将这一套社区健康促进方法本土化并在社区实践是非常有价值的。因此，中国培训网络项目核心成员建议成立本土机构以实现上述目的。2006年，新途在上海浦东新区民政局注册成立。新途的发起人由中国培训网络项目的核心成员以及之前的合作伙伴——眼科医生、医院院长和健康领域专家共同组成。龙飞和郭小牧在新途成立过程中，根据渥太华宪章（1986年）制定了机构的发展方向。在渥太华宪章中，关于健康促进的五点策略中有一点是强化社区性行动健康促进。这正是新途的创始人极为认同的策略方向。2006年下半年至2007年年初，新途的总干事由上海映绿的庄爱玲兼任。之后，郭小牧开始担任新途的总干事。2007年，中国培训网络项目成员钟怡加入新途。

2007年开始，新途首先要解决机构的生存问题。此时的新途虽然没有办公室和项目资助，但是具有明确的理念和使命定位，同时有一套非常完整的项目发展框架。2006年，新途申请到第一笔由米索尔基金会资助的10万元，支持机构在兰州市开展了两次少数民族参与式培训。经过机构理事长的介绍，新途申请到面向全国各地疾控系统的艾滋病干预的能力建设项目。同年，新途还申请乐施会的项目在贵州黔东南州开展母婴保健项目。虽然这些项目领域迥异，但新途已经开始将中国培训网络中的以社区为本的预防性参与培训框架运用其中。

新途在2008年就获得了跨国药企葛兰素史克的大额资助，并借助这一长期项目形成机构品牌"新市民"并清晰了机构的战略路径。2008年下半年，新途通过理事推荐接触到英国药企葛兰素史克。该企业计划在中国开展流动人口健康促进与艾滋病预防项目。由于心理学背景的郭小牧和社会学背景的钟怡能够直接与葛兰素史克基金会官员进行专业沟通，新途在众多的草根机构中显示出了优势。新途结合机构专长以及对中国艾滋病预防群体的分析，建议葛兰素史克从原来做流动人口艾滋病教育转变为开展社区自下而上的生殖健康促进。最终新途与葛兰素史克达成3年长期合作协议。新途将关注流动人口的健康促进项目提升为新市民品牌，并由此品牌奠定了机构实现使命的战略路径：以社会心理为理论基础的健康干预，弱化医疗和公共卫生方面的角色。2009年8月，新途的第一个新市民生活馆在三林镇启动。

新途通过孵化平台得到了上海市民政系统的关注，并凭借机构的专业能力拿下了政府的大型养老项目，借此形成了第二个机构品牌常青藤。2007年8月，新途进入浦东公益服务园，得到恩派的孵化支持。由于浦东公益服务园是上海市首家公益孵化园，民政系统非常关注孵化园的公益组织，新途得到了时任市民政局马伊里局长的关注。2008年，上海民政局在考虑推动老年人健康干预时，希望新途能够提供具体的行动方案。新途抓住了这次重要的政策机遇，他们设计的项目方案颠覆了民政系统对于老年人健康干预的专业不自信。新途凭借该方案顺利拿到了2009年上海市民政招标项目，并且该项目超出了既定的预算标准。2009年，新途开始执行市民政局的老年人健康干预项目，在黄浦区南京东路建成第一家常青藤生活馆。常青藤品牌得以形成，重点关注老年人的健康干预。

新途通过政府项目迅速打开了与基层政府的合作渠道，通过与黄浦区外滩街道合作，发现了一个新的健康干预群体：失能失智老人，并建立了第三个机构品牌咏年楼。新途通过市民政局的老年人健康干预项目，迅速在上海市各个街道获得了知名度。2009年年底，黄浦区外滩街道找到新途，希望能够帮助他们运营一个楼，其中包含一个日间照料中心，这是政府首次拿出整栋楼给新途运营。新途结合自己的定位，界定出日间照料中心的对象是失能失智老人。咏年楼品牌将新途带向了三级预防。新途始终没有忘记自己是健康促进组织，不做直接的日间照料。在帮政府设计咏年楼时，新途将第一层设计为日间照料中心，二层是健康大使的学习中心，三层是咏年博物馆，专门做社区文化。这样的设计既满足了政府对于日间照料中心的要求，又让新途依旧坚持做社区健康促进，培养健康大使。

为了获得孵化的机会，新途无意之间进入了残障服务领域。通过承接政府基层残障服务机构的能力建设项目，新途找到了在残障领域的切入点，形成了机构的第四个品牌——斯迪克。2008年，新途为了获得进入浦东公益服务园的许可，首先需要承接政府购买服务的项目。在浦东新区民政局某位领导的推荐下，新途获得了浦东新区残联委托的阳光之家、阳光心园两个能力建设项目。2008～2010年，新途中标了浦东新区37个街镇针对智力障碍人士的阳光之家能力建设项目。2010年，新途承接了整个浦东新区针对精神障碍人士的阳光心园能力建设项目；2012年，主动结束了阳光之家和阳光心园的能力建设项目。新途认识到对体制内的人进行培训效果不明显，这种模式不能把新途的理念融入其中。之后，新途承接张江镇和唐镇的阳光家园政府购买项目——两个分别近两千平方米的场馆运营。这两个场馆运营得非常出色，张江镇和唐镇的场馆分别被评为 2012 年和 2013 年上海市第一名的示范性场馆。从 2012 年开始，斯迪克品牌正式从项目运营变为了品牌运营，重回到新途运营生活馆培养健康大使的模式。同时明确斯迪克品牌的工作重点是为残疾人社区康复综合解决方案。

2006~2012 年，新途先后开发出四个机构品牌：新市民、常青藤、咏年楼、斯迪克。这四个机构品牌都依托生活馆—健康大使—俱乐部—家庭模式，并运用了以社区为本的参与式培训方法。这四个机构品牌都是从机构承接的项目转化过来的。新途对品牌与项目之间的关系做了界定。项目是指健康领域的干预、预防或者服务，最后的绩效以是否带来受益人群的行为改变为评判标准。项目的执行团队人员不固定，而品牌则解决持续提供服务和扩大服务量的问题，每个品牌有固定的团队运营。新途的品牌分化是基于现实考虑的结果。

此外，2015 年年底新途接连开发了两个新的品牌业务：清心驿站和宜立方。新途一直把社区精神健康促进看成大健康的重要组成部分，在北京、青岛、上海的新市民生活馆、咏年楼日间照料馆、常青藤生活馆内设立了以压力测试为核心内容的清心驿站服务空间。2015 年，新途将社区精神健康促进作为机构未来重点发展的领域，探索清心驿站和卫生部门合作！清心驿站将打造青年压力管理中心，成为在社区内具有评估、早期发现、干预、远程咨询和转介功能的社区服务实体，同社区组织、俱乐部、健康大使和远程咨询的专家团队，构成一个立体的社区和工作场所精神健康促进的平台。2015 年年底，新途与成都市高新区西园社区卫生服务中心共同建立了清心驿站西园社区青年压力管理中心，这也是第一家清心驿站。2015 年年底，新途基于基层政府大量的场馆运营需求以及机构回应社区健康需求的业务提升，将过去以常青藤品牌为核心的场馆运营独立出来，专门做营造健康社区的综合解决方案。通过宜立方品牌，新途试图培育以病人团体、兴趣小组、健康创业者为主的社区自组织，形成社区健康服务的直接力量，促进对家庭健康需求的多元回应，共创健康社区。目前，宜立方的主要业务为：第一，社区公共活动空间和公共服务设施的设计咨询和运营管理，主要承接综合性场馆委托运营服务、社区微景观改造和运营项目；第二，社区公共活动空间和公共服务设施的社区运营组织/团队的能力建设，主要承担社区能力建设项目、运营督导项目、居委会和社会组织培训；第三，社区组织的培育和孵化，主要承接社区公益微创投、社区自治项目、社区基金会。宜立方开展的城市目前是上海和成都。

表附5-2　上海新途在发展初期建立的六个公益品牌统计

品牌名称	启动时间	品牌特点	品牌形成（2006~2012）
新市民	2008年下半年	促进流动人口健康与社会融合	2009年8月，第一个"新市民生活馆"在上海三林镇落成
常青藤	2009年，新途参与上海市公益创投大赛，启动"常青藤"品牌	致力于开发基于社区、面向家庭的慢性病预防综合解决方案	2009年，第一家"常青藤生活馆"在黄浦区南京东路落成 2011年，"常青藤计划"被上海市民政局列为8个优秀创投项目之一，并成为市级统筹项目，在全市4个区9个街镇推广"常青藤计划"
咏年楼	2009年年底	预防失能为核心的社区长期照料系统	2010年10月，第一个咏年楼社区生活中心在上海外滩街道揭牌
斯迪克	2010年10月，新途与残联合作开展浦东新区37个街镇阳光之家、阳光心园能力建设项目。	残疾人社区康复综合解决方案	2012年2月，创建斯迪克残障人士社区康复与社会融合公益品牌
清心驿站	2015年年底	精神健康社区解决方案	2015年年底，新途与成都市高新区西园社区卫生服务中心共同建立了清心驿站西园社区青年压力管理中心
宜立方	2015年年底	营造健康社区的综合解决方案	宜立方的场馆主要是来自常青藤品牌的场馆，开展的城市目前是上海和成都

2. 业务品牌在上海的扩张：通过成熟的品牌发展模式，借势政府，新途在上海迅速实现规模化的覆盖

2009年，上海市制定了《关于进一步加强本市社会组织建设的指导意见》，在该文件中明确提出要建立政府购买服务机制。新途在业务品牌形成之后，迅速抓住了这一次政策机遇。新途基于业务品牌设计出了适合政府购买的许多项目，并申请到大量政府购买项目。通过在上海区域的扩张，新途的机构影响力快速提升，与此同时也给机构带来了业务品牌发展不均衡以及过度依赖政府资源的新问题。

新途抓住上海市政府关注流动人口治理的政策契机，将新市民品牌融入政府推动的彩虹计划，利用政府购买资金在上海市多个城区进行扩张。2009年正值上海市进入2010年世博会筹备关键年份。为了营造良好的办会

环境，上海市政府针对流动人口各个方面的治理予以重点关注。2009年，新途通过浦东新区卫计委的推荐，在浦东区三林镇建立第一个新市民生活馆。该场馆开展了很多的项目活动，主要有两种类型：第一种类型是围绕流动人口孕产期保健、儿童营养与照护、预防家庭暴力、预防艾滋病等健康领域对接医院及企业资源，并开展相关的项目；第二种类型是每月定期在社会上开展各种大型活动。2010年，浦东新区卫计委推出彩虹计划，并在各个乡镇开办彩虹工作坊为流动人口提供计生政策宣传与计生服务。三林镇政府将新途的新市民生活馆作为该镇彩虹工作坊的组织载体，给予了政府资金支持。2010~2011年，新市民品牌抓住上海市政府提出以服务促管理、为流动人口提供优惠政策的机遇，陆续在浦东新区、闵行区、虹口区建立起多个新市民生活馆。

新途的常青藤品牌注重与政府合作，从市级层面的政府购买逐渐过渡到街道层面的政府委托，实现了常青藤品牌业务与资源的有效重叠。2011年，新途的常青藤计划被上海民政局评为八个优秀创投项目之一，并成为市级统筹项目。上海民政局将常青藤计划在四个区的九个街道进行推广。2011年新途的常青藤品牌与延吉社区卫生服务中心合作，开启了以社区居民为导向的家庭医生服务项目。2012年，但新途的常青藤品牌申请到上海市的七个招投标项目。2013年，上海市政府收缩招投标规模导致购买资金缩减，新途的常青藤品牌并没有受影响。这是因为常青藤品牌在各个社区建立了紧密的互动关系，各个街道的常青藤生活馆的馆长从街道办事处层面筹集到了运营经费。2013年，常青藤开始转型，加强与社区、产业链中企业的合作，研发品牌下的核心项目和核心俱乐部。截至2014年，新途与延吉社区合作模式已先后被成功复制到徐汇区康健街道、宝山区友谊路街道等。

新途与外滩街道合力打造出上海第一家失能失智日间照料中心，通过这一展示"舞台"成为各个街道竞相合作的对象，咏年楼品牌凭借这一领先优势，先后获得中央财政以及上海市级的政府购买服务。新途将咏年楼品牌的主要业务限定为日间照料中心、失能失智老人俱乐部、年龄博物馆。因为年龄博物馆需要社区有特殊历史和文化建筑，所以咏年楼品牌在上海的扩张主要是日间照料中心和失能失智老人俱乐部。2009年，新途在外滩街道的咏年楼生活馆是上海市第一个招收失能失智老人的日间照料中心，得到了媒体的大量报道以及众多的上海市各个街道政府的参观考察。之后，新途的咏年楼品牌申请到中央财政支持社会组织参与社会服务项目，借助该项目将咏年楼品牌拓展到了上海其他的七个街镇。2012年，咏年楼申请到一个资金量达到百万的市级招标项目，在浦东新区南部街镇开展失能失智老人社区服务。该项目将咏年楼品牌推广到了浦东的三个农村街镇。当年，咏年楼品牌还承接了一个规模较大的政府购买项目，将浦东新区浦新街道约3000平方米的场馆运营为日间照料中心。2013年，浦新街道购买咏年楼的服务却没有看到场馆运营的明显效果，停止了与上海新途的合作。2014年9月，咏年楼品牌为上海市政府实事项目"老伙伴"计划（即"为15万名高龄独居老人提供家庭互助服务"项目）提供技术支持，对核心志愿者开展认证培训。

新途的斯迪克品牌从资源导向的业务调整到理念导向的业务，并与有残疾人服务需求的街镇形成理念驱动的合作。新途的斯迪克品牌在2012年主动放弃了浦东新区的阳光之家和阳光心园的能力建设项目。2013年，凭借新途与浦东新区各个街道相互之间的信任，斯迪克品牌中标了浦东新区民政局六个残疾人综合干预的招投标项目。2013年，虽然斯迪克业务量大，但是品牌内部混乱，员工权责分配不清晰，导致品牌的运作逐渐背离新途的理念与业务方向。2014年，新途调整了斯迪克品牌经理。该品牌经理重新梳理了斯迪克的核心业务：残疾人综合场馆运营、精神病人的专业干预和残疾人辅具服务社运营。在残疾人综合场馆运营中，继续运营张江和唐镇的场馆。考虑到场馆对于员工机动性的限制，新途暂时不再扩张新的场馆。2014年，斯迪克品牌为这两个场馆申请到两个残疾人综合康复的招投标项目以及两个上海慈善基金会的创投项目——残疾人两性健康和精神病人健康项目。在精神病人专业干预的方向，斯迪克品牌运用机构成熟的生活馆—健康大使—俱乐部—家庭的项目模式，在上海长宁区和宝山区申请政府购买项目。最终，通过郭小牧的推荐，斯迪克品牌与宝山区的杨行镇合作开展精神残障人士综合服务购买项目。随后，斯迪克品牌相继又在不同街镇开展了两个项目：浦东新区周家渡精神健康促进项目、心灵港湾——浦东新区张江镇精神残障人士心理关爱计划。残疾人辅具服务社运营方向，斯迪克品牌与残联和杨浦殷行街道合作，试行推广以"辅具改变生活"为主题的项目和辅具服务社运营方案。这是上海市首例街道将辅具服务社外包给社会组织、由街道购买斯迪克的业务。斯迪克品牌运用新途理念运营政府的辅具服务社，在场馆里运用多种手段展示辅具，为残疾人和老年人提供体验服务，并向他们推荐适合的辅具，发放辅具后对使用情况进行跟踪。同时做健康大使招募和培训，发展出五类残疾人俱乐部，为残疾人的家庭提供培训和能力建设。经过一年的调整，斯迪克品牌从过去完全依赖招投标项目转变为多元化项目构成——两个招投标、三个街镇购买、两个场馆运营和两个创投项目。2015年，斯迪克在延续了前一年项目的基础上，又增加了四个招投标项目和一个闸北区的街镇购买项目。新增的四个招投标项目来源于斯迪克在做阳光之家、阳光心园能力建设项目时合作较好的街镇。

3. 品牌业务在全国的扩张：困境与转机，新途业务出现分化，同时向全国扩张

经过7年的发展，特别是2009年以来获得上海各级政府购买，新途在上海发展遇到了瓶颈期。新途由于过度依赖政府资源，出现了诸多问题：政府资金的可持续性差、业务品牌发展不均衡以及新途业务开始偏离卫生健康领域，更多地开始转向社区服务领域。新途认识到如果仅仅将业务停留在上海，机构发展很快就会陷入停滞状态，甚至也会染上"政府官僚病"。新途走向全国，存在着一定的风险，但是也有着较好的基础：业务品牌的标准化思路与生活馆—健康大使—俱乐部—家庭的项目模式。基于风险与机会的考虑，新途决定开始全国扩张。初期的扩张是在龙飞的主导下完成的。

新途的全国扩张最初的思路就是将单一品牌业务落地到其他城市，再结合当地社区需求引入其他的品牌业务。同时考虑到能够深入地扎根到其他城市，新途也会投建当地的公益机构，通过实体化的本地机构，为区域的负责人提供创业通道，并为新途在该城市扩大规模提供有力支持。为了适应当地城市的社区需求，新途鼓励注册的机构在业务上有差异。在青岛，新途支持注册成立咏年楼日间照料中心。在成都，新途支持成立社区促进的机构。

新市民品牌是新途走向全国扩张的第一个业务品牌，也是目前扩张城市最多的品牌。2013年，根据资助方葛兰素史克的建议，新途在北京市开设了第一家新市民生活馆。2014年年初，葛兰素史克突然暂停了对新途新一轮的资助，使得上海和北京新市民生活馆受到严重的影响。新途在上海市共开设了四个新市民生活馆，运作良好的新市民生活馆只有一个。2014年9月，葛兰素史克与新途达成了对新市民品牌2015年一年期资助协议。

2015 年，新途利用葛兰素史克的资金将新市民品牌覆盖到了上海、北京、广州、成都和青岛五个城市，每个城市运营一个新市民生活馆。

咏年楼品牌在全国扩张的第一个城市是青岛市。2012 年，新途相继为青岛市团委和青岛市民政局开展了两次参与式工作方法培训，培训的理念和方法得到了青岛市民政局的高度认可。青岛市民政局邀请新途参与该市社区日间照料中心的运营管理。2013 年，新途的咏年楼品牌进入青岛市，开展老人的日间照料直接服务。2014 年年初，新途出资创办了青岛市李沧咏年楼日间照料管理中心，专门探索为失能失智老人提供日间照料和康复服务。同年，咏年楼品牌承接了青岛市市北区和开发区两个街道的失智老人筛查与预防项目。2014 年，咏年楼开始进入北京市，在朝阳区朝外街道开展失能失智老人服务。咏年楼品牌在上海由于人员的流失，新项目不成熟，旧项目政府支持力度下降，品牌的业务重点逐渐转移到青岛。

常青藤品牌在全国扩张的第一个城市是成都市。2013 年，常青藤品牌在上海的筹资降幅较大，通过社区生活馆馆长的协助筹措资金，度过了最为困难的阶段。经历了这样的困难时期，常青藤品牌认识到与社区团队建立稳定关系的重要性。由于常青藤品牌在上海业务的不稳定，新途希望将该品牌在全国推广。通过龙飞的个人关系，成都市高新区合作街道非常愿意引入常青藤品牌。常青藤品牌在成都的模式完全复制了上海的运营模式，但是由于地区政策、当地人对公共卫生的理解差异、社区对公益组织的认识程度不同，常青藤品牌在成都的落地遭遇了挑战。新途在社区的动员强调发挥社区的能力，支持本地社区的发展，使之更加组织化与标准化。这一点深得当地政府的认同。经过一年的磨合，常青藤品牌在成都当地得到了认可。2015 年，常青藤品牌在成都的高新西区、武侯区开展了老年人健康管理项目及红牌楼街道两委能力建设项目。

斯迪克品牌在全国扩张的第一个城市是重庆市。相对其他品牌业务，斯迪克品牌在全国扩张速度较慢。2014 年，新途将斯迪克品牌推广到重庆市沙坪坝渝培路街道，建立了残疾人日间照料中心，开展精神健康和智力障碍人士的同伴支持项目。

新途除了在其他城市导入品牌业务，也会根据覆盖城市的规模来申请一些全国性的健康干预项目。这些全国性的项目，增强了机构对区域以及品牌的统筹能力，同时也强化了新途在各个城市的健康干预的专业性。2014

年，新途执行的两个全国层面的项目分别是百特国际基金会资助的社区老人防跌倒项目，以及法国依视路资助的清晰视界农村视力矫正项目。社区老人防跌倒项目计划面向上海、北京、青岛、成都4个城市的社区，由新途项目部将项目分解为简单的活动，依托新途现有的社区生活馆，寻找合适的健康大使进入10000户家庭，对家庭状况进行评估，再组织俱乐部进行社区动员。清晰视界农村视力矫正项目计划在云南、内蒙古和广东的农村地区建立社区防盲网络。由于农村地区无法得到政府购买支持，新途采取外部申请资金来尝试在农村建立农民健康自组织的发育路径。

四 上海新途搭建多元化筹款体系：品牌发展以政府筹资为主，项目发展以企业筹资为主，机构发展以基金会筹资为主

1. 上海新途历年筹款特征：总量迅速增长，通过品牌业务获得的政府资金占很大比例

2006年新途成立至今，机构筹款发生了质的飞跃。2006年机构的年度筹款额只有14万元，2015年机构的年度筹款额达到了1032万元。根据新途的筹款增长的速度，可以划分为三个阶段。第一阶段是从2006年到2008年，新途要解决的就是机构生存的资金。2008年获得了葛兰素史克的战略资助就标志着新途已经成功解决了机构生存问题。第二阶段是从2009年到2012年，新途形成了生活馆—健康大使—俱乐部—家庭的项目模式，并在流动人口、慢性病老年人、失能失智老人、残疾人四个领域形成了四个业务品牌，从而在上海市的市级、区级以及街道层面获得了大量的政府购买或委托项目。2009年新途筹款的下降是由于葛兰素史克的资金是3年打包在2008年拨付的，同时上海各级政府的购买服务项目也刚刚开始实施。2010年新途的筹款增长率最高，是因为当年机构新增两个业务品牌：咏年楼和斯迪克。2012年是新途筹款额度第三多的年份。这一年其实就是新途在上海各级政府获得资金最多的一年。第三阶段是2013年至今。这一阶段，新途开始从一个地区性的公益组织发育成为全国性的组织。2014年筹款下降的原因一方面是葛兰素史克的捐赠中断，另一方面是来自上海市的政府资金规模也在缩减，特别是常青藤品牌和咏年楼品牌的政府资金减少非常明显。2015年新途筹款再度增加，可以看出全国扩张已经在资金募集方面产生初步效果。

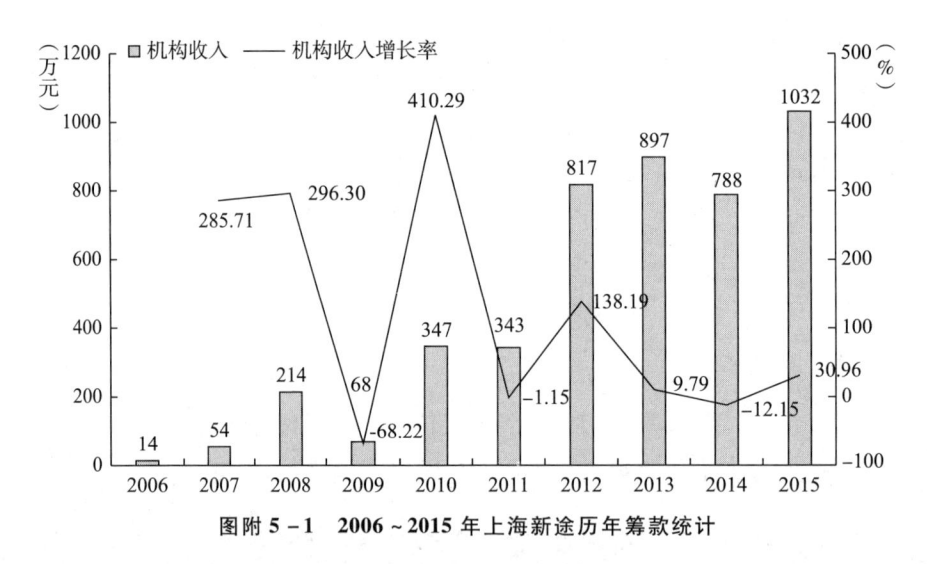

图附5-1 2006～2015年上海新途历年筹款统计

新途高度依赖六大品牌业务筹款,贯通六大品牌业务的机构筹款相对薄弱。2010年,新途的品牌业务开始出现筹款分化。2010年筹款最多的品牌是新市民。2011和2015年筹款最多的品牌是斯迪克。2012～2014年连续3年筹款最多的品牌都是常青藤。由于品牌业务的筹款特点,在机构层面出现了资金不确定风险:绝大多数筹资是品牌的项目款,资金在组织层面的调配性弱。2011年到2012年,新途的筹款从343万元增加到817万元,但是机构层面的筹款占比却从15.74%降到了9.91%。2013年机构层面的筹款甚至降到了8.58%。2014年,新途专门成立机构的筹资部,所以当年机构层面的筹款比例回升到20.94%。2015年,机构层面的筹款比例为21.12%。新途在机构层面展开的筹资主要针对的资助方为基金会和大型企业。新途希望整合各个品牌已有资源,开展专业的健康干预项目。目前,新途有两个在全国开展的项目,资助方分别是百特国际基金会和法国依视路。此外,新途还尝试做一些投资理财。

2. 上海新途实施"机构+品牌"的筹款策略,筹款权限下放极大地激发了业务品牌的筹款热情,在全国扩张阶段加大了机构层面的筹款力度

新途6个品牌中有4个在培育之初都得到了大额稳定的资助,这对于一家民间的公益组织是非常难以实现的。新途实现的背后是机构对于品牌业务要回应的群体问题有着深刻的理解与分析,以及在此基础之上形成了新途特色的解决方案。从成立直至今日,新途的筹款策略呈现出两个特征:第一,将筹款权限分解到机构层面和品牌层面;第二,在全国扩张之前主

表附 5-3 2006~2015 年上海新途各个品牌业务筹款统计

单位：万元

年份	项目筹款					机构筹款
	流动人口健康项目	新市民		残障人士服务		
2006						14
2007						54
2008	31	108		30		45
	常青藤	新市民	咏年楼	斯迪克	宜立方	机构
2009	12	14	0	0		42
2010	28	192	30	24		73
2011	10	71	65	143		54
2012	285	157	167	127		81
2013	286	158	215	161		77
2014	197	90	160	176		165
2015	295	62	120	315	22	218

图附 5-2 上海新途历年的筹款收入以及机构层面的筹款在当年总收入中的比例分布

要依靠品牌业务的筹款，在全国扩张期间加大了机构层面的筹款。新途对筹款权限的分解和下放基于他们对机构、品牌和项目筹款目标的认识。新途在机构层面筹款目标是要扩大机构影响力，支持团队建设。品牌层面筹款的目标是解决品牌持续提供服务的问题。项目目标的实现则是要通过具体行为改变、受益人群等指标体现。此外，在社区层面，新途鼓励并支持社区生活馆进行筹资。由于社区层面的筹资并不计入新途的机构筹款，在此分析中并不重点描述，但是社区筹资对于新途在社区层面的业务开展发挥了极其重要的支撑作用。

新途在上海扩张的阶段，品牌层面的筹款是机构筹款的主要来源。品牌的管理团队既熟悉一线社区的健康服务需求，同时也了解基层政府的资源渠道，这样在品牌层面的专业筹款计划就能很快地将社区需求与政府资源对接起来。品牌层面的专业筹款计划不是临时性的或者资源导向的，而是在品牌层面下界定出项目方向，从而确保在面对需求以及资源时不会迷失品牌的追求。品牌业务的管理团队同时也会将这样的筹款能力传递到社区的生活馆层面，鼓励并动员社区生活馆在街道及居委会层面筹集活动经费。新途实际上在内部形成了筹款层级，一线的操作者就是筹款人，上一级主要负责把握好下一级的筹款方向，不偏离机构使命和品牌方向。

新途在全国扩张的阶段，机构的统筹能力和业务支持能力是最为关键的。因此，在这一阶段，新途加强了机构层面的筹款。2012年，新途成立了项目部和筹资部。项目部以申请医疗专业项目为主，从而加强机构在健康领域的专业能力。项目部申请到的项目，并不完全依赖品牌来执行，可以选择与新途已有品牌合作，也可能发展成独立的品牌运作。目前，新途执行的两个全国层面的项目分别是百特国际基金会资助的社区老人防跌倒项目以及法国依视路资助的清晰视界农村视力矫正项目。社区老人防跌倒项目依托咏年楼的品牌来执行。农村视力矫正项目则是新途对于农村防盲的探索，希望培育出一个新的品牌。此外，新途依托墨尔本大学澳洲眼科中心的中澳加速器项目尝试将转化医学和精准医疗引入社区。筹资部则主要是向国内各大基金会申请非限定的资金，以支持机构全国扩张的行政费用和业务拓展费用。2014年和2015年，南都基金会和爱佑基金会分别给予了战略支持。此外，筹资部从2015年开始做少量的资产增值尝试，增加机构的非限定收入。

3. 上海新途的核心资助方是企业、政府、基金会等多元的资助主体，之所以能够兼容多元的资助方，在于机构对于社区健康议题的深度认识以及解决方案的有效性

葛兰素史克作为一家企业资助方，在新途的项目模式、品牌业务、全

国扩张等方面发挥了至关重要的作用。2009年到2011年,新途获得了葛兰素史克每年大约100万元的资金支持。葛兰素史克提供稳定大额的资助,确保新途可以研发出生活馆—健康大使—俱乐部—家庭的项目模式。在成熟的项目模式基础之上,新途形成了可复制的新市民品牌。常青藤、咏年楼和斯迪克这三个品牌业务尽管没有得到葛兰素史克的资金支持,但是新市民形成的项目模式很容易复制到了其他品牌业务中。2012~2013年,葛兰素史克支持新市民品牌落地到北京市。新市民品牌跨区域运作揭开了新途全国扩张的帷幕。葛兰素史克对于新途的新市民品牌拥有很强的拥有感。在2012~2013年延长的资助合作中,资助款项中有一部分来自葛兰素史克英国总部高管捐赠。2014年,葛兰素史克因企业内部原因停掉对新市民品牌的资助,这对新市民品牌造成了负面的影响。上海市四个新市民生活馆中有三个面临着关闭。2014年年底,葛兰素史克与新途恢复了合作,二期合作资金规模大约25万英镑。新途作为一家民间的公益组织,之所以能够获得连续6年的长期资助,是因为葛兰素史克看中其在流动人口健康服务方面的专业性。

　　政府渠道的资金是新途实现在上海市扩张最重要的资源保证,尽管政府资金有其天然的局限,但新途实现了最优化的使用。2009年是新途规模化获得政府资金的起始年份。从2009年开始,新途凭借形成的四大业务品牌开始申请政府的各类资金(创投项目、政府购买项目、政府委托项目)。2009年和2012年,新途获得的政府资金规模在上海市排名第一。新途凭借连续多年的政府支持,迅速在上海市形成了规模化的运营场馆。最初,新途主要申请的是市级层面的政府招投标项目。在执行市级政府招投标项目的过程中,新途也遇到了挑战。这些挑战主要是:第一,每年都要重新申请招投标项目,而且招投标的项目领域也会经常变化,这给新途稳定的业务品牌带来了风险;第二,上海招投标项目不确定实施街道,需要在申请到项目之后联系实施街道,这与新途希望扎根街道的想法产生了冲突。此外,由于上海政府购买资金的支出类别限制较多,新途对于政府资金使用的灵活性非常低。面对上述的制度约束,新途只能调整针对政府的筹资策略,开始减少申报市级层面的政府招投标项目,转而与基层街镇政府合作,由街镇政府给予新途委托资助。2011年,新途利用前几年在街镇开展市级招投标项目积累下来的基层关系,尝试承接基层街镇政府委托的项目。具体的操作方式有两种。第一,帮助街镇政府做项目前期申报设计,包括前期调研、需求发布等技术支持，之后街镇政府将项目上报到招投标平台，新途再参与招投标。第二，直接获得街镇政府委托的项目，可以长期在合作街镇开展工作。这样委托的项目往往给新途自主实施留有很大的空间。尽管新途在调整政府资金的获取方式，从而减少政府资助的不利因素，但是政府资助理念中注重项目的"面上"成绩，这一点在一定程度上减弱了新途对专业健康干预的追求。

南都基金会和爱佑慈善基金会相继支持新途在全国的扩张，助推其成为全国性的平台机构。2014年，新途申请到南都基金会景行计划的资助，3年共支持177万元。新途将该资金的41%用于领导层及筹资人员工资，17%用于团队能力建设，17%用于筹资活动开展及能力建设，剩下25%则是对新城市发展的支持。2015年，新途获得爱佑慈善基金会爱佑益+项目三年的战略支持，每年资助30万元，同样用于机构的全国扩张。这两笔战略资助对于新途提升机构层面的业务管理与区域统筹的能力至关重要。同时，借助战略资助，新途已经完成了区域城市的布点，并正在实现多个城市的业务协同与更大规模的扩散。

五　上海新途构建了创业合伙人的管理文化，通过寻找、支持创业合伙人来带动机构在上海乃至全国层面的业务扩张

1. 上海新途以品牌团队发展为先导，带动机构的整体发展

第一阶段（2006~2009年）：机构的核心员工来自国际奥比斯中国培训网络的工作团队。新途在创办初期，没有一名全职员工。郭小牧是在2007年进入新途的第一名全职员工。2007年年底，中国培训网络的另外一名成员钟怡也加入。除了这两人之外，上海新途还招募了2~3名年轻人。此外，中国培训网络的其他三名成员尽管没有全职进入，但是通过不同的方式帮助了新途。尽管团队规模不大，但是新途团队工作非常高效。在这一阶段，新途开发了多个业务品牌，探索出了机构扎根社区的模式。

第二阶段（2010~2012年）：机构基于效率的考虑，扩大在品牌业务层面的团队规模，同时在机构层面的人员统筹难以实现。从2010年新途开始大量申请政府采购项目，机构为了实现业务品牌的效率最大化，优先扩张品牌层面的团队规模。2010年机构团队规模为11人，2011年规模为17人，2012年规模为22人，同时在这3年机构层面的人员始终保持3人以内。新途在运用品牌业务实现筹款最大化的同时，也在承受着机构对于品牌团队

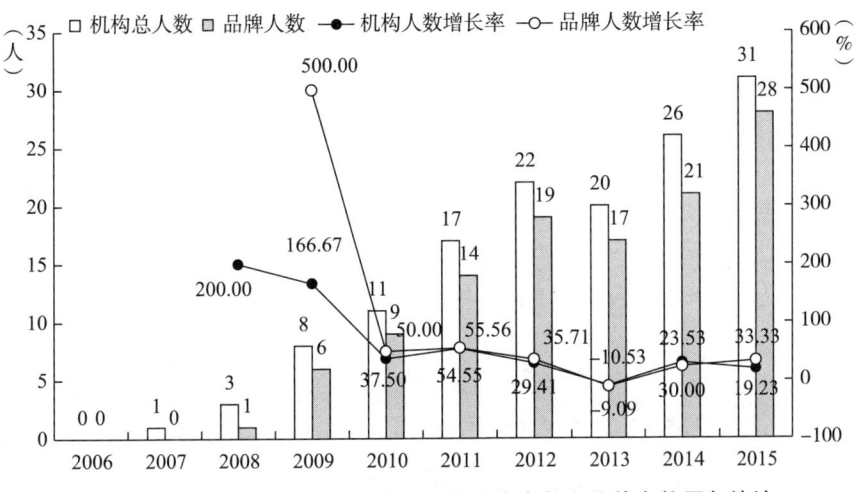

附录五　中国的公益组织快速成长的密码：从项目导向转变为业务导向 | 201

图附5-3　2006~2015年上海新途的机构人数和品牌人数历年统计

无法调配的挑战。这一阶段，品牌设置了品牌经理和项目经理，二者为平行职位。品牌经理负责运营和资源方面的拓展，项目经理设计该品牌内的专业项目。但是这种设置在实际运行过程中遇到相当大的阻力。在2011年，新途成立了筹款部，设立了筹款总监岗位，促进机构层面对品牌业务的资金支持。

第三阶段（2013~2014年）：开始重新构建机构与品牌、区域之间的组织架构，设计了区域经理+品牌经理矩阵模式，实现全国扩张的战略目标。2013年，新途多个业务品牌开始走出上海，向全国扩张。2014年新途成立项目部，抽调各个业务品牌的项目经理进入项目部，以支持各个业务品牌在全国各个城市的扩张。在非上海区域，设置区域经理和项目经理。区域经理统筹同一区域的各个项目经理，同时项目经理的业务支持由机构的项目部负责。2015年，新途的团队规模扩大到31人。

新途的人员配置主要是在业务品牌层面。新市民、常青藤、斯迪克都在2009年实现了专职化的人员配置。经过几年的发展，各个品牌的配置人员发生了一些变动。常青藤和斯迪克两个品牌的业务发展迅速，人员配置实现了增长，在2015年都达到了7人以上的规模。新市民品牌的业务发展较为稳定，所以人员配置基本保持4人左右。咏年楼品牌的业务发生经历了较大的波动，人员配置发生的变动最大，2015年成为人数最少的品牌。

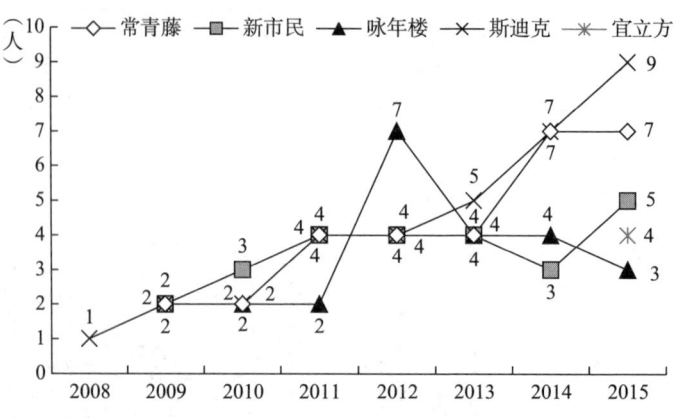

图附 5-4　2008~2015 年上海新途业务品牌人员分布情况

表附 5-4　上海新途六大业务品牌负责人名单

业务品牌	品牌负责人	任职时间
新市民	钟怡	2009~2011
	衣丽英	2011~2014
	田雨	2014 至今
咏年楼	范蓓	2010~2011
	吕冬菊	2011~2012.5
	刘蓉	2012.5~2013.2
	杜娜	2015.2~2015.12
	郁文欣	2016.4 至今
斯迪克	刘蓉	2009~2012
	许颖	2012~2013
	王艳红	2014 至今
常青藤	王嘉行	2011~2013.5
	余慧颖	2013.5~2015.8
	何琦宗	2015.9~2016.3
	温祖靓	2016.7 至今
宜立方	王伟利	2016.1 至今
清新驿站	冉键炜	2015.11 至今

新途经过 10 年初步搭建起进入社区与家庭的渠道，历任的品牌负责人在此过程中发挥了重要的作用。新途作为一家自上而下的赋权型机构，品牌负责人根据机构层面框架设计和战略引领创造性地设计落地的项目并有

效执行。但是，通过统计可以发现，各个品牌负责人流失非常严重，流失最严重的品牌是咏年楼，其次是常青藤，流失最不严重的是斯迪克。按照我们的分析，新途的各个品牌负责人在某种程度上也是准机构的负责人。这样的流失情况其实客观上反映了新途在中高层方面人力资源储备、培养与保留方面面临着挑战与困难。

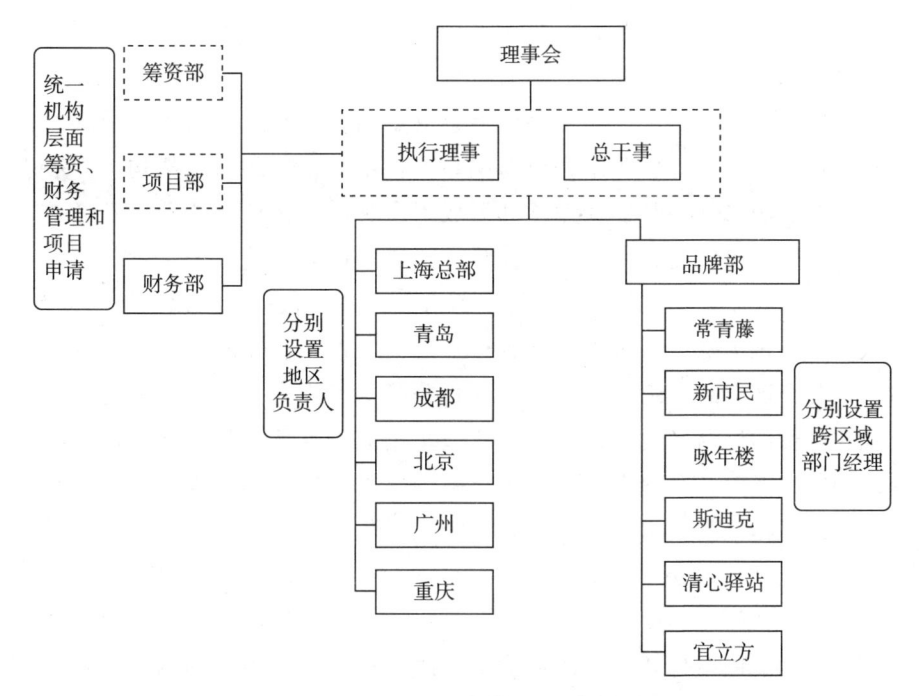

图附5-5 上海新途的机构设置情况

当前，新途的定位是实现全国集团化的发展。新途鼓励区域负责人注册与业务品牌相关的公益机构。总部层面主要为各个区域和业务品牌提供技术、项目、资金支持。上海总部负责输出业务品牌，提供专业技术支持；同时还为区域引入专业性的项目，以及直接提供相应的资金支持。在新的组织架构下，郭小牧作为机构的总干事主要负责六个品牌在六个城市的专业化发展。龙飞作为机构的执行理事负责新业务的研发和实体化，以及国际化的潜在拓展。尽管新途一直都计划在机构层面成立项目部，但是由于行业资助环境不成熟，项目部迟迟难以落地。同时，筹款部尽管过去成立过，但是一直无法明晰公众筹款与机构业务之间的直接联系，所以目前筹款部也是虚置的部门。2015年，新途在机构层面设置了两个总监职位：发展总监负责上海及周边业务，业务总监负责业务的规范化管理。在新的架构下，各个区域经理主要的工作任务就是社区动员、建立场馆、招募健康大使。品牌经理主要的工作任务是熟悉健康产业链的机构，建立与健康产业机构的专业对接。各个品牌业务下设的项目经理主要的工作任务是以人群为本，开展疾病预防的各种干预项目。

2. 上海新途形成了失控文化，对业务品牌进行充分授权的同时也在内部产生了协作纽带，促进了品牌之间、品牌与区域之间的合力

由于构建了品牌业务为核心的组织架构，新途品牌负责人在某种意义上也是准机构的负责人。每个品牌经理既要负责人事招聘、员工绩效，还要进行项目评估、筹资和维护政府关系。在新途这样的组织架构中，形成了机构与品牌二元主体。新途逐渐形成了"失控"的团队文化。新途是一种有限度的失控文化，在机构层面尽管松散，但是有清晰的宗旨、使命和战略规划；在品牌层面和社区层面，都有明确的赋权指标予以管理。因此，各级员工在机构限定的边界内具有很强的灵活性。这样的结果就是各个品牌以及各个区域的负责人可以基于各自分管的工作充分发挥个人能力，及时抓住外部的机遇。同时，这样的管理文化锻炼了品牌与区域负责人应对挑战的实战能力。新途充分授权的氛围，使得机构内部形成了很多具有感情纽带的协作关系，相互支持彼此的工作开展。

3. 上海新途从公开招募员工的方式转变为寻找创业合作伙伴的模式

新途最初的核心员工都来自国际奥比斯中国网络项目。在品牌业务形成阶段，主要依靠公开招聘的形式来解决机构的人员短缺问题。品牌业务在上海扩张阶段，新途逐渐认识到机构更为缺乏的是具有个性、有想法、具有综合领导能力的创业伙伴，只有这样的创业伙伴，才能实现业务品牌以及区域业务的拓展。招募到的核心员工都必须要到社区工作1年，独立负责健康大使动员及培训、社区活动组织、项目申报以及政府关系维护等工作。通过严格高强度的筛选流程，淘汰掉与新途的使命不符或者能力不足的人，筛选出对机构高度认同、做事有能力的人。

4. 上海新途从成立之初到目前保持了理事会成员的稳定，同时在不同阶段给予了机构有效的支持

新途的理事会成员主要来自国际奥比斯中国网络项目成员－与该项目有关的医院院长以及公共领域的专家，而且自2006年以来理事会并未做过成员改组。之所以上海新途没有对理事会的成员做过调整，是因为在他们看来，理事会的成员都是他们熟悉的，并且在该领域具有很强的专业能力。

更为重要的是，因为这些熟悉的理事愿意长期陪伴新途成长，对机构的执行理事和总干事给予充分信任和试错的空间。理事会发挥的功能主要在以下方面：筹资联络、机构行政支持、地方合作资源动员。新途最初的筹资都是来自机构理事的推荐，特别是与葛兰素史克的合作。理事长是医院投资者，因此在机构的财务管理以及投资方面给予了相关的建议。当新途走向全国时，理事中的医院院长积极联系了相关的当地政府资源，支持机构的业务落地在成都和包头。未来5年，机构理事将是推动新途国际化的驱动力量。

六 上海新途未来面临着更为广阔的发展机遇，将形成平台化机构，实现品牌、区域、项目以及国际化的多元发展

新途自2006年创办以来，对于机构的发展框架有着清晰的分析。首先要搭建进入社区和家庭的渠道；之后在社区培育出多元化的健康干预力量，通过机构的专业干预项目带动促进社区有效回应家庭健康需求；最后构建出开放性的社区健康促进平台，引入外部的健康产业机构提升社区专业回应家庭健康需求。目前来看，新途仅仅走完第一步，正在开始走第二步和第三步。

基于对机构现状的分析，我们认为新途在未来实现第二步和第三步战略的过程中，会面临着诸多的挑战与风险，需要予以关注。第一，新途如何在自下而上的赋权管理风格中，实现多品牌与多区域的统筹与管控，风险共担，特别是建立同在地合作伙伴的风险与机会共担是新途正在设计的机制。赋权的背后其实是鼓励创新与灵活，从而更好地适应社区的多样性，但是多品牌与多区域扩张的最低成本是高标准化。因此，我们觉得新途需要考虑在赋权和标准化之间形成有效的平衡关系。第二，新途在过去的品牌业务发展中始终都存在着品牌管理人才梯队的不稳定，再加上区域层面的管理人才梯队建设，因此，多品牌与多区域的扩张未来将面临更多的管理人才梯队的需求压力。从现在高成长性公益组织的主要瓶颈来看，都是人才梯队不完整并且流失率过高。第三，新途如何实现构建开放性社区健康促进平台下机构资金的可持续，是一个需要思考的问题。从目前的状况来看，新途最为稳定多元的资金渠道就是政府资金。在企业资源和基金会资源方面，都没有实现多元化的结构。按照新途的设计，未来更多的资源要来自健康产业链条上的机构，但是这样的机构资源并不会进入新途的机

构中,而是会滚动进入社区健康促进中。我们的判断是现在新途还没有找到如何确保开放性社区健康促进平台的可持续运作资金渠道。当然,这也与当前中国公益行业资助环境不完善有关系。

1. 上海新途未来将在社区自治、医疗中介服务、互联网医疗方面有着更为广阔的发展空间

新途对于机构的未来发展空间有着清晰的分析。在他们看来,新途在多个领域有着宽阔的发展纵深。首先,从政府的角度,基层政府正在大力推动社区治理,从而会强化社区自治的能力。尽管新途是一家关注社区健康的组织,但是在社区本土力量的动员以及组织方面有着专业的积累。这样的动员优势将实现与社区服务型机构的差异化发展,同时会得到基层政府的支持。其次,从医疗行业来看,未来医疗行业会产生更多的中介机构。未来社区会出现更多的老人照料、残疾人照料以及转介的机构需求,新途完全可以孵化出相应的机构在社区做直接服务。最后,互联网医疗的出现使得新途服务的社区存在着变现的可能性。新途可以利用已有的社区渠道帮助线上医疗企业完成进入家庭的最后一环节;再拓宽一步,只要想进入家庭的医疗互联网企业都可与其合作,包括精准医疗,还包括正在转化为服务商的房地产公司。此外,很多的医学研究机构需要特定病人群体的数据,这其实也是新途可以借助健康大使很容易实现的。

2. 上海新途将在区域拓展、品牌培育、项目干预、国际化等方面发力,打造成健康领域的平台化机构

为了实现平台化的想法,新途对业务进行了梳理与凝练。第一,在区域扩张方面,新途将区域拓展限定在上海、北京、青岛、成都、重庆和广州,暂时不做更多城市的拓展。新途认为当前区域拓展的重心是在实现区域团队的自我持续前提下,引入适合当地需求的业务品牌,扩大业务品牌在当地的覆盖面。新途鼓励区域团队注册独立机构,独立机构将与上海新途形成集团化的运营模式。新途为区域团队提供筹款、财务管理、业务培训以及品牌输出帮助。为此,新途将成立培训部,专门支持各地开展健康大使项目,组建职业化或者半职业化的健康大使队伍,让健康大使完成未来的入户调查、收集资料和健康干预等目标。新途将完善业务品牌管理规范,形成品牌业务的运营指南和相关培训课程,将机构的品牌业务推广体系构建起来。第二,在品牌扩张方面,新途认为品牌的扩张取决于实际需求和团队的建设。2015年,新途已经认识到精神健康领域具有发展空间,

在招募到合适的品牌负责人之后，果断地创建了机构的第五个品牌清心驿站。目前新途的防盲品牌正在形成，这将是新途最有资源的品牌，也是最有可能带动机构国际化的品牌。第三，在专业项目发展方面，新途将着重开发一批全国性的专业健康干预项目，提升新途在健康领域的专业性。第四，在组织国际化方面，新途自成立之初就有国际化的规划，近期将在云南和新疆的理事支持下开展周边国家的国际合作项目。

图书在版编目(CIP)数据

散财有道：南都公益基金会公益风险投资的理念与实践探索/刘晓雪主编. -- 北京：社会科学文献出版社，2017.4

ISBN 978 - 7 - 5201 - 0389 - 3

Ⅰ.①散… Ⅱ.①刘… Ⅲ.①基金会-资金管理-研究-中国 Ⅳ.①D632.1

中国版本图书馆 CIP 数据核字(2017)第 041458 号

散财有道
——南都公益基金会公益风险投资的理念与实践探索

主　　编 / 刘晓雪

出 版 人 / 谢寿光
项目统筹 / 孙　瑜　谢蕊芬
责任编辑 / 杨　阳　佟英磊

出　　版 / 社会科学文献出版社·社会学编辑部(010)59367159
　　　　　　地址：北京市北三环中路甲29号院华龙大厦　邮编：100029
　　　　　　网址：www.ssap.com.cn

发　　行 / 市场营销中心(010)59367081　59367018
印　　装 / 北京季蜂印刷有限公司

规　　格 / 开　本：787mm × 1092mm　1/16
　　　　　　印　张：14　字　数：235千字

版　　次 / 2017年4月第1版　2017年4月第1次印刷
书　　号 / ISBN 978 - 7 - 5201 - 0389 - 3
定　　价 / 59.00元

本书如有印装质量问题，请与读者服务中心(010 - 59367028)联系

▲ 版权所有 翻印必究